汽车改装

主 编 吴兴敏 张 鹏 张 博
副主编 李亦轩 李 新 马海英 彭 俊

北京理工大学出版社
BEIJING INSTITUTE OF TECHNOLOGY PRESS

内 容 提 要

本书以图文并茂的形式、通俗易懂的语言，从汽车改装文化、改装方案，发动机、底盘、电器与电子设备、安全装置、信息系统、越野性能、装饰性能的改装方案与方法，专用汽车改装技术及汽车改装质量保证等方面，对汽车改装技术做了比较全面翔实的介绍。能够使读者在对汽车改装获得新的认识的基础上，对国内外的汽车改装现状、汽车改装文化有更加深入的了解，同时掌握目前较为流行的汽车改装实用技能。

除书中提供的主观类思考题外，本书还以附件（教学资源）的方式提供了单项选择、多项选择及判断等多类型的客观类练习题，供学员学习及教师考核使用。另外，还将在后期制作相关课件、教学标准、试题库、试卷库等其他教学资源。

本书既可作为高职教育教材，还可作为汽车改装初级和中级从业人员的提高教程，也可作为车主自己动手改装爱车的实用参考书。

版权专有　侵权必究

图书在版编目（CIP）数据

汽车改装/吴兴敏，张鹏，张博主编．—北京：北京理工大学出版社，2020.8重印
　ISBN 978-7-5682-0152-0

Ⅰ. ①汽…　Ⅱ. ①吴…②张…③张　Ⅲ. ①汽车改造－高等学校－教材　Ⅳ. ①U472

中国版本图书馆 CIP 数据核字（2015）第 005247 号

出版发行 / 北京理工大学出版社有限责任公司
社　　址 / 北京市海淀区中关村南大街 5 号
邮　　编 / 100081
电　　话 /（010）68914775（总编室）
　　　　　 82562903（教材售后服务热线）
　　　　　 68948351（其他图书服务热线）
网　　址 / http：//www.bitpress.com.cn
经　　销 / 全国各地新华书店
印　　刷 / 三河市天利华印刷装订有限公司
开　　本 / 787 毫米 × 1092 毫米　1/16
印　　张 / 18　　　　　　　　　　　　　　　　　　责任编辑 / 张慧峰
字　　数 / 412 千字　　　　　　　　　　　　　　　文案编辑 / 多海鹏
版　　次 / 2020 年 8 月第 1 版第 6 次印刷　　　　　责任校对 / 周瑞红
定　　价 / 47.00 元　　　　　　　　　　　　　　　责任印制 / 马振武

图书出现印装质量问题，请拨打售后服务热线，本社负责调换

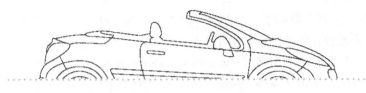

前言

随着我国国民经济的发展，人们生活水平逐年提高，对汽车的购买力逐渐增强，这就从某方面刺激了我国汽车工业的快速发展，汽车社会保有量以惊人的速度递增，私人轿车成为现代家庭追求的时尚。

随着人们对汽车认识的不断加深及汽车应用领域的扩大，汽车从最初的交通工具逐步被赋予了更多的含义。汽车不仅是车主身份与地位的象征，而且是时髦的私人用品、高档消费品，甚至有作为成年人"高档玩具"的趋势。各种各样的汽车娱乐休闲活动也应运而生，包括汽车娱乐、汽车旅行、驾车探险、赛车运动及汽车休闲活动等，其中也包括汽车改装这一令所有追求个性、速度与激情的车迷热血沸腾的汽车文化。

汽车改装行业的出现在很大程度上弥补了标配产品不能满足车主特殊需求的不足，使改装后的产品变得更加富有个性、更加完美。

汽车改装文化源于赛车运动。最早的汽车改装只针对提高赛车的性能，以便在比赛中取得好成绩。但随着汽车工业的发展、汽车的普及及赛车运动的深入发展，汽车改装已揭开神秘面纱，逐渐改变车迷的汽车生活，并逐渐成为一种时尚。在欧洲、美国、日本、马来西亚、中国香港、中国台湾等国家和地区，汽车改装早已蔚然成风，大部分豪门车厂都拥有属于自己的改装车厂。

由于我国汽车改装业起步较晚，国家层面目前还没有给予其合法化，只在部分法规中给予了限量的许可，故大多数汽车改装企业仍处于"半地下"状态。随着汽车文化的快速国际化，相信国家会在一定时期制定出专门的法规进行规范。但就目前的这些约束，仍抵挡不住车迷们对汽车改装的热切追求。

考虑到我国目前整个汽车改装行业的规划、现代化程度及从业人员的专业技术水平都处于不规范的状态，急需进行专业性的学习与指导，同时越来越多热衷于汽车改装的车迷也需要有实用的指导书，而且现在部分中、高职甚至本科院校相继开设了汽车改装课程，拥有实用的教材（指导书）便成为迫切的需求。故我们组织了国内汽车改装行业具有较深学术和实践水平的专家编写了本书。

本书的出发点是从零起点起步，理论知识够用即止，避开深奥的理论，突出实际操作技能的掌握和运用，并通过大量的实例和图片，循序渐进地讲解汽车改装的实用技术和具体操作方法，旨在帮助读者由浅入深、逐步掌握汽车改装的技术及方法。

本书由辽宁省交通高等专科学校吴兴敏教授、郑州交通职业学院张鹏教授和辽宁职业学院张博教授主编。其中第三、四、五、六章由吴兴敏编写,第二章由张鹏编写,第十章由张博编写,第一章由李亦轩编写,第七章由马海英编写,第八章由彭俊编写,第九章由李新编写。参加本书编写的人员还有宋孟辉、翟静、鞠峰、关守冰、仲琳琳、崔波等。

本书文字通俗易懂,图文并茂,内容新颖翔实。本书既可作为高职教育教材,还可作为汽车改装初级和中级从业人员的提高教程,也可作为车主自己动手改装爱车的实用参考书。

本书在编写过程中参阅和引用了太平洋汽车网(http://www.pcauto.com.cn)、汽车改装网(http://www.tl193com.)、改吧(http://www.gaibar.com.)、中国汽车工程师之家(http://www.cartech8.com.)等网站资源,在此表示诚挚的谢意。

由于作者水平有限,加之目前汽车改装技术的相关资料严重匮乏,编写中难免有不妥与疏漏之处,请使用本书的广大师生与读者提出宝贵意见。

编　者

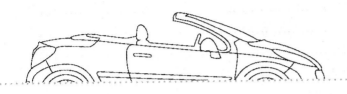

目录
CONTENTS

第一章　汽车改装基础知识 ··· 001
　　第一节　汽车改装文化 ··· 001
　　第二节　汽车改装技术方案 ······································· 015
　　本章小结 ··· 024
　　思考与练习 ··· 025

第二章　发动机改装 ··· 026
　　第一节　发动机压缩比与排量的改装 ······························· 026
　　第二节　进、排气系统的改装 ····································· 028
　　第三节　曲柄连杆机构及配气机构的改装 ··························· 038
　　第四节　燃油供给系统改装 ······································· 044
　　本章小结 ··· 050
　　思考与练习 ··· 051

第三章　汽车底盘改装 ··· 052
　　第一节　传动系统的改装 ··· 052
　　第二节　行驶和转向系统的改装 ··································· 055
　　第三节　制动系统改装 ··· 090
　　本章小结 ··· 100
　　思考与练习 ··· 101

第四章　汽车电器与电子设备改装 ··································· 102
　　第一节　汽车音响改装 ··· 102
　　第二节　汽车车灯改装 ··· 136
　　第三节　汽车仪表改装 ··· 158
　　第四节　车载电器改装 ··· 160
　　本章小结 ··· 169
　　思考与练习 ··· 170

第五章　汽车安全装置改装 ··· 171
　　第一节　汽车防盗装置加装 ······································· 171
　　第二节　倒车雷达装置加装 ······································· 185

第三节　加装安全预警系统………………………………………189
　　第四节　加装电子狗…………………………………………………191
　　本章小结………………………………………………………………194
　　思考与练习……………………………………………………………195

第六章　汽车信息系统改装……………………………………………196
　　第一节　车载免提系统加装…………………………………………196
　　第二节　车载对讲机加装……………………………………………201
　　第三节　车载GPS的加装……………………………………………204
　　第四节　汽车黑匣子的加装…………………………………………209
　　本章小结………………………………………………………………213
　　思考与练习……………………………………………………………213

第七章　汽车越野性改装………………………………………………215
　　第一节　越野车防护杠改装…………………………………………215
　　第二节　越野车防滚架改装…………………………………………218
　　第三节　越野车轮胎改装……………………………………………219
　　第四节　越野车车灯的改装…………………………………………223
　　第五节　越野车绞盘的加装…………………………………………224
　　本章小结………………………………………………………………229
　　思考与练习……………………………………………………………229

第八章　汽车装饰性改装………………………………………………231
　　第一节　汽车外饰改装………………………………………………231
　　第二节　汽车内饰改装………………………………………………243
　　本章小结………………………………………………………………245
　　思考与练习……………………………………………………………246

第九章　专用汽车改装…………………………………………………247
　　第一节　专用车总体设计概述………………………………………247
　　第二节　专用汽车的总体布置………………………………………249
　　第三节　专用汽车底盘车架的改装…………………………………255
　　本章小结………………………………………………………………260
　　思考与练习……………………………………………………………260

第十章　汽车改装验收…………………………………………………261
　　第一节　汽车改装合同………………………………………………261
　　第二节　汽车改装检验评定相关文件………………………………267
　　第三节　汽车改装质量评定…………………………………………268
　　本章小结………………………………………………………………275
　　思考与练习……………………………………………………………276

参考文献……………………………………………………………………277

第一章
汽车改装基础知识

1. 汽车改装的定义。
2. 我国汽车改装市场。
3. 国外汽车改装市场。
4. 汽车改装的项目。
5. 汽车改装性能指标与评价。
6. 汽车改装的费用。

第一节 汽车改装文化

一、汽车改装概述

1. 汽车改装的定义

从广义上讲,只要是对原汽车厂的设定有改动,就叫作汽车改装。对原汽车任何一个部位的改动都属于汽车改装。更换一个非原汽车厂的任何零部件,如螺钉、铝圈、轮胎、导线等,都可以称为改装。

目前我国汽车改装一般有两种情况。

第一种是传统的汽车改装,即生产专用汽车,也就是用国家鉴定合格的发动机、底盘或总成,重新设计、改装、生产与原车型不同的具有专门用途的汽车。我国专用汽车大多是通过这种改装方式生产的,因此,许多专用汽车生产厂都被叫作汽车改装厂,也有人称此为改装汽车厂。例如,哈尔滨汽车改装厂、长春汽车改装有限责任公司、新乡新飞专用汽车有限公司等。

第二种是指为了达到某种使用目的,在汽车制造厂生产出的原型汽车的基础上,在已领牌照的汽车上做一些技术改造,即"改变"了汽车出厂时的原型"装备",改装出来的汽车统称为改装车。或者说这种汽车改装是在汽车制造厂大批量生产的原型车的基础上,结合造型设计理念,运用先进的工艺及成熟的配件与技术,对汽车的实用性、功能性、欣赏性进行改进、提升与美化,并使之符合汽车全面技术标准,最终满足人们对汽车这种特殊商品多元化、多用途、多角度的需求。此种汽车改装主要包括加装、换装、选装、强化、升级、装饰美容等。一般意义上的汽车改装和本书中所讨论的汽车改装即指第二种。

2. 改装汽车及拼装汽车的区别

汽车改装位于汽车后市场,属于消费范畴,是对生活资料的优化行为,改装后的产品属于消费品。对已领牌照汽车进行改装,应向车管所申报,其改装技术报告经车管所审查同意后,方可进行改装。改装完毕,经车管所检验(必要时进行试验)合格,办理改装变更手续。机动车变更必须在交管部门规定的范围内进行,即可对车身颜色、发动机、燃料种类、车架等进行改装。例如,在车身颜色方面,有三种颜色不能批准:红色(消防专用)、黄色(工程抢险专用)、上白下蓝(国家行政执法专用)。同时,对车身、车架、发动机的变更,要在已经损坏无法修复或者存在质量问题的情况下才能够进行。

改装汽车(即生产专用车辆)位于产业前端,属于制造范畴,改装后的产品属于工业品。批量改装的汽车,根据规定需要经过定型鉴定,按《全国汽车、民用改装车和摩托车生产企业及产品目录管理暂行规定》申报上"目录"后,可办理申领汽车牌照手续。按照与世界接轨的要求,今后如果取消"目录"管理和定型鉴定程序,则必须经过产品认证。

拼装汽车是指使用报废汽车发动机、万向传动装置、变速器、前后桥、车架以及其他零配件组装的机动车及违反国家关于生产汽车方面的有关规定,私自拼凑零部件装配的汽车。早在20世纪50年代,我国汽车工业诞生之前,由于国民经济发展的需要,当时的政策是允许"拼装"汽车的。1950年公布的《汽车管理暂行办法实施细则》中规定:凡发动机、底盘或外壳任何一种不属同一厂牌者,均称拼装车。进入20世纪60年代,随着我国汽车工业的发展,政府有关部门发布了严禁拼装汽车的有关规定。1972年公安部、交通部颁发的《城市和公路交通管理规则(试行)》中规定:严禁拼装汽车。1976年国家计委、第一机械工业部、交通部、公安部联合发布了《关于不得用维修配件拼装汽车的联合通知》,1985年国家经委、国家计委发布的《关于进一步做好老旧汽车更新改造工作的通知》和1985年中国汽车工业公司、公安部、交通部、全国控办发布的《关于加强汽车年度生产计划和车辆使用管理的通知》都规定:严禁拼装汽车。后来,有关部门又对拼装汽车的认定标准做了较为明确的表述,大致内容如下。

(1)列入国家年度汽车生产企业目录及产品目录内的汽车生产厂,另外又生产未经有关主管部门鉴定批准生产的基本车型,或在已鉴定的汽车产品基础上,未经国务院有关部门或省、自治区、直辖市汽车工业主管部门鉴定批准,并报国家有关部门备案所生产的变型车和专用车。

(2)国家年度汽车生产企业目录及产品目录以外生产的,未经主管部门质量监督检验中心(所)检验合格并开具证明的各种汽车。

(3)无论目录内外,以各种不同类型零部件擅自组装的汽车统属于拼装汽车,擅自组装的一、二、三类底盘也按拼装汽车对待。

因此,汽车改装与拼装汽车既没有内在渊源,也不存在外在联系。拼装汽车和汽车改装是两个完全不同的概念。拼装汽车一般都存在质量差、成本高、大多不符合安全检验及运行技术标准的问题,有的还可能因装配技术问题造成事故。因此,拼装汽车是国家禁止的一种非法生产汽车的行为。拼装汽车大多数是载重车和特种车,一般用于营运。有时公安、交通运输管理部门会上路稽查超载车和拼装车,一旦发现会按照相关的规定处理,但不会查扣私家轿车的改装车。

3. 汽车改装历史

汽车改装源于赛车运动。最早的汽车改装只针对提高赛车的性能,以便在比赛中取得好成绩。赛车改装是让汽车发挥极限或超出原车能力范围进行的改装,以车辆的寿命、油耗、舒适性为代价,追求速度极限。随着汽车工业的发展以及赛车运动的深入人心,汽车改装已成为普通车迷生活中不可或缺的组成部分,并渐渐成为一种潮流。

真正的汽车改装是围绕着"提高汽车的性能、操控等内在技术指标"这个核心而进行的。现在,世界各大著名汽车厂商相继推出了它们的专业改装厂和改装品牌,如欧洲著名轿车改装公司有专门为奔驰改装的 AMG、BRABUS,为宝马改装的 ACSCHNITZER,为大众公司旗下的大众汽车和奥迪汽车改装的 ABT;日系车的专业改装公司也有很多,如为丰田改装的 TRD,为本田改装的 MUGEN、HRC,为日产改装的 NISMO,为富士改装的 STI 和 TEIN,为三菱改装的 RALLLART 等。

各国每年都有专门的改装车和相关零部件的展览会,规模毫不逊色于正规的原型车展示会。全世界规模最大、名气最响的改装车展分别是美国的 SEMA SHOW 和日本的东京改装车展。美国是全球最大的汽车消费市场,在拉斯维加斯举办的 SEMA SHOW 首创于 1963 年。经过 50 多年的发展和完善,汽车改装不仅在美国取得了合法地位,而且成员单位也逐渐增多,现已拥有 3 400 多家成员单位。作为亚洲汽车改装技术的发达国家,日本拥有最先进的机械及电脑技术,改装后的汽车具有相当高的实用性和可靠性,某种意义上达到了汽车制造行业的水平。在德国的埃森每年也会举行一次盛大的国际改装车展。

在欧洲,一些狂热的发烧友不满足于汽车现有的性能,于是一些改装厂应运而生。这些工厂主要分布在德国、法国和奥地利,比较有代表性的有 Oberscheider、MTM、Digi-Tec、Pole Position 和 WKR。其中 Digi-Tec 改装 BMW M3 最具代表性,发动机功率被提升至 375 PS①,最高车速 300 km/h,从 0 到 100 km/h 加速时间仅为 4.9 s,外观和内饰更有个性,还装上了 19 英寸②的 BBS 挑战者铝合金轮毂。

提到汽车改装,很多人都会以为这是赛车手的专利。实际上,汽车改装在国外已发展多年,拥有大批的拥护者,车主往往通过改装自己的爱车来体现自我独特的个性。

汽车改装为何有如此大的吸引力? 其实很简单,因为改装不仅仅是简单地改变汽车的某些部件,而且代表了车主的品位以及对汽车文化的理解。真正意义上的改装不外乎两个目的:一是提高汽车的各项技术性能;二是体现车主与众不同的个性及用车理念。围绕这两个目的而进行的改装涉及车身外形、灯光、音响、悬挂系统、点火系统、进排气系统、刹车系统、轮圈、轮胎等诸多方面。由于不同车辆之间存在性能方面的差异,车主对改装的理解和目标不一样,所以改装的内容、方法也是不同的。项目可简可繁,花费可多可少,每个人应根据车辆的具体情况和个人的经济实力、兴趣爱好等制订适合自己的汽车改装方案。

4. 汽车改装企业

(1) 改装汽车的主要场所。

汽车改装爱好者在寻找改装店之前,可以上网了解一下当地汽车改装店的信息。一些大城市从事改装业务的店往往都比较集中,有的叫汽配城、汽配街或汽车街,在那里一般都有汽车改装的业务。目前能够提供改装服务和改装配件的主要商家有:汽车改装厂、4S 店、汽车美容店、汽车超市、赛车俱乐部、越野俱乐部等。

---

① 1 PS = 0.735 kW。

② 1 英寸 = 0.025 4 米。

(2)汽车改装企业的选择。

实际上,不同的店有不同的特点和优缺点,用户应根据自己想要改装的项目来进行选择。

1)汽车的外观。外观改装是最基础的改装,就如同购置外衣一样。不同品位、身份的人会穿不同类型的衣服,汽车的改装也试图体现独特的个性。一般的外观改装包括前后包围、两裙边、高尾翼、窗边晴雨挡、前大灯装饰板、贴纸、HID IT 元气大灯等。因为是基础改装,外观的改装有些自己动手就能实现,而要是不熟悉改装方法的话,就要到改装店操作了。每个大城市都有一些具备改装能力的汽车美容店、改装店、4S 店等,到那里可以得到专业的服务。

2)改装发动机。大部分的改装迷改装汽车的主要目的是提高汽车的动力,可以说,动力系统改装是汽车改装的重中之重,但同时也应特别慎重。因为要提高汽车动力,就必须改装更换排气管、进排气歧管、三元催化器、空气滤清器(香菇头)、涡轮增压器、火花塞、高压线、点火线圈等近 20 种改装件,故需要在专家指导下进行,不可盲目操作。而且改动后,汽车保险的问题也随之而来。因此,应经过慎重考虑,并办理相关手续后才可进行此项改装。动力改装应选择在比较专业的地方进行,4S 店相对比较理想,但因为政策的问题,4S 店一般不承接此项改装。一些不错的汽车俱乐部可提供专业的改装服务。

3)改装底盘系统。汽车改装往往是"牵一发而动全身",动力加强了当然就要求刹车更灵敏。因此,底盘系统改装的主要目的是为汽车提供较高的安全性、操控性及舒适性。主要改装项目包括悬架系统、制动系统、轮辋、轮胎、前底架、后底架等。安全性在改装中是最重要的,故应在专业的地方改装。

4)改装汽车内饰。汽车内饰改装并不是广义的车内装饰,而是针对动力改装、底盘改装等一系列改装后的匹配改装。由于汽车经过上述改装后,动力等性能发生很大变化,甚至蜕变成赛车。因此,有必要安装桶式赛车座椅、赛车换挡杆头以及各式各样的仪表等。

5)改装汽车音响。从某种意义上讲,汽车音响改装不属于汽车改装的范畴。这是因为音响改装项目可大可小,可以独立发展,已经完全"自立门户"了。一般来说,音响改装无非是主机、功放和喇叭的选购,当然,音响师傅出色的手艺以及先进的理念是制造出色音质的重要保证。汽车音响改装是一门深奥的学问,对于大多数车主来说,装配什么样的音响应该根据车主的经济实力和汽车情况来定,没有必要相互攀比。

5. 我国目前汽车改装市场存在的主要问题

我国的汽车改装还处于起步阶段,是一个新兴产业。由于汽车改装不同于普通的服务行业,它涉及工商管理、交通管理、车辆管理、标准管理、保险、环保、产品质量监督等许多问题。综合起来看,汽车改装市场虽然前景较好,但目前却还有待规范,我国目前的汽车改装市场主要存在以下问题。

(1)黑户经营难保障。由于国内相关政策法规对汽车改装有严格的限制,同时又缺乏细节性的标准,因此国内汽车改装行业的合法性受到质疑,很多实际上带有半地下的色彩。《道路交通安全法》明文规定:车主不能改动车辆的结构。在此禁令下,众多改装商家的经营执照上都没有标明汽车改装,因为如果专门到工商局申请汽车改装公司是根本得不到批准的。因此,汽车改装这个原本应当在阳光下的交易逐渐步入灰色地带。正因为没有合法的身份,相关职能部门无法对这些黑经营户进行有效管理,一旦出现任何问题,消费者的权益很难得到保障。

(2)改装标准欠规范。在目前国内汽车改装领域,不仅缺少针对行业的相关法律法规,同时对于改装的技术标准和鉴定也是空白。在国外大部分国家,汽车改装都有标准和法规,不少欧洲国家及日本具有一定规模的改装厂,除了有专门的技术研发部门、测试部门外,更重要的是其发动机改装要通过认证与许可,其严谨态度不亚于一般正统的整车厂。而在我国,汽车改装经营者资质难以认证,而汽车用户对于改装知识了解不多,改装后的质量和安全性也无从评定,其潜在的风险之大不言而喻。

(3) 改装企业从业人员的素质参差不齐。大部分从业人员上岗之前没有进行岗前培训(实际上,我国目前还没有关于汽车改装技工的岗前培训),没有相应的执业资格,致使改装质量得不到保证。

(4) 汽车改装企业所使用的改装配件及改装技术、设备大多来源于国外,国内并没有相关的改装操作规范、产品认证标准、匹配标准及服务标准。许多进口配件与国产汽车不相匹配,使得一些进口配件必须在改动之后才能安装到国产汽车上,严重影响了进口原装配件的性能。同时,配件的质量也良莠不齐,给改装车辆带来了安全隐患。

(5) 改装后的车辆没有相应的评价验收标准,出现服务问题时,消费者与商家往往会陷入说不清楚的纠纷之中,难以确定责任,致使一些问题不能得到合理解决。

(6) 改装有安全隐患。新《道路交通安全法》对改装管理虽然有严格规定,但细节项目并不明确,并没有具体指出哪些项目能改、哪些不能改,而越来越多的爱车族又对改装充满了空前的热情,汽车改装的需求逐渐增大。在这种背景之下,许多"半路出家"的改装厂和改装件生产厂应运而生,就连不少作坊式生产的汽车维修厂也在悄悄经营着改装生意。而国外汽车改装厂家一般是和生产厂家结合在一起的,只有这样,改装技术、质量才能够达到原厂要求,才能保证改装不会给车辆造成隐患。我国大部分改装厂家的水平和国外成熟的汽车改装业还有很大的差距,有的店就是拿着自己改装后的效果图让顾客挑,改装件只要能装上就装,是否真正适用则不予关心。此外,专业技术人员匮乏、改装件质量无法保证、潜在安全隐患多等问题也比比皆是。有些车主不了解《道路交通安全法》对车辆管理的规定,盲目对车辆外观、性能等方面进行改装,造成许多安全隐患,致使车辆不能通过年度检验。

(7) 目前,国内厂商并没有提供相应的改装配件及指导。在国外,许多厂商在新车发布后,都会针对相应的车型提供相当多的改装配件,以及为车主提供比较明晰的改装指导,甚至还有专门改装自己汽车的改装公司。

(8) 保险、安检不成熟。车辆擅自改装后,一旦发生质量问题,难以区分是原车问题还是改装引起的问题。一旦出险,保险公司对其一般不予理赔。目前绝大多数的保险公司对于改装车出险后的赔偿,都仅限于原车部分,而对于改装配件则不予赔付。如果车主在投保时,已与保险公司就改装部分的投保事项进行了特别约定,那么车辆改装部分也是在保险公司理赔范围之内的。车保理赔人员提醒车主:如果想对车辆进行改动,最好在车管部门进行备案,以免出现问题后引起一些不必要的麻烦。

(9) 一般都没有汽车改装许可证,不具备汽车改装的资质。由于汽车是技术含量非常高的产品,所以对汽车改装技术的要求很高,对从事汽车改装的企业的要求也很高,改装企业需要具有相应的资质。可是,在我国目前除了服务于汽车赛事的专业改装机构得到汽车运动联合会的认证许可外,其他许多从事民用汽车改装业务的厂家原来都是汽车装饰或维修企业。

二、国内外汽车改装概况

1. 国内外汽车改装的历史、现状及发展

中国内地最初的汽车改装是广东在1997年从中国香港引进的。目前汽车改装市场主要集中在以广州、深圳、珠海为代表的广东地区以及北京、四川等地,并逐渐向长三角及环渤海湾地区发展。起初的汽车改装主要效仿香港地区同行的模式,后来又不断接触到我国台湾地区的改装潮流,在融合两种改装风格后逐渐形成了现在广东的改装风格。从一开始仿制同类产品,到现在逐步根据国内消费者的审美观和驾驶特性以及地形地貌,自行研究、开发出具有中国特色的改装产品。如今,广东地区的汽车改装行业各具特色,正朝着百家争鸣的方向发展,市场商机越来越多,改装厂家、店家也不断增加,车主对汽车改装的认同和参与热情也与日俱增,改装技术正不断接近我国香港和台湾地区的水平。

世界三大汽车改装公司之一也已经进入北京。但是由于各方面的条件限制,个性化改装还远没有广东地区发展得那么快。特别是动力提升方面,能够大刀阔斧地进行改装的店铺不是很多,而且所改动的范围也是有所保留的。北京曾于2000年举行过一次小规模的"汽车装饰、装潢竞赛",收到了不错的效果,也使得更多的消费者了解了许多科学、正确的改装方法。在改装市场发展较快的城市如上海等地,改装已形成了一个千万元的大市场。

在我国,虽然目前汽车改装的合法性还受到质疑,但市场已悄悄形成。2006年10月4日,中国上海国际汽车改装博览会在上海世贸商城展览馆开幕,同期,中国国际汽车改装业高端峰会隆重举行。此次峰会由汽车品牌研究中心与上海世界贸易商城共同主办,中国汽车工业咨询委员会、国家工商总局、公安部交管局、公安部交通科学研究所、中国汽车技术研究中心、中国汽车运动联合会、中国汽车品牌科技研究中心等机构的领导、专家参加会议并进行了主题发言。来自德国、日本、加拿大、美国以及我国台湾和香港地区的120位汽车改装界专业人士及新闻媒体出席峰会。

随着汽车时代的到来,汽车文化已渐渐地为人们所了解,各种各样的汽车娱乐、汽车旅行、驾车探险以及赛车等文化形式已成为广大车迷津津乐道的生活方式。与此同时,一种全新的汽车文化也正在悄然兴起,它就是令所有追求个性、速度的车迷着迷的汽车改装。汽车改装源于赛车运动,参加各种竞技及赛事的车辆必须经过标准严格的改装后才能进入赛场,其目的如下。

(1) 增加车辆安全性,如在撞击、翻滚、失火等事故中保护车手不受伤害。

(2) 提高比赛能力,如加速性能、转弯稳定性能、刹车性能、通过性能、操控精准性能等。

(3) 减少自重及风阻系数。

可以说,汽车改装在汽车赛事中是必不可少而且十分重要的环节,在某种程度上,汽车赛事也是一场汽车改装技术水平的较量。赛车改装最大可能地强化并提升了车辆性能的极限空间,并作为一种汽车文化得到广泛延伸。随着汽车工业的发展以及赛车运动的深入人心,汽车改装也将成为普通汽车消费者生活中的组成部分,并渐渐成为一种时尚。

2. 国外主要汽车改装品牌

(1) AMG。

奔驰AMG历史起始于1967年。两位德国人Aufrecht和Melcher在Grosaspach小镇上开始了他们的改装事业,AMG正是三者名称的首字母。Aufrecht先生曾在戴姆勒—奔驰车厂从事引擎测试工作,对于奔驰的动力系统了如指掌。1971年,在比利时SPA 24小时耐力赛上,

AMG 以一台 300SEL 6.9 AMG 赛车荣获全场第二名,公司名声由此打响。1978 年,代号为 R107 的旗舰跑车被 AMG 开发为欧洲房车赛的战车,尽管没有登上最高的领奖台,但也处在领先水平。1980 年,450SLC 在纽伯格林赛道获得首场冠军,成为 AMG 赛道史上的一块丰碑。

2005 年,AMG 还首次独立开发完成了史上最强的自然进气 V8 63 AMG 系列发动机。这款全新的动力系统于 2006 年开始全面搭载于 AMG 的各款车型上,总计发布了 R 63 AMG、CLK 63 AMG、CL 63 AMG、E 63 AMG 等车款,这就形成了奔驰 AMG 63 系列车型(图 1 - 1)。而 2007 年发布的 C 63 AMG 还成了 DTM 赛事的前导车。

2006 年,为了满足客户对奔驰车型更高的性能要求,AMG 还成立了性能工作室(图 1 - 2),这个工作室的职责只有一个,就是在 AMG 现有车型基础上,研发性能更加强大的车型。同时这些车型的产量受到严格的限制。目前 AMG 性能工作室提供了 3 个系列车型供客户选择,这 3 个系列分别为签名系列、黑色系列和特别版系列。

图 1 - 1　AMG63 系列车型

图 1 - 2　AMG 性能工作室

2010 年,奔驰 AMG 新世代超级跑车 SLS AMG 正式上市(图 1 - 3),这款以 Mercedes Benz 经典的 300SL 鸥翼造型为原型的超级跑车,搭载 AMG 6.2 升的 V8 发动机,最大功率可达 571 马力[①],加上重量仅 1 620 kg 的全铝合金车身,使其拥有 0 ~ 100 km/h 仅需 3.8 s 的加速表现。而以 SLS AMG 为基础所开发的 F1 Safty Car 于 2010 年日内瓦车展正式亮相,这也是 AMG 车款自 1996 年接下 F1 大赛安全车与医疗救援车任务以后推出的第九代 Safty Car。

在赛事方面,进入 2000 年之后,AMG 在各项世界级赛事中持续创下优异的成绩,2000 年,Mercedes Benz 以 CLK 进军 DTM 车赛,车手 Bernd Schneider 与 Mercedes Benz 分别拿下车手与制造车商总冠军,并在 2001 年由 Bernd Schneider 蝉联车手年度冠军。2002 年,Vodafone AMG-Mercedes 车队(图 1 - 4)再度拿下 DTM 赛事的车队总冠军。2003 年,Mercedes-Benz 在 DTM

图 1 - 3　SLS AMG

图 1 - 4　Vodafone AMG-Mercedes 车队

① 1 马力 = 735.50 瓦。

更以9场胜利的惊人纪录,让Bernd Schneider与Vodafone AMG-Mercedes分别拿下DTM赛事车手与车队年度总冠军。

(2) Carlsson。

Carlsson,奔驰四大官方改装厂之一,1989年起专营奔驰汽车改装设计(图1-5)。强大的引擎,仿佛置身于赛车之氛围,是Carlsson所追求的至高目标。Carlsson的每一款改装车都完美体现这一目标。HartgeE兄弟Rolf与Andreas于1989年创立了Carlsson,它地处德国西南部城市Merzig,公司名字来自瑞典著名赛车手Ingvar Carlsson(同时也是Carlsson的技术发展合作顾问,Ingvar与他的同伴曾在奔驰欧洲拉力赛上创下世界纪录)。

图1-5 奔驰Carlsson

(3) M-Tech。

BMW中的M部门,表面上来说和奔驰车厂的AMG有许多相似之处。它们的产品都出现于家谱的各个系列之中,如3系列中的M3、5系列的M5等,两者都是足以互相抗衡的存在。但是相比之下,M部门的发展史和AMG却大有不同。M部门自开始以来就是BMW集团内部的一个专门机构,目的单纯为"将BMW的产品更加BMW"。用人的身份来形容就是:真正地出身名门。M部门自始至终能够忠实地贯彻BMW对于操控快感的追求,使得驾驶BMW成为一种高贵潇洒的享受。1972年,BMW成立了MMotorspot GmbH分公司,负责BMW公司的赛车和高性能车事务,1993年,位于慕尼黑的分部改称为BMWM。虽然BMW的动力和操控都是一流的,但其外观却并不追求强横,动力也是一贯讲究突出自然吸气发动机的终极境界,不加装任何增压器,可谓是BMW改装的经典,如图1-6所示。

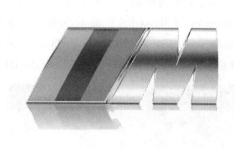

图1-6 M系列宝马

(4) Alpina(阿尔宾娜)。

早年M-Tec还没有风行天下的时候,BMW其实是依靠Alpina的存在才能够满足改装车迷的需求的。那时候BMW的改装就是仰仗Alpina的Bi-Turbo,双涡轮增压器的B3、B5甚至是BlO等。虽然现在从事BMW改装的品牌此起彼伏,但是Alpina仍旧专注于BMW改装。让人非常惊异的是,当时的每一台 Alpina 出品的改装车都拥有自己独有的车架号码,这与奔驰的改装品牌 Brabus 有相似之处。这代表 Alpina 拥有了自己制造汽车的能力,如图 1-7 所示。

图 1-7　宝马 Alpina

(5) HAMANN。

HAMANN 最初期的产品大都是围绕着 BMW 旗下车型所开发的,它的品质上乘,高科技的产品居多,外观也很好。创始人理查德·哈曼在 BMWMI、DTM 以及 Formula 3 这些赛事上曾经三度获得冠军。1986 年,哈曼改装的 BMW M3 创造出了 348 马力及 273 km/h 的最高速度,从此 HAMANN 品牌一夜成名并开始对海外市场进行开发。现在的 HAMANN 产品已经发展到了 Porsche、Ferrari 甚至是 Lamborghini,这些世界著名的超级跑车用户都爱用由 HAMANN 设计的空力套件、合金钢圈和排气系统,如图 1-8 所示。

图 1-8　宝马 HAMANN

(6) ABT(图 1-9)。

ABT Sportsline 作为 Volkswagen 集团改装第一大厂,长期以来致力于赛车及汽车改装市场,提供动力、制动、悬挂、空力套件、轮毂等改装配件、精品及服务,在不失原厂设计的理念下,满足改装车迷对个性化的需求,目前在全世界六十几个国家皆有代理商,销售其独家为 Audi、Volkswagen、Seat、Skoda 及最新的 Volkswagen 孪生车种 Porsche Cayenne 设计的改装精品及配件,树立了高性能、高品质的口碑。此外,ABT 亦从事整车改装销售的业务,堪称同业中的翘楚。

在德国专门从事 Volkswagen 集团车系改装工程的厂商多如牛毛,但也正因为有着如此的良性竞争与相互激励,使得强者愈强。ABT Sportsline 便是其中的佼佼者。目前在德国无论是 Volkswagen 集团车系的改装主流,或是在各项赛事中脱颖而出的 Volkswagen 集团竞技用车,几乎都与 ABT 有着直接的联系,ABT 堪称拥有赛车的灵魂。

今天的 ABT 已跃升为 Volkswagen 集团车系专业改装厂,总部位于坎普顿(Kempten),工厂占地 12 000 平方米,产品涵盖 Volkswagen 集团所有车种,包括 Volkswagen、Audi、Seat、Skoda 及最新的 Volkswagen 孪生车种 Porsche Cayenne。多年来,ABT 除了自己的赛车车队及赛车手为其多次夺下奖项外,每年由 ABT 总部坎普顿调教改装的车更超过 2 000 部,目前其成立的新大楼成为其高科技中心,更展现出公司为发展更高性能车所做的准备。

图 1-9　大众 ABT

(7) TRD。

TRD 的全名为 TOYOTA Racing Department,即负责 TOYOTA 汽车参加赛车的部门。其早年的名称并非叫作 TRD,它是由当时的 TOYOTA TECHNO CRAFT Co. Ltd. 的一部分演变过来的。现在的 TRD 并不组队参加比赛,而是作为后台的开发团队、支援团队为所有丰田用户车队提供服务,一年四季为丰田 GT 赛车的性能提高倾注着热情。这些努力开花结果,从全日本 GT 冠军赛到现在的 SUPER GT,以 Supra、凌志 SC430 为代表的赛车车辆一次次地创造辉煌。此外,在 2009 年 SUPER GT 系列 GT500/GT300 两个级别赛车比赛中,TRD 同时获得了系列赛冠军。1984 年,TRD 正式成立,开始了真正的赛车以及改装车的研发,改装件涉及 TOYOTA 旗下汽车的各个部分和车型,如图 1-10 所示。

图 1-10　丰田 TRD

3. 国内代理的著名改装品牌介绍

(1) TEIN(专业避震器厂家)。

TEIN 对于高性能悬挂系统开发全面积极,针对不同场合、不同车种都推出了对应款式,给予买家最多级别的选择。1985 年,公司创造人在赛车场上雄心壮志地说:"我们自己制作能在激烈的接力赛中取胜的悬挂吧!"一切就从这句话开始。"TECHNICAL INNOVATION"抱着以最新技术制作最佳产品的想法,公司创造人取了技术革新的英文字头 TEIN 作为名称,WRC 世界汽车拉力锦标赛、勒芒 24 小时耐久赛……世界各地激烈的竞技场上锻炼而成的 TEIN 避震器从来不会停止进化,TEIN 已成为支配世界各地路面的悬挂生产商,经过近 20 年的发展,TEIN 的想法依然没有褪色。

(2) WORK(铝合金轮圈)。

轮圈能改变一辆车的形象,有时赋予雍容华贵,有时赋予大方得体,轮圈是最能决定车之性格的性能组件。轮圈生产商最大的任务是根据客户的要求生产最优秀的铝合金轮圈,每一款设计均能满足不同客户的需求,同时更能提供量身定做的服务,能满足迅速变化的市场需要。帮助不同客人实现梦想,这就是WORK公司的理念。

(3) FUJITSUBO(日本第一品牌排气管制造厂)。

FUJITSUBO自1931年创立至今,一直把旗下产品质量放在第一位,经由反复测试及努力不懈的精神制造最高品质的产品。FUJITSUBO将人、车、社会环境等因素全部融为一体来研究,进行开发并导入人工智慧型系统以制造顶级排气管制品,且坚持绝大部分生产过程中采用手工制作,所以FUJITSUBO的排气管与一件手工艺术品没有分别。现在,FUJITSUBO顺应时代潮流的需求,竭尽所能地开发新产品,高性能、高品质是FUJITSUBO对顾客的一份保证和回报。

(4) SUMMIT(操控件著名品牌)。

龙颖国际产业由谢政儒先生于1998年创立,主要针对国内汽车改装产品与零配件的开发制造,并以"SUMMIT"品牌开始行销;由于公司创办人多年来一直热衷并参与赛车运动,所以产品设计理念源自赛车的运动基因,公司研发团队不断发展,逐步转向专业车身结构强化产品的开发与制造,品质已获得国内外客户的一致肯定。

就像在赛车场上要求的绝对精准,"SUMMIT"确实将这份坚持延续到商品制造上,未来更将朝向完全自主化与零缺点的目标前进,开发出更多优质的产品。

公司不惜巨资投入机械设备,目的是开发出更精良的产品,目前厂内设有电脑数控加工中心与电脑数控CNC车床、传统车床与铣床、TIG铝合金焊接设备与切割设备、精密测量仪器等设施,全方位的软硬体设备符合现代化标准。

"SUMMIT"根据不同车种的特性,开发完全专属于该车辆的套件,强调车身刚性的全面强化,再经过不断的测试与改良,巩固了车身强化商品领导品牌的地位。

(5) ENKEI(日本最大的轮圈制造商)。

ENKEI是日本众多轮圈制造商中最先有锻造技术的厂家,在当时全世界只有日本ENKEI能够在锻造技术上与BBS分庭抗争。同时ENKEI也是日本第一家能够生产一级方程式赛车轮圈的制造商,从1986年开始参与一级方程式比赛到现在,ENKEI轮圈一直是迈凯轮车队的指定选用产品。另外,ENKEI也生产WRC世界汽车接力锦标赛用的轮圈给三菱车队使用,它们除了发展锻造技术外,也发展轮圈柱的中空技术,务求达到轮圈的高轻量及高刚性,很多著名的赛车队也乐于选用。ENKEI除了以自己品牌生产轮圈外,也会为其他品牌制造OEM商品,因此很多其他品牌的轮圈其实也都是由ENKEI制造的。

(6) Endless(全日本最大的赛车制动皮生产商)。

Endless除了生产高效能制动皮外,还投入很多资源开发避震系统,每年的JGTC及超级耐久赛都会见到它们的产品及工程人员,工程人员把赛车场上的数据收集起来用以开发产品。

(7) Exedy(日本最大的离合器制造商)。

Exedy除了生产一般车用的离合器外,赛车用的离合器也是其强项产品,很多其他品牌的Racing Clutch其实都是它们的OEM产品。

(8) YOKOHAMA(竞技用高性能轮胎制造商)。

1917年,横滨轮胎株式会社在日本正式成立,其是日本最早发展汽车轮胎的两家生产商之一,ADVAN是横滨轮胎株式会社旗下主力发展的竞技用高性能轮胎,在日本及世界各地都深受赛车手所喜爱,而一般道路上使用的 ADVAN 高性能轮胎,也深受一些对速度要求较高的玩家所喜好,并成为市场上一种最受欢迎的高性能轮胎。

4. 国内改装车型及项目

(1) 东南菱帅(LIONCEL)。

东南菱帅脱胎于三菱传奇战车 LANCER EVO,秉承了三菱优良血统。而曾在 WRC 世界汽车拉力锦标赛上勇夺数次冠军的三菱 LANCER EVO,从 1992 年诞生至今已经拥有 20 多年的悠久历史,广大车迷出于对三菱 LANCER EVO 的热爱和对 WRC 精神的崇拜产生了改装的需求,改装市场上也因此衍生出大量成熟、价格合理的改装配件,这些都是东南菱帅的可改装优势,让广大的车主更加了解东南菱帅的自身性价及各式各样的创意改装,充分展示出东南菱帅的可改装优势;也让广大的车主更加了解东南菱帅所具有的永不言败的运动精神,为东南菱帅成为中国汽车改装行业和改装文化的中坚力量奠定了基础。

(2) 富士斯巴鲁翼豹(Impreza)。

作为日本高性能车型的代表,斯巴鲁翼豹在众多车迷心中占据着崇高的地位,纯正的 WRC 血统、鲜明的特点、酣畅淋漓的动力操控表现以及平易近人的售价,都使每一代翼豹成为同时期的街车霸主,9 代的 Impreza 使改装商也越来越觉得 Impreza WRX 似乎成了明日黄花。但在改装迷心中正好相反,改装件丰富,价格明朗,改装店经验得到充分累积,国内越来越多车迷开上了 Impreza,改装商才发现 Impreza 是热门的改装车型。玩 Impreza,动力改动占据了九成以上的精力;希望能更明确地看到中速再加速的能力(80~120 km/h),这都是开 Impreza 车主"飙车"时最常用到也是最希望提升的能力。

(3) 本田雅阁。

本田雅阁是一款很流行的中级车,大部分的车主都把它用作行政或家庭用车,很少有人去发掘它的动力潜质。其实雅阁在很大程度上是国内最具改装潜质的车,它的 2.0 L 和 2.4 L 排量都是使用以动力著称的本田 K 系发动机,当中最容易改装的是 2.0 L 的 K20A 发动机,因为它的主体与赛场上最受欢迎的本田"型格"Integra Type-R 所用的发动机是一样的,只需把 Type-R 的缸盖、凸轮轴和 ECU 等部件沿用到雅阁的原装发动机上,再配合一些机构的改动(如进气歧管、线路等),便可把马力从 150 匹提升到 220 匹,比加装 Turbo 还要见效。

(4) 本田飞度。

这是车迷改装最多的一款车。原装动力已算不错,其中尤以配了 VTEC 的 1.5 L 为佳。国产飞度的发动机规格和动力输出与国外版基本相同,并没有部件加装的空间,其实以飞度 1 000 kg 的轻盈车身和超过 100 匹的马力,加速性能在同级车中已算数一数二,如还不满意的话,加装外挂涡轮是最有效的方法。

(5) 日产阳光。

虽然它是在中国的市场上与雅阁拼得不可开交的名车,却也同样受到改装车迷的冷遇。阳光车上装载的是日产著名的 SR20DE 发动机,这种全铝制发动机的同门兄弟 SR20VE 配置了高角度凸轮和可变气门正时及长程式(VVL)系统,能发出 190 匹马力。日产曾用装有这一型号发动机的 primera 赛车夺得英国房车赛的冠军,由此可见 SR20DE 的改装潜力。SR20DE 和 SR20VE 的中缸基本一样,只要沿用 SR20VE 的缸盖部分便可得到超过 40 匹马力的增益。如果还不满足,日产发动机系列中同样有以阳光发动机为基础应用于 Silvia S15 跑车上的

SR20DET 涡轮增压发动机。

（6）丰田花冠。

丰田新的 1.8 L 发动机系列分为性能运动型和经济环保型，两车型的基本设计虽然相同，但由于一些重要数据有所差异，导致部件互相沿用的机会很低，比如国产花冠的 1ZZ—FE 发动机就完全沿用不上外型完全相同、拥有高达 190 匹马力、应用在丰田 Celica 跑车上的 2ZZ—GE 发动机的部件，因为双方的冲程和缸程径都不一样。在国外一般都是把整台 2ZZ—GE 换上，但由于法规所限，国内对此则不适用。

（7）威姿和威驰。

这两款车情况比花冠好得多，它们虽然都是用经济环保的 FE 系发动机，但由于此系列多个排量的发动机都使用同一中缸，因此沿用大排量型号的部件来增大排量是最经济又有效的动力改装。例如，把威驰发动机的连杆和曲轴改装到威姿，便可将排量增大至 1.5 L；把威驰发动机的缸径扩大一点，再放进国外版 1.6 L 用的活塞，便可变为 1.6 L。

（8）马自达 M6。

配有两台排量分别是 2.0 L 和 2.3 L 的 MZR 发动机，该型号发动机是马自达和福特合作开发，在 2003 年年末推出的新款发动机。由于推出的时间不长，加上同系的高性能型号——装在新 MX−5 上、配有顺序可变气门正时（SVT）系统、输出马力达 170 匹的 2.0 L 和配在 Mazdaspeed 2.3S 上、马力达 276 匹的 2.3 L 直喷涡轮增压发动机在 2005 年年中上市，部件相互沿用的经验十分缺乏。初步资料显示，MZR 发动机系列的数据十分相似，部件的"可沿用性"机会十分高。

三、汽车改名

1. 汽车改名的原因

汽车品牌在中国的改名始于宝马。1992 年以前，BMW 在中国并不叫宝马，而被译为"巴依尔"，这是因为 BMW 的全称是"Bayerische Motoren Werke"。那时的宝马虽然在国外已经声名远扬，可中国人对这个汽车品牌却还十分陌生。中文名改为宝马之后，受到消费者关注，销量也逐步扩大。"宝马这个名字突出了 BMW 车系高贵豪华的气质，又与中国传统称谓浑然一体，同时发音也与 BMW 相差不大。"宝马的中国高层曾经这样解释"宝马"名字的由来。

从中国的传统习俗看来，人的名字是很严肃的，"改名"并不是一件好事，不到万不得已不会轻易更改。可为什么到了汽车界，"改名"却成了时尚？总的说来，汽车改名大致有以下几种原因。

（1）市场表现不佳，推新车型时机又不成熟，不如换个名字重入市场。东风悦达起亚的锐欧就属于这一类。千里马在中国的市场表现一直不温不火，升级换代叫 RIO 千里马也没有多大起色，大家一看就知道是怎么回事，于是干脆改得更彻底点，完全弃用"千里马"，换个洋气点的名字重整河山。

（2）全球一体化的需求。丰田的不少改名都是因为这个原因。据丰田高层表示，丰田品牌名称将实现全球统一化，一致用音译来命名旗下车型。为了全球统一的需要，舍弃原先知名度颇高的车名，从经济利益的角度来考虑短期内并不划算，但从长期看对品牌发展还是有益的。

(3) 老品牌求新求变。在原有成熟品牌的基础上推新，但是又不能落入"换汤不换药"的尴尬，改造外观、更换车名是最经济的办法了。

(4) 营销策略需求。买车行为更多地会受到品牌和外形的影响，这不仅适用于汽车界，各方各面的商业行为也都或多或少地受到品牌名称营销的影响。改名的目的之一是与当地文化协调和融合，名字就是一辆车的品牌。品牌众多的通用汽车，其惯用的手法就是将同一产品在不同市场上以不同的名字来制定营销策略。风靡中国车市的别克凯越原型车就是韩国大宇的Nubira，这辆车在南美的学名是雪佛兰 Optra，在东欧市场叫雪佛兰 Lacetti，在美国叫铃木 Froenza。"5 个名字一辆车"的营销手段在各地都取得了不错的成绩。另外，在雪铁龙和标致的品牌体系中，在欧洲大陆，雪铁龙 C8 也曾叫过标致 807，甚至还叫过菲亚特 Ulysse 和蓝旗亚 Phedra。

PSA 集团就有着著名的双品牌战略，也被称作汽车业的牌子工程。这并不是 PSA 的独创，而是适用于全球汽车产业范围内的一种普遍现象。在 PSA 内部，所谓的牌子工程包含两层含义：一是即将离任的总裁佛尔茨所公布的"玛格丽特计划"，也就是在同一车型基础上所派生出的"六片花瓣"，每一片花瓣都代表着一种派生车型，如 407 包括 407SW、407CC、407 跑车等；二是双品牌战略，即在同一平台上以完全不同形象示人的标致车型和雪铁龙车型，将同根同源的车辆为适应市场需要而细分为不同的名字。

2. 经典汽车改名

(1) 最成功的改名：巴依尔→宝马。在 1992 年以前，BMW 汽车在国内并不叫宝马，而是被译为"巴依尔"。改后的"宝马"名字可谓神来之笔，既突出了宝马车系高贵豪华的风格气质，又与中国的传统称谓浑然一体，同时发音也与 BMW 相差不大。如今，"坐奔驰开宝马"已经成为不少人梦想的生活，宝马已成为豪华车的代表。

(2) 最庸俗的改名：跑乐→宝来。"宝来"这个名字与其"驾驶员之车"的口号极不相符，倒是其原来的名字"跑乐"———在中国香港这款车就是这个名字———既有音译，也符合"驾驶员之车"的特点。相比之下，宝来这个名字要庸俗得多。当然，庸俗归庸俗，车子照样卖得好，市场比拼的最终还是质量。

(3) 最无奈的改名：富士→斯巴鲁。把"富士"这个很形象的名字改成不知所云的"斯巴鲁"，实为富士公司的无奈之举。其根源是富士公司与贵航云雀的失败合作，如今，云雀这款车已黯然退市。为了改变云雀对富士品牌在中国的消极影响，富士公司被迫将"富士"改为"斯巴鲁"。有人建议，斯巴鲁应该在 18 路公交车做广告，让大家坐上"18 路"车去买"斯巴鲁"车。

(4) 最失败的改名：凌志→雷克萨斯。如果依丰田所说，凌志改成雷克萨斯不是商标抢注所致，那么这肯定是最失败的改名。多年来，凌志这个丰田的独立豪华品牌已在中国消费者中深入人心，突然改了个"雷克萨斯"实在让人接受不了。反映在市场上的结果是，自从改名后，凌志的销量逐年减少，已无法与奔驰、宝马相抗衡。

(5) 最让中国人自豪的改名：霸道→普拉多。霸道太"霸道"，尤其是其卢沟桥广告事件发生之后，更是激起中国人的民族情绪。无奈之下，丰田只好把"霸道"改成音译名"普拉多"。对于中国大众来说，这当然是一件值得自豪的事。

(6) 最有趣的改名：美洲虎→捷豹。两种动物，代表的却是同一个汽车品牌，你说有趣不有趣。

(7) 最不可思议的改名：佳美→凯美瑞。佳美是在中国进口车市驰骋十多年的畅销轿车，连续数年获得进口车冠军称号。如此知名度的汽车品牌，丰田却放弃了，将国产佳美改名为凯美瑞，实在令人不可思议。

第二节 汽车改装技术方案

一、汽车改装的种类及项目

1. 汽车改装的种类

汽车改装可以分为三大类别：赛车改装、民间重度改装和民用性能提升改装。

汽车改装内容包括外观改装、内部机械改装、影音改装等几方面，当人类生活进入数字时代后，汽车改装又增加了一项新内容，即智能改装。

这些改装类别各有其特定的目标和用途，如果混淆起来，则很容易对汽车改装产生错误的认识和观点。比如，赛车改装是根据赛事要求进行的改装，其改装以增大速度和功率为主，不考虑油耗及环保等。

2. 汽车改装项目及内容

汽车改装爱好者对汽车改装的项目及内容有几个部分，包括车辆外形改装、动力系统改装、操控性能改装、越野性能改装、灯光改装、音响改装、轮胎改装以及汽车内饰的改变等。而对于家用车的改装而言，并不需要像专业赛车那样追求高水准的动力、操控等性能，而应根据实际使用的需求和自己的喜好，在适当的范围内进行改装。

(1) 民用汽车改装的项目。

民用汽车改装的项目见表 1-1。

表 1-1 民用汽车改装的项目

改装种类	改装项目
发动机改装	进气系统、排气系统、供油系统、点火系统、气门、涡轮增压器、节油器、点火线圈
汽车底盘改装	排挡锁、方向盘锁、车轮锁、自排锁、安全带、安全气囊、底盘装甲、轮罩盖（车轮饰罩）、备胎罩、轮眉、悬架弹簧、减震器、防倾杆（平衡杆）、制动系统、ABS、铝合金轮辋、轮胎、绞盘
汽车电器改装	前灯罩、后灯罩、雾灯罩、边灯框、装饰灯、内动车帘、倒车雷达、越野车灯、氙气大灯、中控锁、汽车音响、电子防盗器、GPS 定位系统、车载免提电话、黑匣子、巡航控制系统
车身改装	大包围、定风翼、车身贴纸、封釉、太阳膜、隔音工程、汽车天窗、车顶行李架、尾梯、护杠（防撞杠）、手动窗帘、防撞条及门边胶条、车身饰条、后护板（后门踏板）、门脚踏板、前饰条、后饰条、装饰标志（立标、贴标等）、扶手箱、门拉手、后视镜罩、车牌架、后视遮雨板、中柱、桃木内饰、椅套、真皮座椅、跑车座椅、电动座椅、儿童座椅、坐垫、地毯、地胶（脚踏垫）

(2) 国际汽车改装博览会的汽车改装项目。

上海国际汽车改装博览会参展须知，规定了参展改装车的改装项目范围，其中还包括汽车美容的内容。

1）改装样车。世界各国专业汽车改装厂家设计、改装的各种乘用车辆；国内外专业级汽车爱好者设计、改装的乘用车辆，包括越野车、旅行车、竞技用车、个性改装民用车辆等。

2）改装涉及范围。其主要有动力系统、操控系统、电器及电子系统、照明及信号系统、车身覆盖件、影音设备、越野车专业改装、汽车节能环保产品、美饰护理用品等。

a. 动力系统。

发动机本体：排量、压缩比、燃油追加电脑、燃油增压器。

发动机外围件：进气系统、排气系统、点火线圈、火花塞。

涡轮增压系统：机械增压、涡轮增压器、中冷器、泄压阀。

发动机电脑控制单元。

b. 操控系统。

悬挂系统：减震器、拉杆组、防倾杆、悬挂牵引装置。

安全系统：制动系统及制动检测系统、胎压监测系统、安全带、安全座椅、儿童座椅、儿童车内保护及看护装置、安全气囊和侧气囊、车身稳固装置、气帘、行人保护装置、安全防盗系统、中控锁、排挡锁、方向盘锁、车轮锁、雷达测速器、后视系统、汽车缓冲器。

传动系统：轻飞轮、轻皮带轮、竞技离合器、主减速器、变速箱齿轮套件。

轮胎及轮毂：高性能轮胎、轮毂。

c. 电器及电子系统。应急灯、节油器、行驶记录仪、电容、车辆电子摄像系统、各种警示标志、喇叭、雨刮器、汽车半导体、电子元器件、汽车传感器、智能式传感器、模拟器件、汽车行驶记录仪、汽车后视防水摄像枪、电控制动助力、电控防滑、电控悬架、GPS 汽车巡航定位系统、车载冰箱、逆变电源、车用吸尘器、车载洗车机、车载剃须刀、蓄电池、风扇、空调系统、车载蓝牙。

d. 照明及信号系统。卤素灯、LED、HID、射灯、装饰灯、车顶灯、防雾灯、仪表灯、刹车灯、转向灯。

e. 车身覆盖件。大包围（前后保险杠、左右裙边、中网）、平衡尾翼、天窗、不锈钢饰条、防滚架、踏杠、反光装置、后视镜、挡泥板、空气扰流辅件。

f. 影音设备。汽车音响、车载电视、车载 DVD、车载 CD、车载 MP3、车载卡带机、汽车低音炮、汽车功放、显示器、解码器、均衡器、扬声器、接收器。

g. 越野车专业改装。平衡拉杆、防护板、涉水器、绞盘、差速锁、车顶行李架、车尾行李架、预热系统、延时熄火装置、临时补胎装置、电源逆变器。

h. 野外用品。帐篷、遮阳伞、汽车顶箱、汽车顶架、轮胎打气泵、车用工具箱、急救包、折叠桌、折叠床、折叠椅、睡袋、指南针、旅行设备。

i. 汽车节能环保产品。氧吧、空气净化器、除臭剂、空气净化剂、三元催化剂、香水、熏香器、熏香油、防眩镜、节油清洁剂、中间轴节能离合器、节能排气尾管、节油设备等其他节能产品。

j. 美饰护理用品。车蜡、车釉、清洁剂、玻璃防雾剂、玻璃修补剂、汽车漆、漆面保护膜、积炭清洗剂、冷媒、润滑剂、防锈剂、抗磨剂、防腐剂、增效剂、改进剂、防冻液、制动液、水箱补漏剂、低温启动剂、新合剂、密封胶、原子灰、擦布鹿皮、车衣、汽车地毯、金属或木饰件、方向盘套、防爆膜、纸巾盒、手机架、眼镜架、保温壶、钥匙扣、点烟器、温度计、遮阳挡、气压表、靠垫、靠枕、座套、窗帘、脚垫。

二、汽车改装性能指标与评价

1. 汽车使用性能指标与评价

在一定的使用条件下,汽车以最高效率工作的能力,称为汽车的使用性能。它是决定汽车利用效率和方便性的结构特性的表征。评价汽车工作效率的指标是汽车的运输生产率和成本,基于运输生产率、成本与汽车结构之间内在联系的研究,可以确定汽车的主要使用指标。

我国目前采用的汽车使用性能的主要指标见表1-2。

表1-2 汽车使用性能的主要指标

使用性能		指标和评价参数
容量		额定装载质量(t),单位装载质量(t/m^3),货箱单位有效容积(m^3/t),货箱单位面积(m^2/t),座位数和可站立人数
使用方便性	操纵方便性	每百公里平均操纵作业次数,操作力(N),驾驶员座椅可调度,照明、灯光、视野、信号完好
	出车迅速性	汽车起步加速时间
	乘客上下车和货物装卸方便性	车门和踏板尺寸及位置,货箱地板高度,货箱栏板可倾翻数,有无随车装卸机具
	可靠性和耐久性	大修间隔里程(km),主要总成更换里程(km),可靠度,故障率[1/(1 000 km)],故障停车时间(h)
	故障停车时间	维护和修理工时,每千公里维修费用,对维修设备的要求
	防公害性	噪声级,CO、HC、NO_x 排放量,电磁干扰
燃料经济性		最低燃油消耗量[L/(100 t·km)],平均最低燃料耗量(L/100 km)
速度性能		动力性,平均技术速度(km/h)
越野型、机动性		汽车最低离地间隙,接近角,离去角,纵向通过半径,前后轴荷分配,轮胎花纹及尺寸,轮胎对地面单位压力,前后轮辙重合度,低速挡的动力性,驱动轴数,最小转弯半径
安全性	稳定性	纵向倾翻条件,横向倾翻条件
	制动性	制动效能,制动效能恒定性,制动时方向稳定性
乘坐舒服性	平顺性	振动频率,振动加速度及变化率,振幅
	设备完备	车身类型,空气调节指标,车内噪声指标(dB),座椅结构

2. 汽车动力性能指标与评价

汽车动力性的好坏直接影响汽车效率的高低,它是汽车使用的最重要的基本性能。汽车在使用一定时期后,技术状况会发生变化,汽车的动力性也会发生变化。汽车技术状况不良,首先表现为动力性不足、燃料消耗增大。汽车动力性的检测方法有道路试验和室内台架试验两大类。室内台架试验不受客观条件影响,测试条件易于控制,所以在汽车检测站得到广泛应用。

汽车检测部门一般常用汽车的最高车速、加速能力、最大爬坡度、发动机最大输出功率、底盘输出最大驱动功率作为动力性评价指标。

（1）最高车速。

最高车速是指汽车以制造厂规定的最大总质量状态，在风速≤3 m/s的条件下，在干燥、清洁、平坦的混凝土或沥青路面上能够达到的最高稳定行驶速度。

（2）加速能力。

加速能力是指汽车在行驶中迅速增加行驶速度的能力，通常用汽车加速时间来评价。加速时间是指汽车以制造厂规定的最大总质量状态，在风速≤3 m/s的条件下，在干燥、清洁、平坦的混凝土或沥青路面上，由某一低速加速到某一高速所需的时间。加速时间有原地起步加速时间和超车加速时间两种。

1）原地起步加速时间是指用规定的低挡起步，选择适当的换挡时机逐步换到最高挡后以最大的加速度，加速到规定的车速或达到一定距离所需的时间，一般用0～100 km/h的加速时间或0～400 m距离所需的时间。起步加速时间越短，动力性越好。

2）超车加速时间是指用最高挡或次高挡，由某一预定车速开始，全力加速到某一高速所需的时间。超车加速时间越短，其高挡加速性能越好。《汽车大修竣工出厂技术条件》中规定，大修后带限速装置的汽车以直接挡空载行驶，从初速20 km/h加速到40 km/h的加速时间应符合规定，具体要求见表1-3。

表1-3 直接挡加速时间

发动机标定功率与汽车整备质量之比/(kW·t^{-1})	7.36～11.00	11.00～14.71	14.71～18.39	18.39～36.78	36.78
加速时间/s	<30	<25	<20	<15	<10

（3）最大爬坡度。

最大爬坡度是指汽车满载，在良好的混凝土或沥青路面的坡道上，以最低前进挡能够爬上的最大坡度。

（4）发动机最大输出功率。

发动机最大输出功率是指发动机在全负荷状态下，仅带维持运转所必需的附件时所输出的功率，又称总功率。新出厂发动机的最大输出功率一般是指发动机的额定功率。它是发动机在全负荷状态和规定的额定转速下所输出的总功率。

汽车发动机最大输出功率是汽车动力性的基本参数。汽车在使用一定时期后，技术状况发生变化，发动机的最大输出功率变小，故常用其变小的差值评价发动机技术状况下降的程度。在汽车综合性能检测站用无外载测功法或底盘测功机所测定的发动机功率，必须换算为总功率后才能与额定功率比较。

（5）底盘输出最大驱动功率。

底盘输出最大驱动功率是指汽车在使用直接挡行驶时，驱动轮输出的最大驱动功率（相应的车速在发动机额定转速附近）。底盘输出最大驱动功率一般简称底盘输出最大功率，是实际克服行驶阻力的最大能力，是汽车动力性评价的一项重要指标。汽车在使用过程中，发动机本身、发动机附件及传动系的技术状况都会下降，其底盘输出的最大功率将因此减小。

3. 汽车燃料经济性与环保性评价指标

（1）汽车燃料经济性的评价指标。

燃料经济性是指汽车以最少的燃料消耗完成单位运输工作量的能力，它是汽车使用的主要性能之一。汽车发动机的燃料经济性通常用有效燃料消耗率或有效效率来评价。因其未能反映发动机在具体汽车上的功率利用情况及行驶条件的影响，故不能直接用于评价整车的燃料经济性。评价汽车的燃料经济性，通常用单位行程的燃料消耗量，即 L/100 km，或单位运输工作的燃料消耗量，即 L/(100 t·km) 作为评价指标。前者用于比较相同容量的汽车燃料经济性，也可用于分析不同部件（如发动机、传动系等）装在同一种汽车上对汽车燃料经济性的影响；后者常用于比较和评价不同容载量的汽车燃料经济性，其数值越大，汽车的经济性越差。汽车燃料经济性也可用汽车消耗单位量燃料所经过的行程 km/L 作为评价指标，称为汽车的经济性因数。例如，美国采用每加仑燃料能行驶的英里数，即 MPG 或 mile/USgal。其数值越大，汽车的燃料经济性越好。

(2) 汽车环保性能的评价指标。

汽车的公害包括三个方面：汽车排气对大气的污染（有害成分主要有 CO、CH、NO_x、炭烟等）、噪声对环境的危害、汽车电气设备对无线电通信及电视广播等的电波干扰。在三者之中，排气污染对人们的生活环境影响最大（被认为是第一公害），其次是噪声公害，而电波公害由于不直接影响人体健康，并且是局部性问题，所以没有前两者危害大。除此而外，制动蹄片、离合器片和轮胎的磨损物，以及车轮扬起的粉尘也会引起环境污染，但这种影响只是在交通密度大的车流附近较为突出。

4. 汽车其他性能评价指标

(1) 制动性。

汽车的制动性能是汽车的主要性能，通常从制动效能、制动效能恒定性和制动时的方向稳定性三方面来评价。制动效能用汽车在坚实、平坦的路面上以一定初速度制动到停车的制动距离与制动减速度来评价，是汽车制动性能最基本的评价指标。

制动距离是指从驾驶员踩制动踏板开始到汽车完全停止所驶过的距离，包括制动起作用和持续制动两个阶段汽车驶过的距离。制动距离与制动踏板力（制动系中的压力），路面种类、状况，制动器热状态及胎压大小和胎面质量有关。

制动减速度反映地面制动力的强弱，它与制动器制动力及附着力有关。

制动效能的恒定性即汽车在高速高强度制动或下长坡连续制动等工况下，保持冷态时制动效能的特性。这一性能用抗热衰退性表示。这是因为在汽车制动过程中，制动器将汽车行驶的动能变为热能并吸收，使制动器摩擦材料受热后性能下降，导致了制动效能降低。制动器抗热衰退性通常用一系列连续制动效能的保持程度来衡量，如 ISO 6597 中规定在一定车速制动 15 次，每次制动减速度不小于 3 m/s。最后的制动效能不得低于冷态效能的 60%，否则制动效能的恒定性（抗热衰退性）不符合要求。

制动时的方向稳定性指汽车制动时不发生跑偏、侧滑及失去转向能力的特性。通常用制动时汽车按给定轨迹行驶的能力来评价。要全面考察汽车的制动性能，通常需要进行磨合试验、冷态效能试验、热态效能试验、制动管路失效试验、热衰退性能试验、涉水恢复试验、制动系统时间特性试验、驻车制动试验等。装有防抱死制动系统的车辆，还要进行防抱死制动性能试验。

台试检验的主要检测项目有制动力、制动力平衡要求、车轮阻滞力和制动协调时间；制动性能路试检验的主要检测项目有制动距离、充分发出的平均减速度、制动稳定性、制动协调时间和驻车制动坡度。

1）台式检验制动性能的技术要求（表1-4）。

表1-4 台式检验制动性能的技术要求

汽车类型	制动力总和与整车质量的百分比/%		轴制动力与轴荷[①]的百分比/%	
	空载	满载	前轴	后轴
三轮汽车	—	—	—	≥60[②]
乘用车、总质量不大于3 500 kg的货车	≥60	≥50	≥60[②]	≥20[②]
铰接客车、汽车列车	≥55	≥45	—	—
摩托车	—	—	≥60	≥55
轻便摩托车	—	—	≥60	≥50

注：① 表示用平板制动检验乘用车时应按动态轴荷计算。
② 表示空载和满载状态下测试均应满足此要求。

2）路试检查制动性能的要求。

路试路面应平坦，坡度不超过1%的干燥和清洁的水泥或沥青路面。轮胎与路面之间的附着系数不小于0.7，风速不大于5 m/s。在试验路面上应画出标准中规定的制动稳定性要求相应宽度试车道的边线。被测车辆沿着试验车道的中线行驶至高于规定的初速度后，置变速器于空挡。当滑行到规定的初速度时急踩制动使车辆停住，用速度计、第五轮仪或用其他测试方法测量车辆的制动距离、车辆充分发出的平均减速度与制动协调时间。充分发出的平均减速度应在测得公式中相关参数后计算确定。

（2）操纵稳定性。

汽车操纵稳定性是指汽车抵抗力图改变其位置或行驶方向的外界影响的能力。汽车操纵稳定性包含两方面含义：一是操纵性，即汽车执行驾驶员指令的准确程度；二是稳定性，即汽车在受到路面凹凸不平或侧向风干扰时，其自身的稳定性及恢复原来直线行驶的能力。操纵性和稳定性不可分开而论，两者是相辅相成的，可通过考察下列关系来评价操纵性能的好坏。

1）在额定车速下，车辆质心曲线轨迹与转向盘的关系。

2）以额定角速度迅速转动转向盘以后，车辆转向角速度与时间的关系。

3）车辆在圆周行驶时其转向盘上的作用力与车辆侧向加速度的关系。

4）为保证以额定车速行驶的车辆其轨迹曲率半径能按额定要求变化，必须在转向盘上施加作用力。

（3）汽车的通过性。

在一定载质量下，汽车能以足够高的平均车速通过各种坏路及无路地带和克服各种障碍的能力，称为汽车的通过性。前者主要是指软土壤、沙漠、雪地、沼泽等松软地面及坎坷不平地段；后者是指坡、侧坡、台阶、壕沟等。汽车的通过性可分为轮廓通过性和牵引支撑通过性。前者是指车辆通过坎坷不平路段和障碍（如陡坡、侧坡、台阶、壕沟等）的能力；后者是指车辆能顺利通过松软土壤、沙漠、雪地、冰面、沼泽地面的能力。

在越野行驶时，由于汽车与不规则地面的间隙不足，可能出现汽车被托住而无法通过的现象，称为间隙失效。间隙失效主要有顶起失效和触头失效（或托尾失效）两种形式。顶起失效是车辆中间底部的零件碰到地面而被顶住的间隙失效；触头失效（或托尾失效）是汽车前端

(或车尾)触及地面的间隙失效。

汽车通过性的几何参数是与防止间隙失效有关的汽车本身的几何参数,主要包括最小离地间隙、接近角、离去角、纵向通过半径和横向通过半径等。另外,汽车的最小转弯直径和内轮差、转弯通道圆及车轮半径是汽车通过性的重要轮廓参数。

(4)汽车行驶的平顺性。

汽车行驶平顺性是指汽车在一般行驶速度范围内行驶时,能保证乘员不会因车身振动而产生不舒服和疲劳的感觉,以及保持所运货物完整无损的性能。由于行驶平顺性主要是根据乘员的舒适程度来评价的,所以又称为乘坐舒适性。汽车行驶平顺性的评价方法,通常是根据人体对振动的生理反应及对保持货物完整性的影响制定的,并用振动的物理量,如频率、振幅、加速度、加速度变化率等作为行驶平顺性的评价指标。目前常用汽车车身振动的固有频率和振动加速度来评价汽车的行驶平顺性。

三、汽车改装费用估算

1. 外观改装的费用

对汽车进行外形改装的主要材料,常见的有玻璃钢和树脂等,价格差异较大。购买时应注意货比三家,一般费用为 2 500 元左右。此外,事前尽量和商家谈好包喷漆,又可以省下一大笔开销。当然,对于省钱族而言,大包围也许并不是最好的选择,其实选择一些小包围和裙边也能把车子的外形变得很酷,而且不但不会改变车身结构,还能省去一半以上的开销。在外观改装中,人工费要占改装费用的1/3左右。

(1)车身拉花。车身拉花(贴纸)是最出彩的外形改装,一台没有任何改装的车,如果配一套漂亮的车身拉花,也能立刻成为公路上的焦点,Mini 拉花如图 1-11 所示。拉花的价格相差很大,如果资金充足,又图省事,可以从设计到制作全交给专门改装店,花费大约在千元。如果愿意花一些精力和心思,自己设计或者收集图标,再交给招牌店制作,价格就便宜多了。

图 1-11 Mini 拉花

(2)车身装饰件。在汽车精品店会有各种各样的汽车装饰件,选择一些装在车上,如金属饰片、排气管罩、灯眉之类,可以让爱车醒目很多。不过加装车外饰的原则是不能多和杂,画龙点睛即可。

2. 性能改装的费用

汽车性能改装是一个很专业的领域,如果要做一番专业的改装,开销一般较大,如高性能的车胎都在数百上千元,换套刹车系统要上万元,增加涡轮增压也要 1.5 万~2 万元。

把一辆使用了两年的上海赛欧车改装成拉力赛车需要多少钱?某商家列出的价格是这样的:要动发动机的,发动机改装有小改和大改。

(1)小改。

1)把点火线换掉,500 元就可以。

2）换掉火花塞400元。

3）再花5 000元换上一套排气管,那效果就更明显了。

这样的小改后,1.6 L排量、90匹马力的赛欧在排量不增加的情况下,能增加10～20马力。

如果再加装一套2万元左右的涡轮增压系统,90匹马力的赛欧可以达到150匹马力。但这样一来,必须更换配套刹车片,还要加固车身焊点,一共3万元左右。更换一套,同样适用本车型的排气管,要价2 000～5 000元。

（2）大改。

大改的费用一般会超过车价。比如,某辆参加全国锦标赛的赛车,改装价格就超过了100万元。至于赛车的大改,价格就没底了。比如,可以花7万～8万元更换发动机、赛车轮胎、赛车的制动系统,或者不更换发动机而把发动机壁打薄,1.6 L排量的车也能增大到2.8 L。配上增压系统功率能达到300～400马力,价格几十万元。

不过普通的改车也有省钱的办法,很多改装项目开销不大,但效果还是很明显的。常见的有以下几项。

1）最省钱的进气改装就是换大流量空气滤清器,可以使车子进气更为顺畅,对动力性有所提升,开销还不大,最低费用200元,如图1-12所示。

2）更换高性能火花塞是点火系统升级的最直接办法。更换铂金等贵金属火花塞,点火会更加稳定,对于动力性有所提升,而且火花塞的寿命也比原厂火花塞高得多。最低费用在300元以内,贵则千元左右,例如,BOSCH的铂金火花塞（图1-13）材料费为1 100元。

图1-12 "香菇头"空气滤清器

图1-13 BOSCH的铂金火花塞

3）电子回路的改装可以使车子点火更加稳定,也可以保障大灯音响等电子配备的正常工作。电子回路的主要改装是加装地线和稳压器,这两种装置都可以自己改装。最低开销不到200元,也可以去买价格很实惠的成品,几百元就可以搞定,蓄电池稳压器如图1-14所示。

4）专业人士改车一般首要改的就是刹车,不过高档的刹车改装开销是很大的,一般的也要上万元。其实提升刹车性能也有省钱的办法,比如更换质量更好的刹车片,开销为几百元,制动性能提升很明显。此外,对于刹车太硬的情况,可以加装刹车助力系统,一般在300元以下。四段式刹车助力系统如图1-15所示。

图 1-14　蓄电池稳压器

图 1-15　四段式刹车助力系统

5）加装前防侧倾杆（图 1-16）可以提高车架刚度，减小车身侧倾，视材料不同价格从几百元到几千元不等。如雨燕专用防倾杆售价为 300 元左右，皇冠的专用防倾杆售价高达 3 000 元。

3. 进口配件的价格

进口的改装配件质量有保证，但是价格较高。

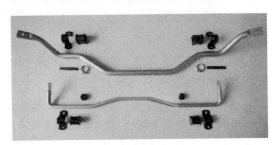

图 1-16　防侧倾杆

以宝马的改装件为例，宝马 5 系的 HAMANN 大包围套件售价高达 38 万元（图 1-17），包括侧裙、前叶子板、后轮眉、灯眉、雾灯网、挡泥板、尾翼、中网和机盖。宝马 2006 年 7 月在欧洲限量上市 2 000 套面向 Mini Coopers 的高性能改装套件，在德国售价为 3 万欧元，配备部分包括运动座椅和增压中冷器，还通过配备由铝合金制成的后车轴控制臂及去除隔音材料，使车重比普通车型大约减轻了 40 kg。另外，还追加了限滑差速器和防侧滑装置。发动机通过改进中冷器等措施，实现了 160 kW 的最大输出功率，以及 245 N·m 的最大扭矩。该车配备了新的 John Coopel Works（简称 Jew，是 Mini 品牌的授权改装）的 GP Kit 升级套装中的制动盘及 18 英寸车轮，外装加了前后裙、后扰流板、侧栏以及下围板，从而增大了下压力。

图 1-17　HAMANN 大包围套件

四、中国汽车改装的相关规定

1. 汽车改装的合法性

目前在我国，改装合法化的问题仍然没有得到很好的解决，表现为现行的相关法规仍旧对汽车改装有比较严格的限制。

（1）《道路交通安全法》第十六条规定，任何单位或者个人不得有下列行为：

1）拼装机动车或者擅自改变机动车已登记的结构、构造或者特征；

2）改变机动车型号、发动机号、车架号或者车辆识别代号。

（2）已注册登记的机动车有下列情形之一的，机动车所有人应当向登记该机动车的公安机关、交通管理部门申请变更登记：

1）改变机动车车身颜色；

2）更换发动机；

3）更换车身或者车架；

4）因质量有问题，制造厂更换整车。

申请机动车变更登记，属于上述几项情形之一的，还应当交验机动车；如果更换发动机或更换车身或者车架的，还应当同时提交机动车安全技术检验合格证明。

2. 改装车的年检

在大多数地区，年审还是制约家用轿车改装的最大难题。其实，改装车也不是都不能通过年审，如果是已领牌照的汽车，进行改装前，向车管所登记申报，其改装技术报告经车管所审查同意后，即可进行改装。改装完毕，还要到车管所办理改装变更手续，这样就可以顺利通过年审。

如果改装前没有到车管所登记申报，到年底车辆审验时能否过关，关键看车辆是否与行驶证上的照片相符，是否与车辆出厂技术参数相符。不符合的，就不能通过年检。

据调查，目前绝大多数的改装行为都是在申领牌照之后进行的，而且极少有车主会先到车管所履行登记审批手续。因为很多刚买车的车主对此并不了解，认为车是自己的，自己花钱想怎么改就怎么改，与别人无关。于是花费大量金钱、时间和精力来改装汽车，有些车主花在改装上的费用甚至接近车本身价值的一半或更多，而等到检车的时候就会遇到大问题。因为改装车检车前都需要进行"还原"处理才能过关。

3. 汽车改装政策法规

我国汽车改装多年来一直处于半地下的状态，2008年国庆节后这种状态有所改变。修订后的《机动车登记规定》第十条规定：已注册登记的机动车有下列情形之一的，机动车所有人应当向登记地车辆管理所申请变更登记：改变车身颜色；更换发动机（限同品牌、同型号）；更换车身或者车架。这3个项目过去是明确规定不许更改的。第十一条规定：属于更换发动机、车身或者车架的，应当提交机动车安全技术检验合格证明。第十五条规定：改变机动车的品牌、型号和发动机型号的（经国务院机动车产品主管部门许可选装的发动机除外），将不予办理变更登记；改变已登记的机动车外形和有关技术数据的（法律、法规和国家强制性标准另有规定的除外），将不予办理变更登记。

新规定除了对于一些机动车的变动放宽了，改装变更手续也简单多了。根据原来的规定，改装前要填写《机动车变更登记申请表》，并向所在地车管所递交机动车所有人或代理人的身份证明及复印件、机动车登记证书、机动车行驶证等一系列证件，在审批通过后方可进行改装，改装后还需去车管所重新登记相关改动信息。新规定则简化了许多，机动车所有人应当在变更后10日内向车辆管理所申请变更登记。车辆管理所应自受理之日起一日内，确认机动车审查提交的证明、凭证，在机动车登记证书上签注变更事项，收回行驶证，重新核发行驶证。

（1）从广义上讲，只要是与原汽车厂设定不同的改动，就叫作汽车改装。

（2）汽车改装位于汽车后市场，属于消费范畴，是对生活资料的优化行为，改装后的产品属于消费品。改装汽车(即生产专用车辆)位于产业前端,属于制造范畴,改装后的产品属于工业品。

(3)我国目前汽车改装市场存在的主要问题是黑户经营难保障;改装标准欠规范;改装企业从业人员的素质参差不齐;汽车改装企业所使用的改装配件及改装技术、设备大多来源于国外;改装后的车辆没有相应的评价验收标准;改装有安全隐患等。

(4)一辆汽车的改装内容大体可以分成几个部分,包括车辆外形改装、动力系统改装、操控性能改装、越野性能改装、灯光改装、音响改装、轮胎改装以及汽车内饰的改装等。

(5)改装汽车的性能评价指标主要有动力性、燃油经济性、制动性、平顺性、通过性、环保性等。

思考与练习

1. 正确描述汽车改装的定义。
2. 汽车改装与拼装汽车有哪些区别?
3. 我国汽车改装市场存在的主要问题有哪些?
4. 汽车改装的场所包括哪些?
5. 汽车改装的项目有哪些?
6. 知名的汽车改装品牌有哪些?
7. 发动机改装的项目有哪些?
8. 底盘改装的项目有哪些?
9. 电气改装的项目有哪些?
10. 汽车使用的性能指标有哪些?
11. 汽车动力性指标有哪些?

第二章 发动机改装

本章知识点

1. 改变汽车发动机压缩比和发动机排量的改装方法。
2. 汽车发动机进气系统、排气系统的改装内容与改装实例。
3. 发动机曲柄连杆机构及配气机构的改装方法与实例。
4. 发动机燃料供给系统的改装方法与改装实例。

第一节 发动机压缩比与排量的改装

一、改变压缩比的方法

改变汽车发动机压缩比方法主要是减小燃烧室的容积,包括磨削气缸盖、在燃烧室内增加固定物、使用较薄的气缸垫、更换活塞等形式,使活塞头部与气缸盖围成的燃烧室的容积减少,甚至可以增加连杆的长度或者增加曲轴的回转半径。压缩比的提高会对发动机的强度产生影响。适当地提高压缩比,采用高辛烷值的燃料,可以提高发动机的性能。过多地改变压缩比,会产生爆燃现象,对发动机产生较大的伤害,发动机的寿命会急剧缩短。

1. 磨削气缸盖

适当地磨削气缸盖,可以使原先可能不平整的气缸盖得到修平,气缸盖平面度的极限是 0.20~0.30 mm,曲轴回转半径的极限值是 0.30 mm。因此,在通过磨削气缸盖来提高发动机的压缩比时,磨削的厚度不应超过两者的极限值 0.30 mm。

2. 在燃烧室内增加固定物

在燃烧室内增加固定物是提高压缩比比较简单的方法。通过在燃烧室内固定占有一定容积的物体,使得燃烧室内的气体占有的容积减小,从而达到使压缩比增大的目的。

3. 更换较薄的气缸垫

气缸垫在燃烧室占有一定的容积,通过减薄气缸垫的厚度或者换用薄的钢制气缸垫(图 2-1)可以使燃烧室的容积减小,相应可使压缩比增加。

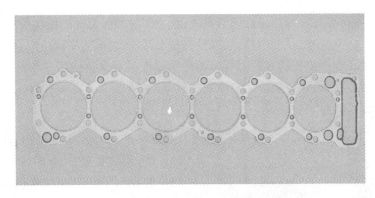

图 2-1 减薄的气缸垫

4. 改装活塞

更换活塞的主要目的是减小燃烧室的容积。更换制造质量更好的活塞可以提高活塞的强度,减小活塞的质量及活塞和气缸间的摩擦力,可以使活塞抵御更大的燃烧压力,令其往复运动会更顺畅。当高负荷时间较长时,活塞的运行可以更可靠。

活塞的改装包括材料的改装(包括制造方法)和结构形式的改装(图 2-2)。活塞可以选择铝合金、铸铁和钢三种材料。活塞毛坯制造的方法主要有铸造、锻造和液态模锻等。液态模锻制得的毛坯组织细密、无铸造缺陷,可以实现少切削或无切削加工,使金属的利用率大为提高。

活塞结构形式的改装主要是为了更好地承受燃烧的压力。富康 TU3JP 发动机更换全套进口高压缩比轻量化活塞,将压缩比由原先的 9.3 提升到 10.5。和原厂活塞比较,不难看出压缩比的变化:凸顶和凹顶的差别;新活塞的高度也要比旧活塞短很多;质量至少少了 1/3,其质量惯性大小对

图 2-2 活塞结构形式的改装

引擎的功率和效率有重大影响,如图 2-3 所示。以汽油发动机来说,压缩比超过 12.5∶1 时,

图 2-3 改装用活塞和原厂活塞的对比

燃烧效率就不容易再提升。对高压缩比活塞来说,由于必须保留气门做功所需的空间,因此会在活塞顶部切出气门边缘形状的凹槽,如果没有这个凹槽,则当活塞到达上止点时可能就会打到气门,因此改装了高压缩比活塞后对气门动作精确度的要求就必须非常严格。凹槽的大小也必须配合凸轮轴及气门摇臂的改装而改变。

5. 更换连杆

连杆的长度是固定的,应由此来确定上、下止点之间的距离。若增加连杆小端与大端之间的长度,就会改变上、下止点间的距离,使得燃烧室的容积变小,也就会使得压缩比变大。富康 TU3JP 发动机更换全套进口高压缩比轻量化连杆,新连杆也比原厂连杆更细,加工工艺也明显更加细致,其目的也是减小运动部件的惯性,如图 2-4 所示。

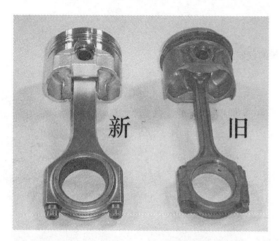

图 2-4 改装用连杆和原厂连杆的对比

二、发动机排量的改装

增加发动机排量的方法有两个:一是整体更换发动机;二是通过更换发动机缸套来加大气缸的直径,然后更换一组加大直径的活塞。如图 2-5 所示。

图 2-5 通过更换缸套来增大气缸的直径

第二节 进、排气系统的改装

一、进气系统的改装

1. 空气滤清器的改装

空气滤清器的作用是滤除空气中的杂质或灰尘,让清洁的空气进入气缸,同时可以消减进气噪声。

(1) 换用高流量的空气滤芯。

对空气滤清器的改装一般不改变空气滤清器的机构,而是换装高流量的空气滤芯。也可以整体换装空气滤清器,换装后的空气滤清器可以使空气流过滤芯的速度加快,滤芯对流过的空气的阻力减小,同时提高发动机运转时单位时间的进气量及容积效率,而由供油系统中的空气流量计测出进气量的增加,将信号送至 ECU,ECU 便会控制喷油器喷出较多的汽油与之配合,让较多的混合气进入气缸,以达到增大功率输出的目的。

可以把原有的空气滤芯拿下,清洁滤清器内部壳和连接的进气道后,把高流量的空气滤芯放在原有滤芯的位置,封闭滤清器壳体,就可以完成简单的高流量空气滤芯的换装。

(2) 整体换装空气滤清器。

若换了滤芯仍不能满足车主需求,则可把原有的空气滤清器在进气道连接处拆开,换用高性能的空气滤清器。原有的空气滤清器如图 2-6 所示。如可将整个空气滤清器总成换成俗称"香菇头"的滤芯外露式空气滤清器,则可进一步地降低进气阻碍,增强发动机的进气量,如图 2-7 所示。

图 2-6　原有的空气滤清器

图 2-7　"香菇头"滤芯外露式空气滤清器

"香菇头"滤芯就是直通式空气滤芯。外露式"香菇头"的滤芯材料大致有海绵和纱布,一些高等级的还有不锈钢网或纤维型滤网。材料不同,过滤空气的效果也不同。"香菇头"的吸气效率主要取决于形状和尺寸大小,所以其体积必须能与发动机排气量成正比。"香菇头"的外型有好几款,常见有以下几种。

1) 广角半球形。其优点是空气流通面积大,阻力小;不仅可从头部吸入空气,其侧边和尾部也都能够吸进空气,如图 2-8 所示。

图 2-8　广角半球形"香菇头"滤清器

图2-9 中央内凹并附带滤网式"香菇头"空滤

2）中央内凹并附带滤网式"香菇头"空滤,如图2-9所示,目的是争取最大的吸气面积与加强导流作用。

3）双漏斗式。使用双漏斗构造让中央部位的空气快速流动且减少涡流。

另外,所有的"香菇头"都会搭配喇叭口状的锥形底座,使气流能顺畅加压出去,在选购时需特别注意其集尘效果,因为其过滤性能也是十分重要的。

不同的空气滤清器安装方法一般有以下三种情况。

1）改装与原厂相同形式的内藏滤芯,一切都不用改动,直接安装即可。

2）专为各车型研发的不同样式的"香菇头",一般只要能买到合适的转接座即可安装。

3）加工接口。所选的滤清器如果接口不合适,则需要自行加工,这样几乎任何车型都可使用。

在安装时还有一项要特别留意,即"香菇头"容易吸进发动机室的热空气,因此安装时要尽量远离发动机室的热源(排气歧管)区。如果位置困难,则可以用隔板将热源隔离开。也可模仿赛车从前面接一根直通导管包住"香菇头",可因行驶中的撞风效益而灌入大量冷空气,不过这样做在涉水时,飞溅的水花有可能也被吸入进气管而造成发动机熄火。

因"香菇头"存在易吸入热空气与灰尘的问题,故现在部分改装厂已经推出了内含"香菇头"的进气箱,如图2-10所示。它有很粗的进气管连接前保险杠,同时进气箱本身也加大容量,并制作成大漏斗状的造型,有蓄气集压的特点,能明显提高汽车的动力。

还有一种称为"大肥肠"的进气管,如图2-11所示。其前端口径较大,中间有大肚量,最后为缩口的造型,"呼吸"声相当惊人,其集压加速气流的效果相当好。

图2-10 内含"香菇头"的进气箱　　图2-11 "大肥肠"进气管

2. 进气管的改装

（1）进气道的改装。

进气道的改装可分成形状和材质两方面。进气道截面的形状大体有矩形、圆形和修圆角的矩形三种,对进气的效率有一定的影响。在各种工况下,修圆角的矩形截面管道的进气效率较好。进气道的形状应和原先发动机进气道的形状尽量保持一致,且其截面积也应和原先的相符。进气道的长度应该考虑进气道内动力效应的应用。

进气道的材质应考虑吸热少及重量轻,目前常用的材料有工程塑料或碳纤维,其吸热少的特性能让进排气的温度少受发动机室的高温影响,可以使进气密度提高、单位体积内所含的氧气量增加进而提高发动机的功率。进排气道的内壁应光滑,尽量减少弯曲,使进气的沿程阻力减小,进气会较充分。

(2)进气道的抛光。

进气道的抛光可减小气道表面粗糙度,其效果可分为两方面:一是抛光后,平滑的表面可有效降低进排气阻力,减少空气流经气道时在气道表面产生停滞的现象;二是抛光后,可适度地加大气道口径,加大的幅度并不算很大,可视为抛光后所带来的附加效益。抛光后可加快进气的流速,也就是加快进气时的填充速度。在有限的气门开启时间内,应尽量迅速排气,将残余废气排得更干净,以提高发动机的进气效率及减小残留气所带来的冲淡效果。

进气道的抛光效果如图2-12所示,仅用粗刨刀粗抛光,表面粗糙度不要太低,以免影响喷油雾化效果。

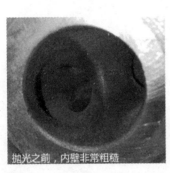
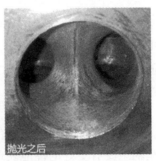

图2-12 进气道的抛光效果

3. 节气门的改装

(1)加大节气门直径(见图2-13)。

进气改装的诸多项目中,有一项是近来颇为流行的,就是加大节气门直径。实现此目的的方法有两个:一是购买整个尺寸较大的改装品,二是自行加工一个。这对提升进气效率和增加油门反应都有帮助。大多数人的做法都是拿原厂产品去加工,将管壁内径车大,如直径加大4 mm左右,保证管壁有2 mm的厚度;如果能偏心车削则可加大到5~6 mm。这样就可换用大直径的节气门了。

图2-13 加大节气门直径

(2)电子节气门的改装。

电子节气门如图2-14所示。电子节气门也是可以改装的,其方法就是更换动作更快速的伺服电动机。而传统钢丝拉索控制的节气门,常有加大后感觉不出效果或出现怠速不稳的现象,前者原因为节气门接座的口径没有随之扩大;后者则是节气门开度传感器的电阻值没有调整到和原厂一样的状态所造成的。其实怠速稳定的关键并不是蝴蝶片和节气门的密合度,最主要还是在于位置的感应正确与否,同时要求加大节气门时铜片的厚度最好要与原车的相

图 2-14 电子节气门

同,如此便不会因热胀冷缩而发生油门卡住的危险情况了。

(3) 多节气门。

一般汽车只有一个节气门,可是追求速度的跑车、赛车会使用多喉式系统,即在每只进气歧管各自装一个节气门,俗称多喉直喷式,如图 2-15 所示。进气系统的终极改装是多喉直喷式和油门踏板连动的节气门,基本功用就是调整进入发动机的空气量并控制输出功率,因此对于吸气效率的提高,多喉单喉更有利:阀门面积总和增大了许多,还可将各歧管能做成短距、直线化、等长的形状,加上其附有外接漏斗式导气管和管壁内部光滑的关系,故可得到每缸进气量增大、快速、量均、高效的结果。

改多喉直喷的重点是将各歧管做成短直径、等长化,配合大漏斗状的节气室和光滑的内管壁,进气速率和流量会有较大的提升,尤其在高转速区域更有决定性的帮助。

近几年日系的 AE101/111、BMW 的 M3、法拉利车系等高性能轿车,基本都是多喉直喷系统。增压的高性能车辆想要有更好的性能表现,也都是采用多喉系统。

一般来说,进气歧管长度、口径的大小影响了发动机的输出特性。多喉系统整体表现的最佳部

图 2-15 多喉直喷式进气歧管

分集中在中、高速,越短的进气歧管,空气进入气缸内的效能也就越好,高速功率输出也会越大。而较长歧管则可使中、低速的扭矩提升,有利于在一般城市街道上行驶。如果在多喉歧管的条件下改变油耗、扭矩及功率,就必须选择合适的节气门直径,一般节气门的直径尺寸有 40 mm、45 mm、50 mm 三种。使用 50 mm 的节气门发动机,排气量最好超过 2 000 mL,压缩比最好能控制到 12∶1 以上。由于直径太大,在加速时,瞬间所吸入的进气量过多,一般计算机大都无法匹配,故必要时需要搭配能够独立设定加速泵供油量及供油时间等功能的可程序化计算机。

一般多喉直喷设计的进气口,通常都只装置喇叭口,但发动机室内所产生的热气会影响进气的质量与密度,所以最好能加装大型的蓄压集气箱,这样既可以增加瞬间的加速能力,也可使发动机有更好的高转扭矩表现。

原厂设计的多喉系统,其规格、尺寸各有差异,但是使用在改装套件上,多喉系统都有其一定的规格形式,分为侧吸式 DCOE 与下吸式 DCNF。这两种规格一定要明确清楚,在订购改装多喉套件时是成套的,也就是说 4 喉管就是 2 组阀体,6 喉管则是 3 组阀体。各种发动机使用的阀体是一样的,对应不同的发动机可搭配不同的进气歧管。一套多喉直喷系统,零件组包含了进气歧管、2 或 3、4 组阀体、喇叭口、油轨、喷油嘴、油门与线支架组。

多喉直喷系统是构造复杂的系统,它的设定和调整就更加困难,相应的也很重要。调整的

重点是使各缸的进气量一致:在怠速调整时,需要使用真空表组连接各缸的进气歧管,调整旁通阀使怠速各缸的进气量一致;还要使用多喉专用流量计,测试打开节气门时各缸的进气流量是否相等(调整节流阀开度螺钉使进气流量一致)。在调整完其他油门开度的进气量后需再次调整旁通螺钉,以确定怠速是否稳定。如果有一组调校不平衡,轻则发动机不顺畅、功率输出不佳,重则将导致各缸严重失衡,发动机异常磨损。

4. 进气歧管的改装

进气歧管的作用是把流经进气道的气体分配到各个气缸去。在多缸发动机上,应使各缸进气歧管的长度尽可能相同,采用等长并独立的进气歧管,避免各缸气波之间的干扰。转速不同,所需进气管长度也不同,一般高速发动机配用较短的进气管,而低速发动机所需的进气管较长。由于汽车内燃机使用的转速范围较大,故配用进气管时,应在常用转速区考虑其长度,以有效利用进气的动态效应。

进气歧管包含了控制进气多少的节气门,而根据节气门配置上的不同,进气歧管又可分为空气从节气门后方平均供给各缸使用的单喉形式;每个气缸独立使用单一节气门的多喉形式,也称为多喉直喷系统。

单喉进气歧管的改装以加大节气门为主。原厂节气门可经加工增加其孔径,传统的加工方法就是增大直径。各种发动机原厂进气歧管的直径各不一样,一般可加大5~6 mm,少数只能增加3 mm。而节气门加大最重要的一点是,加大的蝴蝶阀门片能否和阀体密合。因为阀门片和阀体在关闭时并非平行,而是有1°~2°的斜度,为了能使二者真正密合不漏气,蝴蝶阀门片两边不同向的角度应该有2°~3°的斜差。节气门闭合得是否严密,直接影响到怠速的稳定与否。更换加大的节气门后,若发现怠速不稳或油门卡滞,有进气不顺畅的感觉,则主要是加工精确度的问题。

原厂歧管的内孔抛光也是一个改装的途径。原厂形式的歧管都是铸造而成的,内壁粗糙,直接影响到气流的流动。由于歧管本身弯曲度颇大,内孔加工有一定的困难,国外现已有生产更大型储气室和管径的歧管。这是从多喉系统衍生出来的产品,其将歧管部分缩短,内孔径增大,各歧管尽量达到等长,且配合喇叭口的形式,加上内壁光滑处理,使得单节气门歧管也有多喉歧管的优点,可以大大提升进气效率,尤其在高转速和加速时起着决定性的作用。

其他强化的手法还有加大节气门后的歧管部分,以配合节气门进气,也能增加储压的效能。在歧管和节气门改装后,还要注意混合比的调校。多增加的进气量,如果没有适量的供油来配合,依然无法使发动机发挥其应有的性能。

5. 二次进气系统的改装

汽车二次进气系统改装的工作原理是:除了常规的从空气滤清器吸入空气外,另外再利用进气歧管的真空压力差,从发动机PCV阀(曲轴箱强制通风)管路外接一个进气装置,导入适量的新鲜空气来达到提高容积效率的目的。如图2-16

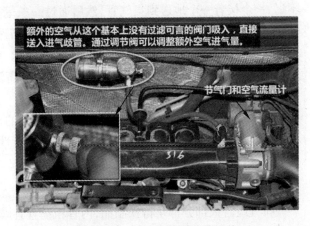

图2-16 二次进气系统的改装

所示。

二次进气装置最重要的就是要维持适量的进气,其实市面上产品的差异,就在于控制导入空气进气量的方法不同。若进气量太少,则效果不佳;太多则会降低真空度,影响刹车真空动力辅助器的辅助力,使刹车所需力道变得较重。而所谓的适量则应该是厂商研究、实验所得的结果。

进行汽车二次进气系统改装(尤其是大幅度)时,必须考虑与供油系统的配合问题。若只是大幅地增强进气能力,而供油系统无法提供足够的供油量与之配合,则势必无法达到提高马力的目的,因为引擎所需的是比例适当的油气而不只是大量的空气。二次进气是属于额外的进气量,所以并不在空气流量计监测的范围之内,但是引擎的监测计算机有很多种,并不是单由空气流量计来决定喷油量,车子电子控制是数字式的,所以调整微量的额外进气量能躲过引擎的侦测,达到省油加速的效果,若进气量超过检测的灵敏度,计算机一旦察觉,便会做出修正,有时还会修正过头,反而比不改更差。当二次进气的进气量调得太大时,就会发生怠速不稳、加速不顺和耗油等情况。

二次进气所能得到的动力提升效果集中体现在低转速区,因为在低转速时,空气被节气门挡住,使得进气歧管产生负压,此时二次进气口便借由这股压力,吸入额外的空气,而这额外的空气便是造成省油及油门较轻的主要原因。但是在转速提高后,节气门将会全开,一方面此时空气进入时将不会受到限制,也不会产生负压;另一方面空气大量进入,真空度降低时,汽车二次进气系统改装装置所能导入的空气量跟进气管的进气量相形比较之下就变得微不足道了。

选择汽车二次进气系统改装装置时一定要注意,汽车二次进气系统改装装置的进气系统有无空气滤清器,因为一旦从二次进气系统进入发动机的气体不干净,就会导致发动机损伤,同样会得不偿失。

二、排气系统的改装

排气系统的改装主要是对排气歧管、排气管、消声器进行改装。应尽量扩大自由排气阶段气缸内和排气管内的压力差;减少要克服排气门、排气道处阻力消耗的有效功;利用排气惯性,减少残余废气的含量。这样,就会使得排气顺畅、快速,充气系数也会相应得到提高。

一套高性能的排气系统需要有一个设计优良的排气歧管,把不同气缸排出的废气波不早不迟、一个接着一个地送到集气管,然后通过一条笔直且合理的大口径排气管、高流量的三元催化器、高性能消声器把噪声和有害气体清除并高速排出车外。但由于发动机在不同的转速下会排出不同速率的废气波,产生不同的回压要求,因此在选择改装排气系统时,要小心配合自己的驾驶风格和车子的特性。例如,盲目换了高流量的系统,会令发动机低转时不能产生"合理"回压而令慢速驾驶困难。

其实一套好的改装排气系统并不能提升车子的动力输出,它只会减少发动机功率的损失。在改装排气管之前,应确认自己希望车子达到的特性,比如自动变速器车就不能更换太通畅的排气管,否则会丧失低转扭矩,甚至会影响高速时的功率发挥。

1. 排气歧管的改装

排气歧管大部分都是铸铁制品,内管粗糙且各歧管长度也不相同,加上接合的方式、距离、形状同样不够周全,因此非常容易产生排气干涉现象。由改装厂制作的排气歧管(图2-17)

一般内壁都会采用平滑的不锈钢材质,品质较高的排气歧管还在歧管连接底座和接头的部位实施无段差的熔接研磨,以此取得减小阻力、加速气流的功效。优质的排气歧管各歧管长度统一、压力差小,对提高带发动机整体吸排气与效率也非常有利。

排气歧管尽量选用质量较轻、内部平滑的材质,排气歧管尽量等长,改装后需要更换密封垫。

2. 排气管的改装

(1) 排气管的改装方法。

排气管的改装大多是从中、尾段开始的,

图 2-17 改装的排气歧管

常见的方法是改变排气管的长度、管径的大小和改装内径平滑的排气管道。改装的目的是使排气顺畅,沿程阻力小。排气管道与排气歧管和消声器连接部分的连接应紧密顺滑。

(2) 排气管的主要改装部位。

排气管的改装主要是对排气管的内径和长短进行匹配。较短的排气管在较高转速的条件下表现理想,排气管内的回压较小,易于排气;细长型排气管注重在低速条件下的转矩表现,管内的回压压力较高。以道路使用为主的排气管,应选择全长较长的排气管,作为蓄气增速的条件,然后再考虑管径的变化与全转速区的兼顾。中段管径的变化可适当地增加,管径一般增加 10%～15%,排气量 2.0 L 以下的车型,排气管的管径不应超过 50 mm。如果管径过粗,管内的容积超过了一个循环的容量,就会影响回压和吸气的效果,并使废气降温太快、减慢流速,废气中的不饱和气体不能够有效地氧化并造成排气不通畅。同时,过粗的排气管也增加了与地面碰撞的机会。

在管径的配置上,对于需要在大扭矩条件下工作的车辆,排气管的管径一般是从头到尾一样粗;对于需要在较大功率条件下工作的车辆,管径一般是逐渐放大的,使得排气越往后膨胀得越快,特别是在持续高速时,对较大功率的输出更加合适。

在排气管的安装上需要注意排气管的吊挂系统,尽量选用原装位的吊挂。所谓原装位就是使用车辆原有的排气吊挂系统,即无须更改吊挂位置,因为原车的吊挂系统都采用橡胶缓冲块这种软连接的方式固定排气管。如果采用非原装的改装排气管,这时因为安装位置需要改变,同时大小与长度和原车不符,所以这一类的排气管在安装过程中往往不能够使用原车的排气吊挂系统,而需要通过焊接辅助的连接杆与车身固定,从而吊挂系统由原来的依靠橡胶缓冲这种软连接方式固定变成硬连接方式固定。硬连接不能像软管那样可以吸收共振,因此其共振会完全传递到车身。此外,焊接在共振的作用下,焊缝处非常容易开裂。

排气管的改装要考虑车辆发动机的特性。例如,手排车不能换用过于通畅的排气管,否则会丧失低转速时的扭矩,甚至在高转速时也不能发挥出较大的功率。

(3) 排气管的改装重点。

尾喉是排气管的改装重点,在各种改善汽车动力性能的改装方法中,为车子更换高性能的进气和排气系统,令发动机"进气多、排气快"是最简单容易而且效果最明显的方法。

汽车排气管的尾段俗称"尾喉"（图2-18），它的一部分暴露在车外，成为汽车外观的一部分。一副有型的尾喉不仅给人强劲有力的感觉，更使加装了包围、轮眉等饰件的改装车锦上添花，如图2-19所示。

图2-18 尾喉

图2-19 尾喉的改装

在进气和排气系统改装中，尤以排气系统改装更为受欢迎。小钢炮般形状的尾管装在车后，不但看得见，更听得到，如图2-20所示，其是少数给人以较强烈的直观感受的改装部件。

图2-20 小钢炮般造型的排气管

加装尾喉有装饰性加装和功能性加装两种。装饰性加装最简单的办法就是在排气管的末端套上一个不锈钢护套，它的优点是价格便宜、安装方便，并且不会对原车有任何影响；而缺点则是由于这个护套的长度过短，从一些角度观察可以发现"套"上去的痕迹。尾喉的改装还能根据车主的需要安装具有改进汽车功能的尾喉。如需提速快，可安装回压式尾喉；如需提升马力，可安装直排式尾喉。而后者由于噪声较大，故这样的汽车改装是不提倡的。

（4）改装汽车排气管需注意的要点。

许多人认为加装一只大口径且声浪惊人的排气管后,车辆便会跑得更快,其实这是一种误解。排气管的更换对于动力的提升效果可以说是微乎其微,特别是对于一些小排气量的自然进气车种来说,想要明显感受到动力的提升更是相当困难。相反,大口径的排气尾鼓对于低速扭力流失有很大影响,只有在高速行驶时较为顺畅的排气才对动力输出有所改善。

1)排气性能与回压大小。回压也可称背压、反压。简而言之,它就是排气管内部的阻力。虽然四行程发动机原本就是可以完全燃烧的设计,但由于汽车的缸数多,各缸没有单独的排气管,同时还有环保、空间、整体配置与量产成本等的考虑,排气管只单纯用于消声及排废气,于是就必然会有不够顺畅的问题产生,进而降低发动机应有的性能。

不过,回压并不是说越低越好,因为气门存在"早开迟闭"和"叠开"的时间,如果排气过分无阻碍,则中、低转时燃烧室高压的混合气会未燃烧完便被排出,扭力势必会被牺牲掉。

2)排气管直径的确定。一般来说,排气管的改装大多是从中、尾段做起,常见的方法不外乎是加粗管径、缩小消声器等。强调竞技类的车更会朝"直线"化努力,但是碍于底盘干扰,做到真正的笔直有困难。直线型排气管的特点是路径缩短且弯角平滑减少阻碍。不过,短而粗型的排气管追求的是高转速时的大功率、回压低,细长型的排气管追求的是低转速时的大扭矩及强的爬坡能力。这就看车主追求的是哪种运行方式了。

3)三元催化剂和中部消声器部分应注意共振现象。在中段排气管的改装中,还有两个三元催化剂(俗称"触媒")和中部消声器(简称"中消")两个重要元件,虽然触媒的基本功用是净化排气,可是它和中消一样,还有消除共鸣声的作用。由许多种稀有金属构成的触媒,依照改装者的眼光来看,是阻碍排气顺畅的一大"元凶",而且又是个聚热点。所以许多人会将其更换为炮弹型代替管(直型管易引起共振),往往只是这一小截的直通化,便能使人感觉到车的排气畅顺许多,声音不会闷在里面。当然这样的改装是以牺牲排气的环保指标为代价的。

3. 消声器的改装

(1)改装消声器的制成材料。

消声器外壳用薄钢板焊制,为延长寿命多采用渗铝处理。其优点是材料轻、耐用,并且可以从车外看到,还能发出改装车特有的音频和声响。在排气系统的改装中,一般会选用不锈钢材料甚至是钛合金材料的消声器。钛合金材质消声器如图 2-21 所示。

图 2-21 钛合金材质消声器

(2)消声器的结构。

图 2-22 直线型吸收式消声器

消声器的构成大体上有两类。第一类是利用交叉隔板形成反射波的方式减低音量,原厂产品几乎都采用此种方式,其优点是成本低,消声效果好;缺点是阻力大而沉重,不耐用。第二类则为改装用品中常见的直线型吸收式消声器,结构如图 2-22 所示。其优点是限流少、重量轻、耐用程度高;缺点是消声效果差。隔板式的排气阻力比较大,不如直线型的更能够发挥车辆的动力,但直线型消声器的声浪要比隔板式的大。

消声器两端各有一入口和出口,中间有隔板,将其分割成几个尺寸不同的消声室,消声室间由带许多小孔的管连接。废气进入多孔管和消声室后,在里面膨胀冷却,受到反射,又多次与消声器内壁碰撞消耗能量,结果压力下降,振动减轻,并最终从多孔管排到大气中。

有的消声器内还填充了耐热的吸声材料,吸声材料多为玻璃纤维(俗称玻璃棉)或石棉。现在大部分厂家都是单纯采用玻璃纤维,但是时间久了以后,长时间处于高热环境的玻璃纤维必定会因劣化而出现共振、声音变大的问题,故现在也有些制品增加了耐久性好的不锈钢丝。其方法是先用不锈钢丝包覆内管,然后再将玻璃纤维填入,进而延长总体寿命。

(3) 消声器改装实例。

街道型原装位排气系统改装:相对一些竞技型排气系统,街道型原装位排气改装在不改变底盘管路走线的情况下对整套排气系统进行优化,提高动力输出的同时使得安装更为方便,并且街道取向的设计不会使得排气回压过低、极端化,同时有经验的排气改装厂生产的排气系统在提高性能的同时还可以将噪声控制在较为合理的范围。如图 2-23 所示。

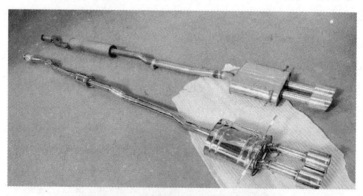

图 2-23 街道型原装位排气系统改装

第三节 曲柄连杆机构及配气机构的改装

一、曲柄连杆机构的改装

1. 活塞改装

通常改装厂在设计锻造活塞时,都会同时利用改变活塞顶部的形状来达到提高压缩比的目的，各种锻造活塞如图2-24所示。

现代的活塞设计主要有铸造和锻造两种，而铸造比锻造简单并且便宜，但却无法达到锻造活塞所承受的较大的热度和压力。一般的改装是不需要改变活塞的结构形式和材料的。但是一些重度的改装就涉及要用锻造活塞代替原装的铸造活塞。如果采用了废气增压系统，则发动机气缸压力增加较大，最好用锻造的铝合金材料活塞。其主要优点是质量轻，但却有膨胀率较大的问题。所以在活塞的设计制造时考虑其特性，将它设计成椭圆及上下锥体的形状，以减缓受热膨胀后所造成的变形，并能减少活塞与气缸的间隙，防止出现"冷敲缸、热拉缸"的现象。

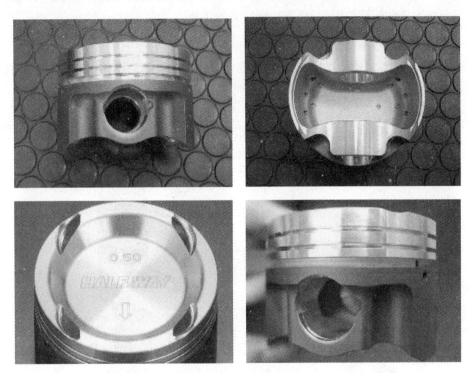

图2-24　各种锻造活塞

铸造的铝合金活塞，材料的紧密度低，而且比较"脆"，遇到高负荷很容易破裂，如果在高压缩比的发动机车上，伴随产生爆震、敲缸现象，铸造品是无法承受此种负荷的。所以对于重度改装的提高马力的发动机，若提高了压缩比、增加了涡轮增压(Tur-bo)或增加了氮气加速系统(NOS)等，锻造活塞也就成为替代铸造活塞的必需改装件。本田思域汽车原装发动机的压缩比为10.5，改装凸顶活塞后，压缩比高达11.5。锻造活塞采用整体的原始铝块，达到最高的金属强度，相比于铸造而成的铝合金件，强度有大幅增强。锻造活塞直接用CNC车床加工的方法制作而成，数控机床能确保活塞的高精度要求，减少高速时的多余振动。

2. 活塞环改装

普通发动机的每个活塞各有1~2个气环及油环。不锈钢及特殊合金的活塞环已广泛地应用在赛车及改装套件市场，这些特殊设计的合金活塞环可以在活塞往上行时释放压力，但在往下爆发行程时却能保持密闭的状态以维持压力，这种活塞环虽然价格较高，但是却能有效地提高发动机效率。

由于活塞与活塞环都必须在高温、高压、高速及临界润滑的状态下工作，并且发动机的性能是所有机件整合的结果,因此选择活塞套件时必须考虑凸轮轴的正时角度、供油系统的配合才能找出最佳的搭配组合。

活塞环的厚度尺寸与其磨合性、寿命及密封性有直接关系。为求低摩擦因数、增加发动机输出功率及减小上下往复惯性,新一代的发动机都使用厚度较薄的活塞环,即薄型活塞环。在改装中也有通过减薄活塞环进行升级的。不过,薄型的活塞环有低摩擦、高输出、气密性佳的优点,但其耐久度不如厚的活塞环好。

有一种美国生产的改装用的无开口活塞环,其运用双重组合,无缺口,如此一来,既可克服活塞必须预留大尺寸间隙的困扰,也能达到气密的功效。

3. 活塞销改装

活塞销的制造尺寸、公差、材质在设计上是非常严格的。原厂发动机设计的活塞销形式大都使用半浮式设计,也就是活塞销固定在连杆小端是不转动的,而在活塞两侧的销孔内,销子是可以转动的,如图 2-25 所示。

如果活塞已经升级为锻造活塞,则这时的活塞销几乎全都需要采用全浮式的设计,即销子相对于连杆小端和活塞座孔都是可以转动的,如图 2-26 所示。

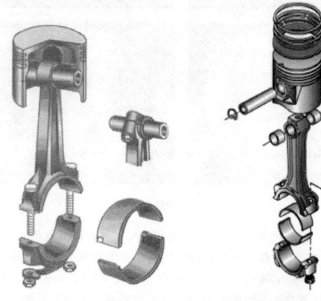

图 2-25　半浮式活塞销　　图 2-26　全浮式活塞销

全浮式和半浮式在结构上的差别只是装配上的公差配合不同,因此,在装配全浮式活塞销时,一定要仔细测量活塞销孔与连杆小端的尺寸和配合公差。如果连杆小端的间隙比活塞孔间隙大,则受负荷后,活塞部分因紧度的差别可能会停止转动,唯一能转动的部分只剩下连杆小端,接着就会发生活塞销和连杆小端的异常磨损,甚至会有咬死的现象产生,对发动机将造成致命性的损害。

4. 连杆改装

连杆承受混合气燃烧产生的爆发力,这个爆发力会使连杆有扭曲的趋势;连杆也是所有发动机组件中承受负荷最大的组件。由于连杆是把活塞的直线运动转换成曲轴的旋转运动,因此在活塞上下运转时连杆会不断地加速及减速,尤其在活塞抵达上止点时连杆的运动方向会由往上突然减至停止,并立刻改变运动方向,这最容易对连杆造成损害。在爆发行程时,燃烧产生的高压气体可变成连杆运动的缓冲,连杆轴承、活塞销所承受的负荷也会减轻。但是在排气行程的时候,活塞、活塞环、活塞销及连杆本身的部分重量所造成的惯性力都会加在活塞销及连杆轴承上,这时连杆若出了问题,发动机就需要进行大修。现在的赛车发动机大多使用锻造的钛合金连杆,改装斯巴鲁SUBARU WRC车厂的钛合金连杆与热锻连杆的对比如图2-27所示,两种连杆主要区别:由于两者设计理念不同,工字断面虽然强度不如H断面高,但质量却比较小(因为使用铁合金),利于提高转速反应,而热锻连杆则为提高动力而设计,因此必须使用强度较佳的H断面设计。提供改装的锻造连杆截面基本采用工字形的,锻造连杆在制造时,采用极高档的4340钢材,此钢材强度高又有相当的延展性,既能承受高负荷又能抵抗扭曲变形。

图2-27　钛合金连杆与热锻连杆的对比

通常市售连杆搭配着较厚的轴承盖,来达到所需的强度。而原厂连杆为了重量和经济性,通常都计算到够用的范围,最多预留25%的剩余强度。一旦改装增压系统或氮气加速系统(NOS),且把发动机转速拉到超过7 000 r/min时,这种原厂连杆随时都有弯曲的可能,因而就需要更换强度更高的连杆。例如,改装斯巴鲁SUBARU Impreza STI Spec C和Impreza GT原厂连杆的对比,Spec C颈部明显较GT宽,尤其是在曲轴端,如此便能承受较高的动力输出;其次就是曲轴端固定螺钉部分,Spec C以螺钉锁入,因为强度较好,所以大部分锻造品都采用此种设计,而GT则为螺母设计,抗拉的强度也相对较低,如图2-28所示。

在活塞连杆的组件中对尺寸要求最严格的是连杆轴承,这也是最可能导致连杆损害的组件。所以对赛车或高性能发动机来说,应尽可能地使用最高品质的轴承,以

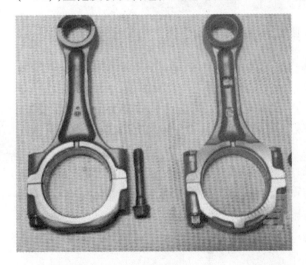

图2-28　STI Spec C与Impreza GT原厂连杆的对比

确保发动机的可靠度。

注意事项:连杆的改装不仅应该考虑材料品质和加工工艺的提高,还要考虑轻量化的需要。提高连杆及其轴承的强度和改善连杆轴承的润滑效果是连杆改装的重点。

5. 曲轴改装

曲轴的各相对角度必须正确,否则点火正时和气门正时就无法精确有序地一个气缸接着

一个气缸地运作。如果顺序有问题,会导致爆震。主轴承和连杆轴承都必须有适当的间隙以使机油能够流动,产生润滑和冷却效果。如果间隙太小,气缸壁、活塞、气门机构等就无法获得充分的润滑,会造成机件磨损;如果间隙太大,抛出的机油量增加,会使活塞和活塞环的工作负荷加重,造成燃烧室过多的机油残留,导致积炭及相关后遗症。曲轴的平衡在发动机运转时是非常重要的。曲轴的平衡性在发动机设计时就已确定,实际的平衡度则会由于材质及制作精度的不同而有所差异,为了发动机运转平稳,必须对曲轴平衡加以考虑。

曲轴的改装目标是朝着高转平衡和轻量化方向发展,关键是曲轴的平衡能防止发生扭转振动。曲轴改装的目的就是在一个更高的转速范围内,获得平衡,减小振动。如斯巴鲁 SUBARU Impreza 汽车改装曲轴,两曲轴主要区别是曲柄半径大小和曲轴后端的油沟槽位置不同,如图 2-29 所示。

图 2-29 曲轴改装的对比

曲轴平衡度和转速范围有一定的关联性。以一部四缸十六气门的发动机而言,最高的转速一般在 5 000~6 000 r/min,因此作为跑车,平衡点达到 6 000 r/min 即可。但是普通的汽车或一般意义上的动力改装,如果照顾高端转速下的运转平衡,其低速域的平衡值就可能变差。因此,首先要确定发动机主要的转速范围和最高转速是多少。曲轴平衡的区域希望能保持在发动机最常使用的转速范围。

以往广告上宣称的所谓的万转平衡曲轴,如果使用者并未达到 9 000~10 000 r/min 的转速,则所做的平衡点就徒然无功,且曲轴平衡点未在常用的转速范围,那么在正常或稍高的转速区域工作时,将导致曲轴震动,从而相对地影响轴承的寿命。

二、配气机构的改装

1. 气门改装

气门的改装主要在于材质性能的变化及加工精密度的提高。进、排气的高效率以及环保法规对发动机排放的要求,均有赖于材质精良的气门。

气门改装的原则是:在不影响强度的情况下尽可能地减轻气门的质量。动作精确的气门是高性能发动机的基本要件,对气门的改装通常会提供不同的气门组合以进行选择,发动机改装的项目越多,对气门机构精确度的要求就越严格,所以改装气门时必须要同时考虑与凸轮轴及气门摇臂的配合。

原厂的气门通常都有适当的材质和大小,但是如果有需要的话可适度地改变气门的尺寸。气门的材质是很重要的,目前的改装气门通常用钛合金作为材料,以求强度的提升及满足轻量化的要求。用钛合金制造发动机气门,要比钢制气门轻15%~20%,但是一套钛合金的气门价格较高。美国通用汽车的进气门使用Ti-6Al-4V合金,排气门使用Ti-6Al-2Sn-4Zr-2Mo合金,而有的是将气门的背部切削或用中空的设计以达到轻量化的目的,有时又会把气门表面做成游涡状,以利于在气门开启时气体的流动。如斯巴鲁SUBARU Impreza汽车的改装气门,如图2-30所示,有STI和WRC两种。STI气门与GT原厂气门外形略有所不同,材质相同,而WRC气门长度较长,是因为要配合高角度凸轮轴使气门开起的深度更大,以争取更快的进气速度;STI气门与GT气门面为平面设计,而WRC气门为微凹设计,主要是出于轻量化的考虑。另外,WRC气门与STI气门柱内部是中空灌入钠气,轻量化达到极致。

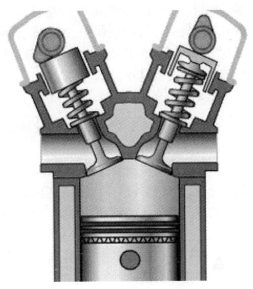

图2-30 气门安装示意图

气门的热量主要是通过与气门座接触时由气门座散热。因此,气门座的配置必须非常谨慎,假如太靠近气门的边缘或是气门边缘太薄了就可能造成密合度不良。此外,气门导管和气门间的精密度及表面粗糙度,气门摇臂与气门固定座间的表面精度都必须严格要求,否则在高转速时会导致严重的损害。

2. 气门配套件改装

(1) 气门弹簧的改装。

气门弹簧强度的设定必须恰到好处,要兼顾气门的密合度又不能造成开启困难,如果弹簧强度太高以致凸轮轴开启气门时负荷过重,对功率输出是非常不利的。气门的锁止装置是利用锁片和气门弹簧座把弹簧固定在气门上的,这在急加速及升程较大的发动机上可能会造成气门的扭曲或断裂,因此也必须配合做改变。斯巴鲁SUBARU Impreza汽车的改装STI气门弹簧与GT原厂气门弹簧对比,如图2-31所示。STI气门弹簧与GT原厂气门弹簧基本上相同,改装意义不大,由于原厂气门弹簧强度有限,转速升到7 200 r/min后就会造成气门无法立即回弹关闭,所以改装强化气门弹簧对于高速有利。

图2-31 STI气门弹簧与GT原厂气门弹簧对比

（2）摇臂的改装。

原厂的气门摇臂达到发动机的转速上限,或者在改变气门正时后都可能满足不了发动机进、排气的需求,此时就需要对气门摇臂进行强化改进。升程太大的凸轮轴会造成气门摇臂的扭曲,因此也需要对气门进行强度的提升及轻量化的改进。对一般的气门来说,摇臂采用滚筒式与气门座接触,能减小接触表面的压力,也能承受较高的来自推杆的压力。通常气门摇臂若有圆滑的表面和滚动的轴承,会使运转时的摩擦阻力变小,摩擦阻力越小所消耗的动力就越小。

3. 凸轮轴改装

凸轮轴的改装主要包括改变凸轮轴上凸轮的结构尺寸、改变凸轮的夹角和顶高、改变凸轮的外形曲线。

凸轮的夹角决定着气门开启的时机和持续开启的时间长短,凸尖高决定着气门开启的最大升程,凸轮的外形曲线决定气门开闭的运动规律。夹角和凸尖高这两个数据值大,发动机的进气量就大,发动机的动力就大。但是也不能随意地加大,这涉及气门的加速度、运动惯性、气门座寿命等非常专业的问题。更换了大角度凸轮轴会给日常使用带来许多麻烦,如容易熄火、怠速不稳、低转速扭力损失太多、重载爬坡无力以及油耗增高等问题,造成配气相位角不合适。

凸轮轴在改装时也要遵循协调与平衡的原则。动力平衡关系到各缸的喷油量、进气量、火花塞点火提前角大小等;机件的重量平衡在确保强度的前提下应尽量地减小质量,以减小往复运动的惯性力。把平衡做好,各缸间的动力一致,自然会有高功率输出及耐久的表现。

第四节 燃油供给系统改装

供油系统的改装有两种改装目的和思路:一种是通过改装来省油,但是一般会对动力性有适当降低;另一种是考虑如何才能增加动力,只要能增大功率,使车辆提速快、速度高,油耗即使增高也没关系。

由于世界能源紧缺,因此经济型轿车很受市场的欢迎。(各个汽车厂在研发上花费大量的精力去降低汽车的油耗率,因此以省油为目的的改装不会有大的效果)。但是如果不考虑汽车的经济性,单纯追求动力性的提高,还是有很多项目可以做的,而且会有明显的效果。

发动机的空燃比(质量比)为14.7∶1,即当 a/f = 14.7 时,称为理论混合气;当 a/f < 14.7 时,称为浓混合气;当 a/f > 14.7 时,称为稀混合气。把空燃比转化成过量空气系数(ϕ_{at}),则有:当燃用 ϕ_{at} = 1.05~1.15 的可燃混合气时,燃烧完全,燃油消耗率最低,故称这种混合气为经济混合气;当 ϕ_{at} = 0.85~0.95 时,混合气燃烧速度最快,热损失最小,这时发动机的有效功率最大,这种混合气为功率混合气。在高转速、高负荷时若要求得到较高的发动机扭矩,通常使用功率混合气。

但若在高转速、高负荷时想得到更高的发动机动力,通常要多给油,让混合气变浓,将空燃比降低到12∶1 或13∶1。供油系统的改装就是要在适当的时候适量地增加供油量,让空燃比适度变小。虽然油耗增加,但是动力能上升。

喷射供油系统的改装根据改装的项目可分为改硬件和改软件两大类。改硬件的目的是要提高单位时间的供油量。改软件主要是改变供油系统的供油程序,由于原车的供油程序考虑了废气控制、燃油经济性、运转性稳定、发动机材料耐用性所得的设定,所以在功率输出表现上,往往无法达到注重性能使用者的需求。例如,改装车主要求高转速、高负荷时,往往会出现供油量不足的情况,这就需要改装软件来完成。

一、加装调压阀

调压阀是在多点喷射油路系统中的压力调整器,负责对喷油嘴提供固定的压力,压力越大,相同的喷射时间喷出的汽油量就越多,一般雾化效果越好,燃烧越充分,但不是每台车都很明显。调压阀安装在压力调整器之后的回油管上,经调整可将喷油嘴的喷油压力提高(一般约可提高20%),进而达到在不变动供油模式的情况下增加喷油量(可增加5%~10%)。加装调压阀可以说是供油系统的改装中花费最少的,其安装也相当容易,只不过在调整压力时,需借助汽油压力表才能测量调出的压力。事实上,对换排气管、改进气装置等这类小幅改装的车,通常可采用加装调压阀来弥补其高转速时喷油量不足的缺点,效果不错而且经济。更换调压阀有个小常识,若车在静止起步,油门踩下的瞬间出现短暂的爆震现象,则换装一个调压阀就可改善。图2-32所示为加装了供油调压阀的发动机。

图2-32 加装了供油调压阀的发动机

二、改装喷油嘴

当发动机大幅改装后,如果高转速时所需的喷油时间比发动机运转一个行程的进气时间还长,就会造成喷油嘴持续地喷油都无法提供足够的油量,这时就应考虑加大喷油嘴了。

喷油嘴的大小决定了单位时间的喷油量,改用口径较大的喷油嘴是提高喷油量最直接的方法,要换多大孔径的喷油器,则需视发动机的改装程度而定。改装喷油嘴最大的困难是如何获得可兼容的喷油嘴,通常只有同车系或同系列发动机的喷油嘴才可兼容。改调喷油嘴所获得的喷油量的增加是全面性的,也就是说从低转速到高转速喷油量都会增加,这可能会造成中、低转速时的供油过浓,导致耗油量增加和运转不顺。通常改动很大的发动机才会需要大幅地增加供油量,一般车主所需要的通常是高转速和重负荷时适度地增加喷油量,这需要改装软件才能达成。

长城哈弗原厂喷油器如图2-33所示,喷油器每个孔径是0.25 mm。

改装后多孔喷油嘴喷油器,如图2-34所示,12孔喷油嘴(FBJB101),每孔喷油嘴孔径为0.125 mm。

图 2-33 长城哈弗原厂喷油器

图 2-34 改装后多孔喷油嘴喷油器

三、改装供油电脑芯片

对于一般的 ECU 改装,选择一款适合自己车型的编写好的套装程序绝对是最保险、最合乎成本效益、最事半功倍的方法。

市面上有不少品牌的 ECU 改装方法:一种是通过换装芯片或直接更新为由通过专业工程师测试编写的对应某一车型的套餐程序,如 SuperChips、Chiptronic、REVO、DIGI-TEC 等;还有一种就是加装外挂电脑硬件,按需要自行编写和设定程序,如 E-marage、F-Con、MOTEC 等。相对于第一种软件改装,外挂电脑硬件的最大优点是可针对需求,随时调整供油、点火时间等。其多样化的功能使它成为重度改装车的首选。

以 Chiptronic 程序为例,它主要是针对德系车的 ECU 改装程序,不管是 NA、Turbo 还是 Supercharge 皆可改装,所有的改装程序均由国外母厂的专业工程师编写,由世界各地的产品代理利用专门设备写入 ECU 中即可。在改装 Chiptronic 程序时,对应不同种类的原车 ECU 硬件,原车资料的读写和新程序的传输、覆盖也有不同的方式。第一种就是拆下 ECU 上的芯片,利用设备读写新程序,再写入到 ECU 中;第二种就是简便地直接以车内的 OBD 接口进行刷新程序;第三种便是以 BDM 探针接到 ECU 电路板上的金属点来进行传输程序。Chiptronic 总部在进行分析与改写后传回,代理商重新写入完成 ECU 改装。一般传回原程序到接收新程序,最慢一个工作日,最快则 20 min。目前国内 ECU 改装的品牌有 MTM(德国)、Chiptronic(瑞士)、Superchips(英)、REVO(美)四大主流,各有各的特色,如何挑选则依车型而定。来自德国的 MTM,是改装 Audi、VW、Porsche、Bentley、Lamborghini 的高手,品牌知名度及形象在欧洲是五星级的,车厂在设计某种型号的发动机时便已将原先设定好的供油程序刻录在只读存储器(ROM)上,程序通常是油耗、污染、运转平顺度等条件平衡下的产物,而且是不可改动的,若想改变供油程序就必须换用另一种模式的 ROM。通常专业改装厂都会供应各种车型的改装用电脑芯片,改装时要先把原电脑的芯片取下(通常原厂供油电脑的 ROM 都直接焊在电路板上),焊上一个 IC 座(如此一来可方便日后再更换),再插上改装用的芯片。

下面以标致 307 发动机 ECU 改装升级为例,说明通常操作的主要步骤。

(1) 找到发动机控制单元 ECU 的位置并正确拆卸,如图 2-35 所示。

(2) 取下 ECU,如图 2-36 所示。无螺钉和卡扣等固定,断开插头,直接抽出 ECU。

图 2-35　ECU 的位置　　　　图 2-36　取下 ECU

(3) 打开发动机控制单元的外壳,如图 2-37 所示。

(4) 看一下接线,用电阻跨接在指定的电路板位置上,如图 2-38 所示。

图 2-37　打开发动机控制单元的外壳　　　　图 2-38　安装跨接电阻

(5) 通过专用设备,从 ECU 中提取数据,此数据为控制发动机工作的数据,如图 2-39 所示。发动机控制单元选择相应的通道进行读取,等程序设定好之后,按照同样的方式写回 ECU。

(6) 试车测试。测试的内容主要是数据测试,如空燃比(混合气浓度)、爆震以及百公里油耗的模拟测试,另外就是 0~100 m 和 0~400 m 以及 100~200 m 的加速测试。

(7) 封壳。用密封胶密封好 ECU 外壳,防止水汽进入损坏 ECU,如图 2-40 所示。

图2-39 从ECU中提取数据　　　　图2-40 封ECU壳

(8) 安装支架,将ECU装回原车,匹配节气门,如图2-41所示。

图2-41 安装支架,把ECU装回原车

四、油改液化天然气(石油气)的改装

1. 油改天然气燃料汽车的种类

天然气(CNG)汽车分为常态天然气汽车、液化天然气汽车和压缩天然气汽车,目前我国油改气采用的是压缩天然气。压缩天然气汽车是将天然气用25MPa的压力充入钢瓶中供发动机使用。

压缩天然气汽车(CNGV)按燃料供给系统分类可分为三种:纯燃料(CNG)汽车、双燃料(CNG和柴油)汽车以及两用燃料(CNG和汽油)汽车。

(1) 纯燃料(CNG)汽车。

纯燃料汽车发动机的燃料供给系统专为燃用CNG燃料而设计,其结构保证气体燃料能有效利用,效果很好,不过我国还没有大量生产这种汽车。

(2) 双燃料(CNG和柴油)汽车。

当汽车发动机工作处于双燃料状态时,用压燃的少量柴油引燃CNG与空气的混合气而实现燃烧,对外做功。该种发动机也可用纯柴油工作。因此,该系统有同时供给汽车两种燃料的装备,配备两个供给系统及两个独立的燃料储存系统。依据发动机的运行工况、燃料品质和发动机参数,按一定比例同时向发动机供给 CNG 和柴油,低负荷及怠速时自动转换到纯柴油工作方式。这种改装一般应用于载货汽车。

(3) 两用燃料(CNG 和汽油)汽车。

两用燃料汽车都是采用正在使用的定型车进行改装,保留原车供油系统,增加一套"CNG 附加装置"。这是目前改装的主流,可在两种燃料中进行转换使用,设有两套燃料供给系统,无论是使用 CNG 还是汽油,发动机都能正常工作。两种燃料不允许同时混合使用。电喷车改装为两用燃料汽车原理如图 2-42 所示。通用别克天然气轿车专用装置总体布置示意图如图 2-43 所示。

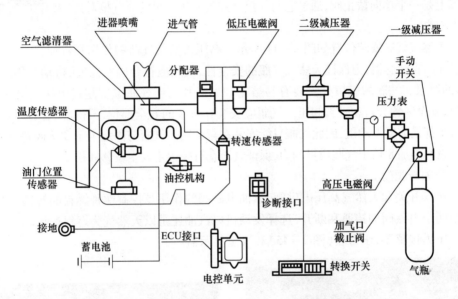

图 2-42 汽油/天然气(LPG/CNG/LNG)两用燃料汽车原理

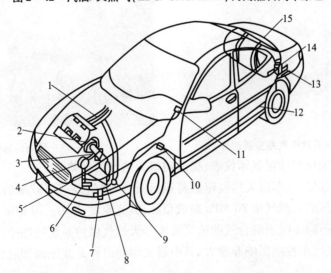

图 2-43 通用别克天然气轿车专用装置总体布置示意图

1—冷却水管;2—混合器;3—空气质量传感器;4—低压调节器;5—空气过滤阀;6—加气孔;7—电控单元;8—低压截止阀;9—高压截止阀;10—手动截止阀;11—气/油转换开关;12—高压管线(不锈钢);13—安全阀;14—手动截止阀;15—储气罐

2. 油改天然气燃料汽车的改装部分组成

油改天然气燃料汽车的改装部分由以下三个系统组成。

（1）天然气储存系统。包括充气阀、高压截止阀、天然气气瓶、高压管线、高压接头、压力表、压力传感器及气量显示器等。

（2）天然气供给系统。包括天然气高压电磁阀、三级组合式减压阀、混合器等。

（3）油、气燃料转换器。包括三位油气转换开关、点火正时转换器、汽油电磁阀等。

3. 改装部分的主要零部件

（1）充气阀。

实际上是一个单向截止阀，通过它与天然气加气站售气机的充气枪对接，为 CNG 气瓶充气。

（2）气瓶。

高压天然气气瓶安装位置如图 2-44 所示。高压天然气气瓶的作用和汽油箱一样，是车载压缩天然气的存储容器，为保证天然气气瓶的安全性，气瓶应符合国家标准《机动车用压缩天然气钢瓶》的要求。气瓶的瓶口处安装有易熔塞和爆破片。当气瓶温度超过 100 ℃ 或压力超过 26 MPa 时，安全装置会自动破裂卸压。气瓶应安装在汽车的安全部位，不得影响汽车行驶性能，现在的轿车都是前置发动机，因此气瓶只能安装在行李箱。气瓶与固定卡子要垫胶垫，固紧后还要沿汽车纵向施加 8 倍于气瓶质量的力，保证气瓶在行驶中不发生位移和松动。

（3）开关与阀门。

油气转换开关和天然气高压电磁阀、汽油电磁阀的作用是控制两种燃料的转换，油气转换开关控制两个电磁阀的接通和断开，选择发动机以汽油还是以天然气为燃料运行。

（4）压力传感器、压力表（图 2-45）和气量显示器。

图 2-44 高压天然气气瓶安装位置

图 2-45 压力传感器、压力表

相当于原车的油压和油量显示仪表，提醒司机天然气的存储情况。

CNG/汽油两用燃料汽车以天然气作燃料运行时，天然气经三级减压后，通过混合器与空气混合进入气缸。压缩天然气由 20 MPa 减成负压，其真空度为 50~70 kPa。减压阀和混合器配合可满足发动机不同工况下混合气的浓度要求。天然气供给系统的性能以及同发动机优化匹配情况，对天然气汽车性能影响非常大，其中最关键的组件是减压阀和混合器。

本章小结

（1）改变汽车发动机压缩比的方法主要是减小燃烧室的容积，包括磨削气缸盖、在燃烧室内增加固定物、使用较薄的气缸垫、更换活塞等形式。

（2）增加发动机排量的方法有两个：一个是整体更换发动机；另外一个是更换发动机缸套来加大气缸的直径。

（3）空气滤清器的改装一般不改变空气滤清器的机构，而是换装高流量的空气滤芯或整体换装空气滤清器。

（4）进气管的改装主要是在形状及材质两方面进行的改装。

（5）节气门的改装主要是增大节气门的直径、换装电子节气门、采用多节气门。

（6）排气系统的改装主要是对排气歧管、排气管、消声器进行改装。排气管的改装主要是对排气管的内径和长短进行匹配。消声器的改装主要是在制成材料和结构上进行改装。

（7）利用改变活塞顶部的形状来达到提高压缩比的目的，同时用锻造活塞来代替铸造活塞。

（8）如果活塞升级为锻造活塞，那么活塞销几乎全都需要采用全浮式的设计。

（9）连杆的改装不仅应该考虑材料品质和加工工艺的提高，还要考虑轻量化的需要。

（10）曲轴的改良目标是朝着高转平衡和轻量化方向发展的。

（11）气门的改装主要在于材质性能的变化及加工精密度的提高。

（12）凸轮轴的改装主要包括改变凸轮轴上凸轮的结构尺寸、改变凸轮的夹角和顶高及改变凸轮的外形曲线。

（13）喷射供油系统的改装根据改装的项目可分为改硬件和改软件两大类。

（14）油改天然气燃料汽车的改装部分由三部分组成：天然气储存系统，天然气供给系统，油、气燃料转换器。

思考与练习

1. 为什么要对发动机进行改装？
2. 发动机改装的技术要求是什么？
3. 发动机改装有哪些注意事项？
4. 配气机构改装的目标是什么？
5. 气门改装的技术要点是什么？
6. 凸轮轴改装的技术要点是什么？
7. 气门弹簧及其他配件改装的技术要点是什么？
8. 进、排气系统是如何工作的？进、排气系统改装的技术要点是什么？
9. 喷油系统的改装类型有哪些？
10. 什么是油改气？油改气有哪些优缺点？
11. 为什么油改气在私家车上改装的比较少？
12. 改变发动机压缩比有哪些需要注意的事项？
13. 燃油供给系统的供油量是如何计算的？
14. 采用多喉进气歧管有哪些优点？
15. 不装排气管和消声器会有什么样的后果？

第三章

汽车底盘改装

本章知识点

1. 汽车离合器改装的目的和方法。
2. 变速器改装的种类和方法。
3. 差速器改装的目的和方法。
4. 轮胎改装的目的及改装项目。
5. 轮胎升级的好处、负面影响及注意事项。
6. 轮胎升级的原则。
7. 轮胎的选购及注意事项。
8. 轮辋与轮盖的改装目的与改装方法。
9. 汽车悬架系统改装的主要项目及内容。
10. 汽车转向系统改装项目。
11. 制动系统的改装项目及改装方法。

第一节　传动系统的改装

一般来说,汽车出厂时的原装底盘就能够满足普通汽车用户的要求,如不是赛车迷、越野迷等则不需要对底盘进行改装。但是如果车主喜欢高速行驶,热衷于赛车和越野,则改装底盘是提升性能的必要途径。

汽车底盘改装主要包括以下项目和内容。

(1) 传动系统的改装。主要有离合器、变速器、差速器等零部件的改装。
(2) 行驶系统的改装。主要有轮胎、轮辋、悬架等零部件改装。
(3) 转向系统的改装。主要有转向盘等零部件改装。
(4) 制动系统的改装。主要有制动器等零部件改装。
(5) 其他保护的改装。加装底盘保护、防倾杆、封塑及零部件改装。

一、离合器的改装

1. 离合器改装的目的

一般的汽车改装都不需要改动离合器。如果改动了发动机,而且发动机的动力有了很大的提升,就可能需要提升离合器。这是因为发动机动力提升之后,原厂离合器往往因为打滑而无法准确输出动力,此时要让增加的动力完全释放,就必须改装离合器。

2. 高性能离合器

目前,性能比较优越的离合器为 ATS 双片离合器,如图 3-1 所示。此产品来自日本的 ATS,是一个非常著名的传动系统品牌,其公司全称为 Active Traction Service。该离合器整个总成的核心部件是碳纤维的离合器片,非常薄,外表粗糙,但非常轻。普通的离合器片是使用类似于刹车片那种金属加上磨料制成的,而碳纤维产品则是采用高强度的碳纤维压铸成型的,其微观结构与日常所见的碳纤维产品,如发动机罩等,完全是两回事。浮动式设计的离合器片,运动时会发出很特别的金属撞击声。压板用于保证离合器接合和分离的控制。飞轮用于启动发动机和储存力矩,不过对于改装车而言,这部分的重量越轻对于发动机的响应性自然会越好。所以 ATS 的套件内也用极具轻量化的飞轮做配套。对应车型有 EVO、SUBARU GDA/GDB/GDG、350Z、RX-8 等高性能车。

3. 离合器改装方法

下面以三菱 EVO 汽车离合器改装为例,介绍离合器的改装方法。

(1) 拆下变速箱后,拆下原来装用的 HKS 双片离合器。

(2) 拆下原来的飞轮。

(3) 图 3-2 所示为准备好的 ATS 双片离合器各零件。

图 3-1 ATS 双片离合器

图 3-2 ATS 双片离合器各零件

(4) 安装 ATS 组件中的新飞轮,如图 3-3 所示。

(5) 借助安装轴,将 ATS 双片离合器其他各零件依次安装于飞轮后方,并初步拧上离合器盖紧固螺栓。

(6) 用扭力扳手将各紧固螺栓按规定的力矩拧紧。

二、变速器的改装

1. 变速器改装的类型

变速器的改装大体上分为两类:一类是手动变速器与自动变速器互换,是较为常见的。更换的理

图 3-3 安装 ATS 组件中的新飞轮

由各不相同,原汽车厂家对某款车经常配有自动变速器和手动挡变速器两种类型,用户在买车时就选好了要哪种变速器。不过由于某些原因,客户要求把手动挡更换成自动挡,也有要求把原车配置的自动挡改装成手动挡的。像这样的改装在技术和理论上难度都不大,也都是可行的。另一类是换成另一个传动比不同的手动变速器,属于手动变速器的升级。也有只更换排挡头的。

2. 变速器的改装方法

(1) 更换排挡头。

如果只是更换一个排挡头,车主自己就可完成。更换一个漂亮、好握的排挡头,操作十分简单。

排挡头的种类比较多,如图3-4所示。首先要根据个人喜好选择排挡头,喜欢哪一种就装哪一种,不过尺寸有大有小,固定方式有螺纹锁入式与螺钉固定式两种,材质有埋胶、橡胶、金属、原木或混合的形式。然后将选择好的排挡头拧到排挡杆上(或用螺钉固定)即可,注意安装时要让排挡标识摆正。

图3-4 排挡头的种类

(2) 更换变速箱。

例如将原车装用的 MQ200 变速箱五挡齿轮传动比为 0.8125 的,改装为齿轮传动比 0.74 的变速器,只需将原变速器拆下,换上准备好的新变速器即可。

三、差速器的改装

1. 差速器改装的目的

差速器把两个传动半轴连起来,通过齿轮组的特殊设计,左右车轮在转弯时可以实现不同速度旋转,而不会出现外轮滑拖、内轮滑磨的问题。差速器的结构精巧,可巧妙地抵消不同车轮间的转速差,但它又有致命的弱点,即碰到恶劣路面,如泥坑地时,只要一个车轮陷入而呈打滑状态,差速器另一端的车轮便会完全丧失动力。为解决这个问题,必须为差速器装上防打滑的差速器锁,把差速器的齿轮组部分锁止,使差速器作用临时失效。现在不少四驱车都装有差速器锁,在越野时可自动或手动地锁上差速器。

所谓差速器的改装通常就是指更换带差速锁的差速器(图3-5)。

2. 差速器的改装方法

(1) 支撑好汽车驱动桥。

(2) 拆下车轮及制动盘等,抽出半轴。

(3) 打开差速器前、后盖,如图3-6所示。

(4) 放净差速器中的齿轮油。

(5) 拆下原差速器各组件。

图3-5 带差速锁的差速器(ARB差速器)

（6）装入 ARB 差速器各组件，装好的 ARB 差速器如图 3-7 所示。

图 3-6　打开差速器前、后盖

图 3-7　装好的 ARB 差速器

（7）按 ARB 差速器说明中要求的孔径在主动锥齿轮壳体上钻孔，并铰攻螺纹。
（8）将管路接头拧紧在新开的孔上。
（9）连接好管路、气泵开关及锁开关等。

第二节　行驶和转向系统的改装

一、轮胎的改装

1. 轮胎改装的目的与改装项目

汽车底盘改装的第一步应该从选择适用的好轮胎开始。轮胎是汽车性能的终端输出，再好的性能都必须靠优良的轮胎才能表现。

（1）轮胎改装的目的。

1）改善车辆高速性能。许多人将提高轮胎的速度级别作为轮胎升级的目的。速度级别高的轮胎具有很好的高速性能，在高速行驶时胎面升温较慢，轮胎的气压变化较小，降低了爆胎的可能性。

2）操纵稳定性、安全性能有所提高。适当增加胎面的宽度可以降低整车的质心高度，提高汽车的稳定性；增大轮胎对地面的附着力，在汽车起步和制动时不容易打滑。而且胎面较宽的轮胎制动时方向稳定性好，制动距离会稍有缩短。

3）更加时尚美观。扁平轮胎和造型前卫的轮辋配合使用，会使车辆外观更加时尚。

（2）轮胎改装的项目。轮胎的改装通常指的是轮胎的升级。轮胎的升级可以分为品质的升级和规格的升级两种。

1）品质的升级。换用与原厂配套相同规格，但是某些性能等级更高的轮胎。例如，使用速度级别更高的轮胎，或者使用帘布层级更高的轮胎，以及换用大花纹轮胎等。

2）规格的升级。在车身底盘结构允许的范围内，将轮胎进行规格上的升级，也就是将轮胎直径加大或者将轮胎胎面加宽。

2. 轮胎的基本结构

汽车轮胎按胎体结构不同可分为充气轮胎和实心轮胎。现代汽车绝大多数采用充气轮胎。充气轮胎按组成结构不同,又分为有内胎轮胎(图3-8)和无内胎轮胎(图3-9)两种。充气轮胎按胎体中帘线排列方向的不同,还可分为普通斜交轮胎和子午线轮胎。

（1）有内胎的充气轮胎。

1）普通斜交轮胎。帘布层和缓冲层各相邻层帘线交叉,且与胎中心线呈小于90°角排列的充气轮胎,称为普通斜交轮胎,如图3-10所示。帘布层是外胎的骨架,用以保持外胎的形状和尺寸,通常由成双数的多层帘布用橡胶贴合而成。帘布的帘线与轮胎子午断面的交角(胎冠角)一般为52°~54°,相邻层帘线相交排列。帘布层数越多,轮胎强度越大,但弹性降低。在外胎表面上注有帘布层数。

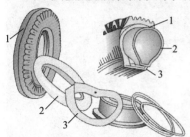

图3-8 有内胎轮胎结构示意图

1—轮胎;2—内胎;3—胎垫

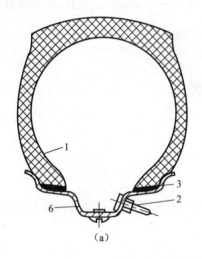
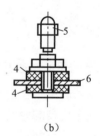

图3-9 无内胎轮胎结构示意图

(a)无内胎轮胎结构;(b)气门嘴结构

1—橡胶密封层;2—气门嘴;3—胎圈橡胶密封层;4—橡胶垫圈;5—气门螺母;6—轮辋

斜交轮胎的优点是:轮胎噪声小,外胎面柔软,容易制造,价格也较子午线轮胎便宜。斜交轮胎的缺点是:转向行驶时接地面积小,胎冠滑移大,抗侧向力的能力差,高速行驶时汽车的稳定性差,滚动阻力较大,油耗偏高,承载能力也不如子午线轮胎。

2）子午线轮胎(图3-11)。帘布层帘线排列方向与轮胎的子午断面一致。帘线的这种排列方式使帘线的强度能得到充分的利用。子午线轮胎的帘布层数一般比普通斜交轮胎少40%~50%,胎体较柔软,弹性好。

图3-10 普通斜交轮胎

子午线轮胎有以下优点。

a. 接地面积大，附着性能好，胎面滑移小，对地面单位压力小，因而滚动阻力小，使用寿命长。

b. 胎冠较厚且有坚硬的带束层，不易刺穿，行驶时变形小，可降低油耗。

c. 因帘布层数少、胎侧薄，所以散热性能好。

d. 径向弹性大，缓冲性能好，负荷能力较大。

e. 在承受侧向力时，接地面积基本不变，故在转向行驶和高速行驶时的稳定性好。

图3-11　子午线轮胎

子午线轮胎也有以下缺点。

a. 因胎侧较薄而柔软，在胎冠与胎侧过渡区易产生裂口。

b. 吸振能力弱，胎面噪声大。

c. 制造技术要求高，成本也高。

（2）无内胎的充气轮胎。

无内胎轮胎通常由胎面、带束层、胎肩、胎侧、胎体、胎圈、气密层等组成，如图3-12所示。无内胎轮胎的优点是：轮胎穿孔时，压力不会急剧下降，能安全地继续行驶；不存在因内外胎之间的摩擦和卡住而引起的损坏；气密性较好；可以直接通过轮辋散热，所以工作温度低，使用寿命长；结构简单，质量较小。

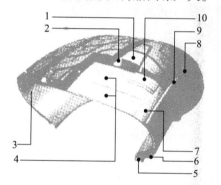

图3-12　无内胎轮胎的结构
1—胎面；2—花纹沟；3—气密层；
4—带束层；5—胎圈；6—胎圈三角胶条；
7—胎体；8—胎侧；9—胎肩；
10—宽带层

（3）活胎面轮胎。

活胎面轮胎的胎面是可更换的，其最大优点是在花纹严重磨损后，可以单独更换胎面，也可以根据不同使用条件更换不同花纹的胎面。其缺点是质量较大，在使用中可能出现胎体和胎面环之间磨损、胎面环橡胶与钢丝体脱层等问题。

3. 轮胎的标识

不同厂家生产的轮胎，其标识方式可能存在差异，但总体上相差不多，图3-13所示为典型的轮胎标识示意图。

轮胎的型号（规格）通常标示在轮胎的侧面。现代轿车普遍使用子午线无内胎轮胎，其规格标记表示法如图3-14所示。

在图3-15中，轮胎截面宽度 B 的单位为mm；轮辋直径 d 的单位为in（英寸）；负载指数是指在规定的条件（最高速度、最大充气压力）下轮胎负荷能力的数字代号，从0至279共280个级别，每一个级别代号代表一定的承载能力，如负荷指数80、84、86和88分别代表其承载能力为450 kg、500 kg、530 kg和560 kg；车速级别代号代表轮胎适合的最高行车速度，共29个代号，表示为5～300 km/h。如R、S、T和U分别表示适合的最高行车速度为170 km/h、180 km/h、190 km/h和200 km/h。

另外，在轮胎的胎侧，还会有关于帘线材料及层级的说明性标识，通常材料标识有STEEL

(钢丝)、NYLON(尼龙)和 POLYESTER(纤维)。

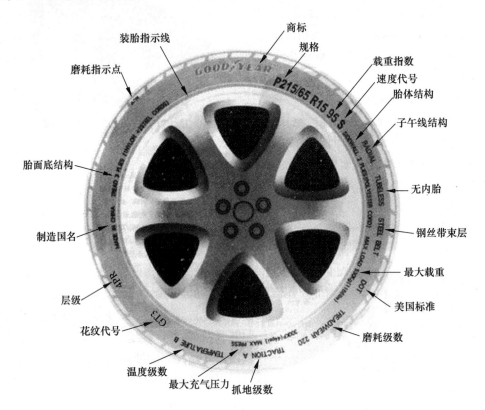

图 3-13 典型的轮胎标识示意图

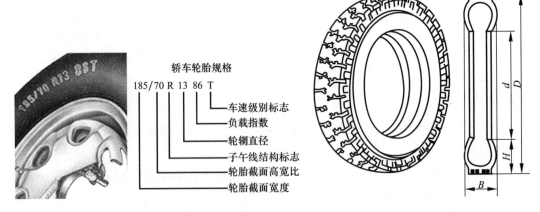

图 3-14 子午线轮胎规格标记表示法　　图 3-15 轮胎的尺寸

如上海回力 185/70 R13 轮胎,它在胎侧有如下标示:
TREAD:2PLIES POLYESTER,2PLIES STEEL。即胎冠:2 层级纤维帘布,2 层级钢丝;
SIDEWALL:2PLIES POLYESTER。即胎侧:2 层级纤维帘布。
又如,普力司通 195/50R15 T1 花纹轮胎胎侧上有如下标示:
PLIES(2POLYESTER + 2STEEl + NYLON)。即指此轮胎为半钢丝子午线轮胎,它的胎冠是由两层纤维帘布和两层钢丝及一层尼龙制成的。

同一辆汽车上用了不同胎体的轮胎,会影响车的使用性能。因此,在升级或更换轮胎时,最好先了解一下自己车上使用的是什么胎体的轮胎。如果不想升级轮胎,只是要更换轮胎,那么原来是半钢丝的,应仍然选用半钢丝的;原来是全纤维的,就仍选用全纤维的。

4. 轮胎升级理论

为了提高汽车的操控性能和驾驶乐趣,汽车必须具有良好的循迹性,从而提高转弯的速度、缩短制动距离、减少加速时的打滑现象。

(1)影响汽车循迹性的因素。

1)下压力。汽车轮胎所承受的下压力来自汽车自重、载荷及空气动力。其中空气动力产生的下压力对一般的道路用车来说并不需要很在意,但是比赛用车却必须仔细考虑这个问题。空气下压力的好处是只会增加轮胎接地面的垂直负荷而不会增加车重。由于车重不变,轮胎不用负担额外的力,使轮胎循迹性提高,所以过弯速度得以提高,同时制动和加速时的循迹性也会获得提升。这也是赛车工程师对于尾翼、车身空气动力组件和地面效应持续不断地进行研究、发展与改进的原因。

空气动力效应包含了车身下压力、车身扬升力和行进阻力,这三种力量是伴随发生的,而且所产生的力量和车速二次方成正比,也就是说,速度提高为 2 倍时空力效应会增为 4 倍,这也说明了为什么空力效应只有在高速时才会变得明显。对一辆针对比赛而生产的车辆来说,改善操控性的关键除了底盘悬架的改良调校以外,其次就是空力特性的改良。要改良车身的空力特性,最重要的就是要减少高速流动的空气对车身产生的上升力,因为上升力会减少轮胎的垂直荷重,破坏循迹性。目前的 ITC、BTCC、JTCC 等房车赛参赛车种车尾都有扰流尾翼的设计,最主要的作用就是减少车身的上升力并产生一定的下压力。此外,前扰流板和车侧裙角也可减少进入车底的气流,并降低车底气流对车尾产生的上升力。由于产生下压力和改变气流的同时都会伴随着产生行车阻力,所以改善车身空气动力特性的另一个重要课题就是要在伴随发生的压力、升力、阻力三种力量间进行协调、均衡与折中。

2)胎压。任何一种轮胎都有一定的充气标准,也就是胎压的合理范围,如超出这个范围,轮胎的接地面就会变形,以致无法完全紧贴路面,从而影响到循迹性。当胎压太高时,会造成轮胎边缘两侧无法完全贴地,接地面积自然跟着变小,接地面积较小的情况下却有同样的负荷,当然性能表现要打折扣了。当胎压不足时,表面上看来轮胎接地面积似乎并没有减少,甚至有人认为是增加了,实际上虽然轮胎两侧依然紧密地贴地,但由于胎压的不足使得胎面中间的橡胶面无法紧贴路面,造成的结果就和胎压过高一样。这也可说明为什么有的轮胎使用了一段时间以后,出现中间或两侧磨耗比较严重的情况,其就是由于长期胎压过高或不足所造成的。

3)扁平率。轮胎胎壁高度与轮胎宽度的比例称为扁平率,如图 3 - 16 所示。扁平率对循迹性的直接影响并不大,但是对轮胎的滑移有影响。扁平率较低的轮胎在相同的负荷情况下会有较小的滑移角。在轮胎宽度不改变的情况下,只改变前两轮或后两轮的扁平率,就会因为前后轮滑移角的不同使操控的平衡产生变化。

图 3 - 16 轮胎的扁平率

4)轮辋尺寸。轮辋直径的大小和轮胎的循迹性并无直接的关系,但是如果配合轮胎扁平率的降低而加大轮辋的直径却可增加轮胎的接地面积，同时也影响了行驶舒适性和轮胎的转向反应。轮胎制造商会为每一条轮胎设定一个适用轮辋宽度的范围，超出了这个范围将会对行车安全造成很大的威胁。轮辋的宽度会对轮胎接地面的轮廓有直接的影响，如果轮辋太窄，轮胎就会变得鼓鼓的，会减少轮胎边缘的抓地性。反之，如果轮辋太宽，则轮胎中间部分的抓地性就会减低。从实际的测试结果得知，采用轮胎公司所建议的宽度上限的轮辋，可让轮胎的性能得到充分的发挥。

5）轮胎的材质。生产轮胎的材料主要是橡胶，它对轮胎的循迹性有着决定性的影响。胶质软的摩擦系数高，橡胶分子对地面也有更佳的附着力，整体的循迹性将会提升。但这只有在轮胎还没有过热时才成立，因为不同的轮胎都有不同的工作温度范围和最佳的工作温度。软质的轮胎虽有较佳的循迹性，但磨耗也比较快，因此在赛车场上轮胎材质的选用不仅要考虑抓地力还要考虑轮胎的过热临界点，更要考虑磨耗。材质的选择必须考虑轮胎的荷重、工作温度以及磨耗。对一般道路用轮胎来说，通常会选用较硬的材质，一方面是为了满足在高速公路上行驶的需要，另一方面是出于轮胎寿命的考虑。

(2) 增加轮胎循迹性的方法。

轮胎是汽车与路面接触的唯一装置，可通过以下三种方法增加轮胎的循迹性（抓地力）。

1）增加轮胎与地面的摩擦力。增加轮胎与地面的摩擦力应从以下两个方面入手。

a. 增加路面的摩擦系数。摩擦系数是路面所能提供的对轮胎的抓附能力，摩擦系数越大，抓附力越大。柏油路面、水泥路面、砂石路面各有不同的摩擦系数，所能提供对轮胎的抓附力也各有不同。

b. 增加轮胎本身的摩擦系数。选择较软的轮胎是达成这个目的的主要途径，较软的轮胎可提供较强的抓地力，但是相对的磨耗也较快。这里所谓"软的轮胎"指的是轮胎胎面的橡胶材质较软，这与高扁平率轮胎和胎压不足所造成行路性较软是完全不同的。

2）增加轮胎接地面积。增加轮胎和路面接触的面积有以下三种方法。

a. 换用较宽的轮胎。这是增加轮胎与地面接触面积最简单、最有效的方法。

b. 选用胎纹较少的轮胎。如此可增加轮胎与地面实际的接触面积，但是也会影响其在湿滑路面的抓地表现。

c. 胎压及悬架的精确调校。在既定的接地面积下，经由正确的轮胎胎压及悬架的精确调校可把轮胎的潜力完全发挥。即使是行驶在平坦的直路上，轮胎的接地面积也会小于静止时的接地面积，行经不平路面或是过弯时更会因为车轮的上下颠簸或是侧向的受力，而造成接地面积的大幅度减小，甚至悬空。悬架改良最终的目的就是随时使轮胎尽可能地保持与地面接触，尤其是在过弯或是行经不平路面时。

3）增加轮胎的垂直荷重。轮胎的垂直荷重是车辆本身施予轮胎的重量加上空气动力效应所产生的下压力的总和。轮胎表面会因为垂直荷重的增加而与地面更紧密地接触，轮胎的抓地性能也得以更充分的发挥。有别于大家所认知的，增加轮胎的垂直荷重并不会增加轮胎的接地面积，至少现代的高性能轮胎和赛车用轮胎几乎都是如此，增加垂直荷重所提高的是轮胎接地面积内每一单位面积橡胶分子和地面的附着力。在接地面积不变的情况下，轮胎循迹性的增加是由于对橡胶分子所施的压力增加。例如，在一个光滑平面上移动橡皮擦，在橡皮擦上方没有施加压力的情况下可以很轻易地自由移动橡皮擦；当用力压着橡皮擦时，要移动它就变得比较不容易，压的力量越大，橡皮所产生的附着力就越强，也就是循迹性越好。轮胎的垂直荷重可由增加车重来达到，虽然这可增加轮胎的循迹性，但是由于轮胎承受的来自车重的负荷也增加,所以过弯速度、制动距离、加速表现都不会有所改善。事实上整体的性能表现反而会因为车重的增加而变差。要在不破坏整体性能表现的情况下提高轮胎的垂直荷重,唯一的途径就是由车身空气动力学的设计来达成。

5. 轮胎升级的好处

在进行轮胎升级时,一般都会选择比原车轮胎质量更好、速度级别更高、胎面更宽以及直径更大的轮胎。轮胎升级的主要好处如下。

(1) 改善车辆的高速性能。速度级别高的轮胎具有很好的高速性能,在高速行驶时胎面升温较慢,使得轮胎的气压变化较小,以降低爆胎的可能性。

(2) 安全性能有所提高。适当增加胎面的宽度会增大轮胎对地面的附着力,车辆起步和制动时不容易打滑,而且胎面较宽制动时方向稳定性更好,制动距离会稍有缩短,不过宽胎会增加汽车的油耗量。

(3) 外观更动感、更加时尚。扁平轮胎和造型前卫的轮辋配合使用,会使车辆外观更加时尚,使汽车看起来极富激情,动感十足,彰显个性。

(4) 操控稳定性增强。在外径相同的情况下,加大轮胎内径,轮胎胎壁变小,刚性提高。胎面加宽,接地面积增加,行驶更加稳定。转向盘路感增加,抓地力增加,加强了对路面的全面掌控感,提高了中高速的操控稳定性。

(5) 转弯能力增加。轮胎胎壁刚性提高,转弯支持力增加,因此转弯时轮胎的变形度将会变小,车辆的循迹性会因此提升,在紧急事故的应变上也更显宽裕。

(6) 加速与制动效率提升。提高胎壁刚性,加速和制动时轮胎的变形小,可以更快地传送动力及制动力。同时由于轮胎材料的不同,高性能轮胎有更好的抓地力,因而制动距离及加速时间缩短,提供更快反应的驾驶体验。

6. 轮胎升级带来的负面影响

轮胎升级带来的负面影响如下。

(1) 油耗增加。由于轮胎升级增加了接地面积,因此会略微增加油耗,但更好的胎壁刚性会降低轮胎变形造成的能量损失。

(2) 噪声增加。升级后的轮胎一般有比较大的胎面花纹并加宽了胎面,这样会增加一些噪声。如果选择高性能的品牌,比如米其林、固特异及邓禄普等,将有助于降低轮胎的噪声。

(3) 舒适性降低。由于胎壁刚性增加,会降低乘坐的舒适性,但改装就是为了给转向盘更加敏锐的反馈。

7. 轮胎升级的注意事项

轮胎升级应注意以下事项。

(1) 明确轮胎升级的目的。需要通过升级轮胎达到提高轮胎品质的目的,还是提高外观的时尚性,这是选择轮胎升级方式的决定因素。

(2) 考虑车辆的主要用途。如果这辆车是每天都要使用的车,那么轮胎的耐磨性可能是最应该考虑的问题。如果汽车不是代步的工具而主要是搞运动,那么运动型宽胎就要有很好的地面附着力,但这样的轮胎磨损也很快。同时为了追求速度,胎面花纹也会尽量减少,如果车辆经常在多雨潮湿的地区使用,那么一套以湿地附着力见长的湿地轮胎是最好的选择。

(3) 认识到轮胎升级可能带来的问题。胎面宽度大的轮胎固然能够提高车辆的行驶稳定性,但并不是轮胎越宽就越好。宽胎与地面之间的摩擦力更大,随之而来的是油耗上升的问题,而且在胎面变宽之后,转向时沉重感会增加。轮胎的高宽比降低以后,胎侧就会变薄,舒适性就会有一定的损失,而且这样的轮胎制造难度大,售价也会增加。因此,适当的轮胎升级方案应该是在各项性能都得到提升的同时,将轮胎升级带来的一些负面作用降到最低。

8. 轮胎升级应遵循的原则

轮胎升级应遵循以下原则。

(1) 轮胎直径基本不变。

在升级轮胎之前,首先要确认车辆的轮胎可以升级到什么样的规格,这里要遵循一个原则,就是升级后的轮胎直径与原车轮胎直径的差比必须控制在3%以内,下面举例说明。

以规格为185/60R14的轮胎为例。轮辋直径:14英寸(355.6 mm)。胎侧高度:$185 \times 0.6 = 111(mm)$。因为轮辋上下各有一个胎侧高度,所以胎侧总高度为$111 \times 2 = 222(mm)$。轮胎直径:$355.6 + 222 = 577.6(mm)$。

如果想更换为195/50R15的轮胎,则应考虑到该种轮胎的相关参数。

轮辋直径:15英寸(381 mm)。胎侧高度:$195 \times 0.5 = 97.5(mm)$。因为轮辋上下各有一个胎侧高度,所以胎侧总高度为$97.5 \times 2 = 195(mm)$。轮胎直径:$381 + 195 = 576(mm)$。

规格为185/60R14的轮胎与规格为195/50R15的轮胎相比,直径差 = 577.6 - 576 = 1.6(mm);直径差比 = 1.6/577.6 = 0.27%,在3%的允许范围之内,因此可以使用。

如果只想加宽胎面,但是不想改变轮胎的高宽比,也就是选用规格为195/60R14的轮胎,则应考虑如下参数。

轮辋直径:14英寸(355.6mm)。胎侧高度:$195 \times 0.6 = 117(mm)$。因为轮辋上下各有一个胎侧高度,所以胎侧总高度为$117 \times 2 = 234(mm)$。轮胎直径:$355.6 + 234 = 589.6(mm)$。

规格为185/60R14的轮胎与规格为195/60R14的轮胎相比,直径差 = 589.6 - 577.6 = 12(mm);直径差比 = 12/589.6 = 2%,在3%的允许范围之内,但是已经接近极限值了。因为轮胎的直径改变较大,故在升级轮胎后一定要检查轮胎是否会和车轮内衬发生摩擦或碰撞,需要将减振器的缓冲因素考虑在内。

从上面的计算可以看出,轮胎的升级一般应遵循不改变轮外径或轮外径只改变很小的原则。例如,一汽大众捷达前卫原厂轮胎规格为185/60R14,可以换装规格为195/50R15的轮胎;广州本田雅阁轿车和上海大众帕萨特轿车原厂都装备规格为195/65R15的轮胎,可以换装规格为205/55R16的轮胎。

轮胎直径改变过大会带来以下危害。

1) 车速表显示失真。车速表显示的车速是通过车轮转速和车轮直径的大小计算而来的,当轮胎的外直径变化时,车速表显示的车速也就不是真实的车速了。特别是当轮胎外直径增大时,实际车速就比车速表显示的要快,在这种情况下,驾驶员就要注意对车速的控制了。

2) 制动防抱死系统(ABS)失准。ABS的工作原理是通过测量4个车轮的转速,经计算机系统进行对比,从而判断4个车轮的行驶状态,然后再通过制动系统进行控制。所以,如果改装后前后轴轮胎的直径发生变化时,ABS就会失准。

3) 汽车操控失常。直径增加过多,在发动机传递到驱动轴的转矩不变时,会导致起步和加速无力,还会与轮罩及转向系统发生运动干涉,驾驶时感觉硬,舒适性会下降。

(2) 充分考虑行驶状况。

如果是日常代步或经常长距离地行驶,那么轮胎的舒适性、静音状况是必须要考虑的重点。这类型轮胎的扁平率不会太低(至少在0.55以上),花纹比较细碎(对称型或者非单导向胎纹为主)且胎壁较为柔软。

开快车、经常高速过弯、急起步、紧急制动时,轮胎的性能更为重要,这时就必须牺牲一些行车舒适性与轮胎的耐磨性(以单导向胎纹为主)。当然,高性能车胎价格也会比较高。

若是经常在潮湿多雨地区行驶,轮胎的排水就会显得尤其重要。出于安全的考虑,建议选一组雨胎或湿地胎。

若是经常在常年积雪的地区行驶,最好选择冰雪性的轮胎,以增加接触面积或提高抓地性。

改装轮胎时,还应留意其他标识。若轮胎标注有 MSIS 或 M-t-S,表示适用于泥地或雪地,通常在冬天下雪的地方使用。TUBELESS 表示无内胎轮胎(俗称真空胎),TREADWEAR 则表示磨损寿命,其后的数值越大,表示轮胎越耐磨。

(3) 同一辆车尽量不要混用各类型轮胎。

同车各轮胎升级应同时进行,并且所有轮胎应该是相同尺寸、同类花纹、相同速度极限、磨损程度相近。

特别情况下需要混用轮胎时,要遵守以下原则。

1) 在同一条轮轴两侧一定要装相同型号、磨损程度相近的轮胎。
2) 不要选用速度极限和载重指标低于原车标配的轮胎,所有轮胎的速度极限必须相同。
3) 如果子午线轮胎和其他轮胎混用,则子午线轮胎装在后轴。
4) 如果不同宽度的轮胎混用,则较宽的轮胎装在后轴。
5) 高性能跑车如果换装轮胎,则一定要4个轮胎同时更换。

9. 轮胎的选用

(1) 轮胎品牌选择。

轮胎行业三大巨头:普利司通(日本)、米其林(法国)、固特异(美国)。

世界十大轮胎品牌如下:米其林(法国)、普利司通(日本)、固特异(美国)、马牌(德国)、住友(日本)、倍耐力(意大利)、横滨(日本)、库珀(美国)、锦湖(韩国)、东洋(日本)。

2014年度(对应2013年度)全球轮胎30强排行榜,见表3-1。

表3-1 2014年度(对应2013年度)全球轮胎30强排行榜

2014年度排名	2013年度排名	公司	总部所在地
1	1	普利司通	日本
2	2	米其林	法国
3	3	固特异	美国
4	4	大陆	德国
5	6	倍耐力	意大利
6	5	住友橡胶工业	日本
7	7	韩泰	韩国
8	8	优科豪马	日本

续表

2014 年度排名	2013 年度排名	公司	总部所在地
9	9	正新橡胶	中国台湾
10	10	杭州中策橡胶	中国内地
11	15	佳通轮胎	新加坡
12	11	固铂轮胎橡胶	美国
13	12	锦湖轮胎	韩国
14	13	东洋轮胎橡胶	日本
15	16	三角集团	中国内地
16	14	MRF	印度
17	17	阿波罗轮胎	印度
18	19	山东玲珑橡胶	中国内地
19	18	诺基亚轮胎	芬兰
20	20	双钱轮胎控股	中国内地
20	22	帝坦国际	美国
22	23	耐克森	韩国
23	29	山东恒丰	中国内地
24	21	兴源轮胎	中国内地
25	25	J.K 轮胎工业	印度
26	24	风神股份	中国内地
27	28	山东金宇	中国内地
28	31	建大轮胎	中国台湾
29	33	山东盛泰	中国内地
30	32	贵州轮胎	中国内地

下面介绍几款知名的改装用轮胎。

1）法国米其林 Pilot 轮胎。米其林轮胎标志如图 3-17 所示，米其林 Pilot 轮胎如图 3-18 所示。Pilot 系列包括 4 款轮胎，各有特点。米其林轮胎拥有最为出色的抑噪功能，能给驾驶带来安静、舒适以及更好的操控性。它主要面向高性能轿跑车市场和追求高端的轮胎改装市场。目前 Pilot 全系列轮胎全部采用进口，因此售价很高，价格为 800～5 000 元人民币，目前已经成为保时捷、法拉利及宝马等多个品牌运动车型的配置。

图 3-17 米其林轮胎标志

图 3-18 米其林 Pilot 轮胎

为防止买到假冒的米其林轮胎,消费者在选购时要注意识别产品标志。合法渠道进口的米其林品牌轮胎应配有如下标志。

a. 胎面粘有完好的(未经涂改和破坏)有关产品使用说明的中文标签。

b. 轮胎胎圈处粘有条形码。

c. 轮胎胎侧有 CCC 模压标志,如图 3-19 所示。

2) 美国固特异 Eagle Fl 轮胎。固特异轮胎标志如图 3-20 所示,固特异 Eagle Fl 轮胎如图 3-21 所示。固特异 Eagle Fl 轮胎采用了先进的"萃凝"轮胎技术,"一体化胎面设计"和"极端 V 形花纹设计"确保了 Eagle Fl 在干、湿路面都有良好的表现。"一体化胎面设计"可以消除胎面下残存的空气,降低行驶中的轮胎噪声,牢固的胎肩保证了轮胎的使用寿命。即使在极为潮湿的路面上,"极端 V 形花纹设计"也能保证将水分排出胎体,保证了驾乘安全。

图 3-19 米其林轮胎的 CCC 模压标志

图 3-20 固特异轮胎标志

图 3-21 固特异 Eagle F1 轮胎

3) 意大利倍耐力 P7 轮胎。倍耐力轮胎标志如图 3-22 所示,倍耐力 P7 轮胎如图 3-23 所示。P7 专门为高速运动型轿车设计,突出的特点有出色的湿地操控性能;不对称的胎面花纹设计,美观精致,而且过弯性能更好;胎面胶块特别为加强制动性能和提高行驶舒适性而设计,配合纵向兼弧形横向槽,能够通过接触地面快速排水;由于胎面接地面积压力分布均匀,行驶阻力低,磨损均匀,这样使驾驶更顺畅,安全性能更好。

4) 日本普利司通 Potenza RE750 轮胎。普利司通轮胎标志如图 3-24 所示,普利司通 Potenza RE750 轮胎如图 3-25 所示。普利司通 Potenza RE750 轮胎运用了 UNI-T 智能技术对轮胎的胎侧、胎体以及胎冠进行了改进,采用了可以提高在干路上行驶时牵引力的胎冠材料,而且胎面花纹也提高了驾驶员在湿地行驶时的方向控制感。交替连接的胎肩结构和胎面中央环绕圆心的加强筋保证了磨损均匀,而且可以有效地降低由于不规则的轮胎花纹和路面摩擦产生的噪声。

图 3-22　倍耐力轮胎标志

图 3-23　倍耐力 P7 轮胎

图 3-24　普利司通轮胎标志　　　　图 3-25　普利司通 Potenza RE750 轮胎

（2）轮胎花纹的选择。

汽车轮胎花纹的作用是传递牵引力和制动力，使轮胎具有一定的对路面的附着性能，防止车轮空转和打滑，其是行驶安全的重要保证。对轮胎花纹的要求是：有较优的耐磨性能并且磨损均匀；有一定的防滑和附着性能；花纹胶块要耐刺扎、耐崩花掉块，花纹底部要耐龟裂；滚动阻力小、生热少、散热快，操作稳定性好。这些要求，有些是互相矛盾的，不能同时满足，应根据实际使用条件有所侧重地选用。

1）根据轮胎花纹形式选用。汽车轮胎常见的花纹形式有横向花纹、纵向花纹和混合花纹三类。横向花纹由于接触地面面积大，胎冠较平坦，所以耐磨、耐刺扎，花纹自洁性好，纵向抓着力和防纵滑性能好，但散热差、噪声大。它适合中慢速行车，适用于一般和较差的路面。纵向花纹滚动阻力小，所以省油、散热快、噪声低，操作稳定性和防侧滑性好，但不耐磨，不耐扎，适合高速行驶。目前国内车辆大部分在城乡之间行驶，即经常在国道和地方公路上行驶，车速也时快时慢，这时应选用纵横交织形式的混合花纹。混合花纹底部两道曲折纹槽中，一半是花纹的延伸，一半是斜向窄浅的连条，纵横连接贯通，可以加快雨天排水量，避免因排水不畅使胎面形成水膜而滑移。

2）根据轮胎花纹深度选用。轮胎的用途不同，选用花纹深度也应不同。山区和粗糙路面，胎面磨损快，应选用较深花纹；路面条件好，行车速度快，为了降低轮胎生热，提高散热速度以及减少滚动阻力，应选用浅花纹；为保证轮胎在坏路面通过的性能，选用混合花纹时，最好选用深花纹;要求轮胎有较高的牵引性能时,应选用特别加深的花纹。

轮胎花纹的深度可以根据轮胎每行驶 1 000 km 的磨损量来估算,即轮胎每行驶 1 000 km,斜交轮胎磨损量为 0.15~0.4 mm,子午线胎磨损量为 0.10~0.20 mm。

轮胎在使用中,花纹将逐渐磨浅,车辆行驶时就容易打滑和增大制动距离。从安全角度考虑,花纹一定要保持有效的深度,即 3~5 mm,磨损不能超过极限,到了极限,应翻新后再使用。

汽车轮胎改装项目还有一种为改装越野轮胎,此部分内容将在本书第七章详细介绍。

二、轮辋与轮盖的改装

1. 轮辋的改装

轮辋,又叫轮圈、轮毂,是车轮周边安装轮胎的部件,如图 3-26 所示。轮胎升级并不只是升级轮胎,轮辋也要随之升级。

(1) 轮辋改装的目的。

由于轮辋的造型决定制动系统的散热效率,所以选择合理造型的轮辋是很关键的。在考虑散热和美观的同时,还要注意轮辋的结构和强度。如果支撑条辐太少,则其抗扭曲、耐撞击的能力和强度不好,轮辋使用寿命短且不安全。另外,轮辋的造型还要为制动器留出足够的空间,以便容纳更大的制动盘和制动钳。

图 3-26 轮辋

一般更换轮辋的目的,除了更换损坏部件外,最主要的就是追求外观上的多样性或者是满足特殊的功能需求。如果纯粹是为了追求外观的变化,除了会选用原厂尺寸的轮辋外,大多数人还会选择加大尺寸的轮辋,因为大轮辋在视觉上更美观,同时能够相应加大加宽轮胎,提高轮胎的负荷能力和使用寿命,并可以改善汽车的通过性和行驶稳定性。还有一种目的是追求轮辋的轻量化,以降低车辆本身的悬架质量,这样能够有效地提升车辆转向,悬架、制动系统的反应速度,大幅度提高操纵稳定性。但是,由于轻量化轮辋本身的材质选用十分严格,制造工艺水平要求得也很高,所以成本会比一般轮辋高。而且轻量化的设计会减少轮辋不必要的部分,在外形设计上会显得单调很多。一般有竞技趋向的车型都会选择轻量化的轮辋改装。

(2) 轮辋的结构。

轮辋主要由轮辐和轮框构成,如图 3-27 所示。根据轮辐和轮框的连接方式不同,轮辋分为一体式和分开式两种结构形式。一体式轮辋是将轮辐和轮框制造成一体;分开式轮辋是轮辐和轮框分开制造,再用螺栓固定。目前用于改装的轮辋多数为分开式,它的出现其实是由于20 世纪 70 年代以前落后的制造工艺所致,其好处一方面是制造容易,因为轮框可用钢片卷成;另一方面是方便和多型号互换,比如同一型号的轮辐可配宽窄不同的外框,令生产成本进一步降低。到了现在,分开式轮辋因为零件数多,生产工序多,而且外表看起来有精密、高贵的感觉,所以价格比一体式的轮辋还要贵得多,但分开式轮辋通常更重,而且刚度比不上锻造的一体式轮辋,选择哪种轮辋就要看个人的喜好和综合因素了。

图 3-27 轮辋的结构
1—轮辋;2—偏距;3—胎圈座;4—轮缘;5—轮辐;6—气门孔;7—槽底

（3）轮辋的种类。

1）按制造材料的不同，轮辋分为铸铁轮辋、钢制轮辋和铝合金轮辋三种。

a. 铸铁轮辋。一般用于中型载货汽车，其特点是造价低廉，但散热性不好。

b. 钢制轮辋。一般用于大型载货汽车和普通轿车，相对铸铁轮辋，其特点是散热性较好，但造价相应的要高出很多。

c. 铝合金轮辋。一般用于高、中级轿车。与铸铁轮辋和钢制轮辋相比，铝合金轮辋有以下特点。

造型美观。铝合金轮辋外表是经抗腐蚀处理再静电粉体涂装，让人感到有一种美观、精致和豪华的感觉。

散热性好。在高速行驶时，轮胎与地面摩擦会产生较高的温度，制动毂和制动片摩擦会产生很高的温度，在高温作用下，轮胎和制动片均会老化和加速磨损、制动效率下降、轮胎气压升高，从而可能发生爆胎和制动失灵事故。铝合金的传热系数比钢材大 3 倍，可将轮胎和制动毂上产生的热量迅速传导至空气中去，避免了车轮在高速运转下产生的各种问题。

质量轻。铝材比重比铸铁和钢材都小，平均每只铝合金轮辋比钢质车圈要轻 2 kg，一辆轿车以 5 只车轮（包括一只备胎）计算可减轻质量 10 kg。减轻质量也就是节省燃料，对于千方百计追求轿车轻量化的汽车设计师来说，使用铝合金轮辋是实现目标的一种手段。

舒适性好。铝合金轮辋是精密的铸件，精加工表面达到 80%～90%，失圆度和不平衡重很小，特别是铝合金的弹性模数较小，抗振性好，能减少行驶中的车身振动，提高了整车的舒适性。

2）按制造方式不同，轮辋分为铸造和锻造两大类。

a. 铸造。又分为重力铸造和低压铸造两种。重力铸造是把液态的合金倒进铸模里冷却成型。由于制造过程简单，铸模耐用，故其是成本最低的制造方式。低压制造是用不大的压力把液态合金压进铸模里，令分子分布均匀，且少砂孔，造型可以更复杂、更精致。

b. 锻造。锻造轮辋的生产成本比铸造的要高。合金分子之间的间隙缩小,相互作用力大,所以整个轮辋只需较少的材料就能达到足够的刚度,整体质量就更轻了。

锻造的轮辋虽然刚度大,但较脆,在受到猛烈的撞击后容易完全断开,而铸造的轮辋受到撞击后会弯曲,不易断裂。由于欧洲人更注重安全性,因此欧洲车更多采用铸造轮辋。又因铸造轮辋的刚度较小,欧洲普遍采用"热处理"工艺对轮辋进行加强,即把铸造出来的轮辋加热和快速冷却,反复几次,让轮辋变得刚度更强而且富有弹性。世界拉力赛中就有很多赛车选用这种工艺制造的铸造轮辋。

3）按轮辐类型不同,轮辋分为多爪式、辐射线式和包覆式三种,如图 3 – 28 所示。

(a) (b) (c)

图 3 – 28　轮辋按轮辐类型分类
(a) 多爪式；(b) 辐射线式；(c) 包覆式

a. 多爪式。采用传统的细条 5 爪或 6 爪型的设计,属于经典的耐看式样,这种设计对于制动系统的散热效率很有帮助。至于一些 3 爪或 4 爪式样的轮辋,虽然更能够帮助散热,但是由于支撑条辐太少,加上国内的路况较差,其抗扭曲、耐撞击的能力和强度显得不足。

b. 辐射线式。采用多辐式,甚至是类似树枝形状的造型设计,感觉很有运动气息,其平衡对称的镂空间隔对散热很有帮助。

c. 包覆式。采用多个大面积的轮辐,具有豪华高档的感觉,不过对于散热功能来说却毫无作用,有些反而会因为造型的关系产生聚热的效果。

(4) 轮辋改装升级注意事项。轮辋升级通常是用性能较好的铝合金轮辋取代重量大、散热效果差的钢制轮辋。选择和安装铝合金轮辋时应注意以下十点问题。

1）注意制造方式。如车主非常注重汽车的高速性能,则可选用锻造的轮辋;如汽车更大程度上是一部运输工具,则应选用铸造轮辋。大部分品牌轮辋都有铸造和锻造两种,有些轮辋上用 forge、cast、heat 及 treat 的字母标明生产工艺。若没有标注,则应在店内多拿几款相同尺寸的轮辋,用手摸来感觉。

2）注意产品性能。有相当多的车主在选择轮辋时是出于美观的目的,造型新颖的铝合金轮辋往往是他们的首选。除了美观的因素,轮辋升级也要考虑到散热和轻量化。铝合金或镁合金制成的轮辋质量较小,散热效果比钢制的轮辋好,有些轮辋在设计造型时就已经考虑到了散热的需要。

3）注意轮辋尺寸。在进口轮辋改装的整体尺寸方面,有加大 1 英寸(Plus One)和加大 2 英寸(Plus Two)的说法,意思即在原厂轮辋基础上把轮辋直径和宽度同时加大 1 英寸或同时加大 2 英寸。比如,原厂使用 14 × 6 英寸的轮辋配 205/70 R14 轮胎,Plus One 即用 15 × 7 英寸的轮辋,配上 215/60 R15 的轮胎,就能达到既加宽轮胎又保持车轮直径不变的目的。同理,Plus Two 即用 16 × 8 英寸的轮辋配 225/50 R16 的轮胎。

这里有一个公式供大家参照:轮胎直径 = 轮胎宽度 × 扁平率 × 2 + 轮胎内径(即轮辋直

径)。无论是 Plus One 还是 Plus Two,只要保证轮胎直径变化不大,都是可以接受的,当然计算出来的轮胎尺寸最好是市面常见的,比较方便购买。

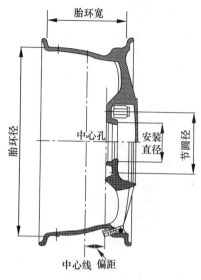

图 3 – 29 轮辋横面示意图

4)注意轮辋偏距。轮辋的另外一个尺寸参数是轮辋偏距(偏移度),图 3 – 29 所示为轮辋横面示意图。如果轮辋安装底面和轮辋中线在同一个平面,则轮辋偏移度就是零;如果轮辋底面偏向外侧,则轮辋偏移度就是正值;偏向内侧时则为负值。不同车的原厂轮辋偏移度可能不同,这是厂家设计汽车时决定的,比如越野车通常用接近零的轮辋偏移度值(甚至是负值),轿车则通常都是采用正轮辋偏移度值。改装时,选用较小轮辋偏移度的轮辋可让车轮向外移,使车看起来更威猛,比如把轮辋偏移度 45 改成 35,车轮就向外移动 10 mm(若把 35 改成 45,则车轮内移 10 mm)。相应地,如果把越野车的轮辋偏移度 0 改成 – 20,则车轮会外移 20 mm。但是,在考虑换更改轮辋偏移度前,必须清楚这会给车的性能带来的影响:一是车轮向外移之后,由于杠杆比的改变,悬架就会显得软了;二是车的转向特性会发生变化,增大了前轮轮距,会增加转向不足的特性;三是更改轮距可能造成轮胎偏磨、转向盘沉重,甚至转向盘颤抖的情况。

轮辋偏移度值的大小跟能否容纳大制动钳并没有直接的关系,轮辋偏移度值相同但轮辐形状不同的两个轮辋,可能有一个能容纳大制动钳而另一个不能。购买轮辋时最好还是把车开过去试装,不要只看数字与旧轮辋相同就买回去,否则出问题后退换都是很麻烦的事情。

5)注意节圆直径尺寸(PCD 值)。PCD 值是车轮毂节距圆直径,表示的是每个螺栓孔中心连心圆的直径。通常写成 4×100 或 5×114.3 等,表示螺钉孔连成的圆圈直径为 100 mm 或 114.3 mm,上四颗或五颗螺钉。装什么样的螺钉不需要担心,只要买轮辋时把车开过去试装,能装进去就一定不会错。

6)注意轮辋的大小。汽车改装最容易见效的办法是加大轮辋。这里说的加大指在轮胎外径不变的情况下加大轮辋以配合宽而扁的轮胎。采用加大的铝合金轮辋是改善性能和外观很好的手段,因为制造轮辋的铝合金材料强度很高且自身质量特别轻。

铝合金轮辋有一件式、两件式和三件式的。两件式的是由一件内件和一件外件焊上的或钉上的。三件式的铝合金轮辋是很高级的,它由一件中心部件和两个外圆件组成,并用航空级的螺钉拧在一起。为了减轻质量,很多三件式铝合金轮辋使用了锻造件。

按照使用性能来说,一般较宽的轮胎/轮辋组合可以给汽车带来更好的操控性,直径较大的轮胎/轮辋组合却没有什么好处,反而会增加汽车的非簧载质量。但现在很多的车都在改装时加大了轮辋,目的是效仿赛车的大轮辋,其好处是可以配置较大的制动钳和巨型制动盘,以提升散热效率和制动效能,但如果汽车的制动盘不到 10 英寸,而且又不打算选用一款外露制动系统轮辋的话,建议车主选购轮辋时最多加大到 1 英寸,因为加大 2 英寸以上的大轮辋会自曝其短,即暴露原厂不好看的制动钳和制动盘。

7)注意干涉。在选择轮辋时还需要考虑到底盘悬架的因素,特别是较宽的轮辋不要与车轮内衬和悬架发生干涉。轮辋的造型要为制动器留出足够的空间,以便容纳更大的制动盘和制动钳。

8)注意中心孔直径。中心孔直径各车不一样,如奔驰车一般为 66.6 mm,宝马车一般为 72.6 mm。如果轮胎的中心孔过大,一定要用中心孔套环,否则高速行驶时车会抖动。

9)注意测量的准确性。在进行轮辋改装时,用通用量具测量轮辋偏移度值及孔距误差较大,应该选用专用的测量量具,如偏距尺、PCD 孔距量规等。

10)注意检查。升级轮辋后,要认真进行检查,才能使用。首先检查轮框是否会磨到制动分泵、减振或者悬架系统的部件。其次,与加大尺寸的轮辋配合的轮胎的胎缘不能凸出前翼子板,以免在行车或转向的时候轮胎与翼子板发生摩擦,这样会损坏轮胎甚至发生爆胎等危险事故。另外,在行驶过一段时间以后,需要定时检查平衡铅块和螺母有无松动或者脱落。

(5)轮辋改装时需要的配件。

1)中心孔套环。设备制造商或原产地委托加工厂家生产的车轮中心孔完全是专门针对车型生产的,所以合适车型就不用中心套环。汽车售后市场的车轮中心孔尺寸各厂家往往不同,73.1mm 最为常见。中心环的规格相应地有数百种,材料有铝合金、高强度塑料以及铜皮(厚度小于 1mm)几种,厂家一般以颜色来区分尺寸。一般的中心孔套环如图 3-30 所示。

2)偏置距垫片。如果车轮的偏距不合适,可用偏置距垫片来做修正。一般用铝合金制造,厚度不超过 10 mm,如图 3-31 所示。

图 3-30 中心孔套环

图 3-31 偏置距垫片

3)螺栓和螺母。德国车多用螺栓,日本车多用螺母。轿车用的车轮螺栓一般为 M12 和 M14 两种,德国车多用 M14,日本车多用 M12。螺纹有 12×1.5、12×1.25、14×1.5、14×1.25 等多种。有些车轮 PCD 孔较小,要用内六角螺栓。车轮螺栓孔分为球形和锥形两种(极少数车是平的,须有垫片),如很多奔驰车是球形,而很多宝马车是锥形。螺栓一定不能用错,否则会产生很大的安全隐患。车轮螺栓孔的厚度也不同,德国车较厚,日本车较薄,螺栓的螺纹牙一定要啮合 10 mm 以上,所以有时换车轮要使用加长螺栓。

日本比较流行轻合金车轮螺母。一般为铝合金,也有钛合金等其他合金,其颜色鲜艳,种类多样。目前还没有轻合金车轮螺栓(可能因为强度的问题)。不论使用何种材料,轮胎用螺母和螺栓都有一定的使用寿命,车轮每换一次都需要同时更换螺母和螺栓。

4)车轮锁。车轮锁也相应地分为螺母和螺栓两种形式,可以防止他人轻易拆卸车轮。一般每个轮子用 1 个车轮锁即可,在美国,车主多选择将螺母和螺栓全换为车轮锁。

5)PCD 垫套。PCD 垫套多为锌合金制造,因为铝合金材质较软。一些需要较大转矩输出的车轮(如越野车)会用垫套,可以通过挤压固定在车轮的螺栓孔内,起到防护作用。有些车轮装配时需要使用大转矩风枪,也会要求装 PCD 垫片。

6)气门嘴。气门嘴是必不可少的。TR413C 系列气门嘴最为常用,也有些为了美观而加了铝合金的彩色套。新轮胎必须用新的气门嘴,橡胶气门嘴用于钢制车轮及 S 级和 H 级的轮胎;金属气门嘴用于铝合金车轮及 VR 级和 ZR 级的轮胎。两片式气门嘴可以防止他人放气。日本比较流行轻合金气门嘴,一般用铝合金制造,配合同颜色的轻合金螺母一同使用。

7)平衡块。依车轮的形状不同,使用卡式(图 3-32)或粘贴式(图 3-33)的平衡块,每个车轮的平衡块重量不一。有些车轮的平衡块安装在车轮内、外两侧,但有些车轮的平衡块只允许安装在车轮内侧,这样从外侧很难发现平衡块。所以若在行车过程中发现车辆高速行驶时方向盘抖动或者车轮出现某种有节奏的异响时,就要检查是否需要对车轮做动平衡了。尤其是当更换轮胎、车轮或者补过轮胎后,车轮受过大的撞击以及由于颠簸导致平衡块丢失等都应该对车轮做动平衡。如果车轮动平衡不好,会造成轮胎的异常磨损,影响车辆行驶的稳定性。特别是前轮,振动会通过转向系统传到方向盘,不但会影响驾驶员的正常驾驶,严重时还会导致转向系统松动。

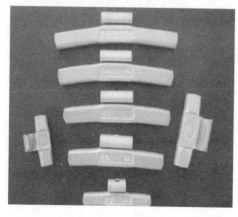

图 3-32 卡式车轮平衡块

图 3-33 粘贴式车轮平衡块

8)车轮测量工具(图 3-34)。车轮测量工具包括偏距尺、PCD 孔量规、PCD 测量盘及 PCD 中孔量具等。

图 3-34 车轮测量工具

9)车轮安装定位销。安装车轮(特别是德国车的螺栓或加装偏置距垫片)时很难对准,所以要使用安装定位销帮助定位。

(6)轮毂的正确选用。

合适的轮毂与高性能的轮胎搭配使用才能真正发挥出它的实力。在选好要更换的轮胎后才可以确定轮毂的大小。不同型号的轮胎都有与其适用的轮毂尺寸,比如规格为 215/45R17 的轮胎,要求轮毂的宽度为 7 in,但 17×7.5 的轮毂也是在合理范围内的。加大轮毂直径和宽度可以增强车辆的行驶稳定性,提高制动时的散热性能,增加车辆转弯时的稳定性,提高车辆的安全性能。但车主在选择轮毂时不应一味贪图大尺寸,因为在轮胎外径不变的情况下,大轮毂需要配合宽而扁的轮胎,车的横向摆动虽然减小,且操纵稳定性得到了提高,但车胎越扁,其厚度越薄,减振性能越差,舒适性方面就要做出较大牺牲。此外,遇到石子等路障,轮胎很容易损坏。因此盲目加大轮毂的代价是不容忽视的。通常情况下,加装的轮毂比原车轮毂大一两个型号是最合适的。

轮毂选择时还需使 PCD 值以及偏置距值的数据相互匹配。当然孔数的多少以及 PCD 值的数据是一定不可以改变的,偏置距一般都会适当地变小,使轮距变宽,以增加车辆的操纵稳定性。轮毂的螺栓孔孔距、偏置距值都必须适合车型。

由于轮毂的品质直接关系到行车安全,所以更换轮毂时需要确定其品质是否可靠,最好是通过品质认证的产品或者国际知名品牌。比较出名的品牌有 O. Z、BBS、Kosei 等,质量都很好,重量也较轻,但是价格十分昂贵。轮毂的材质主要是铝镁合金,不同品牌的轮毂中这两种成分的配比是不同的,配比的不同导致了轮毂刚性和散热性能的差别,这是轮毂存在价格差异的原因之一。另外,品牌、工艺、款式的不同也决定了轮毂价格的不同。硬度好、重量轻的轮毂相对较好。

(7) 轮毂的安装。

车轮需要安装到由制动盘延伸出来的轮毂上。不同的厂家对不同的车型,会使用不同的轮毂,常见的有 4 钉、5 钉和 6 钉的。大部分的轿车、房车、跑车会使用 4 钉和 5 钉,而吉普车则使用 6 钉。而钉与钉之间的距离又有所不同。目前使用较广泛的几种有 4×100、4×114.3、5×100、5×114.3、5×120 等,是合金轮毂上必备的数据之一。前面的数字表示钉的数目,后面的数字表示钉与钉的距离。例如某车的轮毂是 5×114.3,那么它只能安装于该类型的车轮。

轮毂螺钉的安装要注意方法,无论是拧紧还是松开车轮螺栓,都有一个规定的顺序,以保证车轮被紧紧地锁在车上。螺钉拧紧或松开顺序示意图可参照图 3-35 所示的方法。

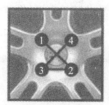

图 3-35 螺钉拧紧或松开顺序示意图

(8) 更换车轮时注意事项。

1) 不可盲目使用过大的车轮。拆下车轮仔细看看车轮里的构造,就会发现有许多地方都非常容易发生干涉,特别是汽车运行后减振器还会在行经颠簸的路面时瞬间压缩,干涉的现象更需注意。所以换大车轮也要适可而止,而不能一味地追求美观。同时,车轮的宽度也需要注意。

2) 更换车轮后必须检查轮框是否会磨到制动轮缸、减振器等悬架系统的部件。另外,加大尺寸的轮辋需要注意胎缘不能凸出前翼子板,以免在行车或转向时轮胎与翼子板发生摩擦,这样会损坏轮胎,甚至发生爆胎等危险事故。

3) 在行驶一段时间后,需要定时检查平衡块和螺帽有无松动或者脱落,另外胎壁是否出现不正常的膨胀。通常这种现象是由于此处曾经被猛烈地撞击或胎壁的钢丝断裂引起的。当然,轮辋在这个位置的圆度也会受到影响。这是检查轮辋是否变形的直接方法。如果轮辋出现裂痕,就算进行补焊,轮辋的强度也会大大降低,如果再次碰撞,随时可能破裂,所以为了行车安全,还是更换为好。

4）在更换大尺寸的轮辋时要注意相应的换算方式。由于轮辋是轮胎的装备和固定基础,当轮胎装入不同轮辋时,其变形位置与大小也发生变化。因此,每一种规格的轮胎,最好配用规定的标准轮辋,只有经过正确的换算,才能选择到合适的轮胎,否则会造成仪表显示误差。必要时也可配用规格与标准轮胎相近的轮辋（容许轮辋）。如果轮辋选用不当,则会造成轮胎早期损坏,特别在过窄的轮胎上使用时更是如此。另外,由于轮辋的规格只表示轮胎与轮辋的匹配,而不明确是否与车身相匹配,所以选用时应注意对车身的运动校核。

2. 车轮饰盖的改装

车轮饰盖如图 3-36 所示,一般是用塑料粒子经注塑,再在表面用油漆涂装形成的。车轮饰盖位于汽车外部的醒目位置,是重要的外装饰件。高品质的饰盖能烘托出整车的造型效果,提高车辆的价值,更能让用户加深对轿车品牌概念的理解,所以对车轮饰盖提出以下要求。

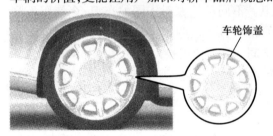

图 3-36 车轮饰盖

造型优美。因为饰盖的位置醒目,如造型欠佳,就会降低整车的装饰效果。

质量可靠。必须有足够的强度,结构可靠,装卡牢固,不能轻易掉下。否则,饰盖容易破裂;饰盖破裂掉落后容易引起不安全事故;特别是在城市,车辆行人都比较多的情况下,飞落的饰盖易碰伤其他车辆或行人,后果是不堪设想的。

色泽配合要协调。车轮有色泽,整车也有各种颜色,要求装饰的饰盖色泽必须与车轮和整车协调一致,以达到和谐美观的目的。

（1）车轮饰盖的类型。

车轮饰盖按材料区分主要有铝合金盖和塑料盖两种。铝合金车轮饰盖有闪亮的金属光泽,有各种各样的外形,如图 3-37 所示。

（2）车轮饰盖的选用。

在选购车轮饰盖时应注意以下事项。

1）看质量。原材料的选用是产品质量的主要保证,表面油漆涂层的优劣关系到产品外观、色彩、光泽度等。正厂产品均采用进口的原材料及先进的工艺处理,保证了产品的质量和使用寿命。

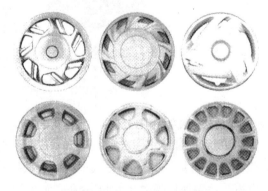

图 3-37 铝合金车轮饰盖

2）看造型。目前市面上轮盖的板型有很多种,选购时不仅要根据自己喜好,还要考虑与车身协调。

3）看价格。铝合金轮盖设计有闪亮的金属光泽、奇异的外形,但价格也很高;经电镀的塑料轮盖也具有较好的装饰效果,其价格要便宜得多。

4) 看安全性。车轮饰盖是安全件,除了外观装饰,更有其安全特性。轮盖是靠不锈钢丝卡簧和固定支夹固定在车轮轮辋上的,合格产品须经过制造商的拆卸力测试,以确保产品安全性。

5) 看装配性。要选择在自己车方便安装的轮盖。

在目前的汽车配件市场中,轮盖系列混杂着一定数量的假冒伪劣产品,俗称"副厂件"。这些产品与正规产品相比,易磨损、变形,造成适应性下降,表面油漆涂层质量低劣,常见油漆发黄、剥落等问题,影响到轿车的整体外观。所以在选购轮盖时,不能只图价格便宜,还要考虑它是否实用。

(3) 轮盖的安装。

1) 安装前对车轮及饰盖进行清洁处理,清除尘土污物,使车轮和饰盖清洁、干燥。

2) 使车轮饰盖牢固地固定在车轮上,以保证其使用的安全性。车轮饰盖除了外观装饰,更有其安全特性。在选用时要注意饰盖的装配件,如果卡口不紧,弹簧材料不过关,则易导致饰盖脱落,特别是在高速行驶时,脱落饰盖对于行车、行人都是相当危险的。

三、悬架的改装

悬架是车架(或车身)与车桥(或车轮)之间弹性连接装置的总称。其功用是传递作用在车轮与车架之间的力和力矩,缓和由不平路面给予车架和车身的冲击力,并衰减由此引起的振动,以保证汽车能平顺地行驶。

汽车悬架改装主要是对弹簧和减振器进行改装,其目的是提高汽车行驶的平顺性、操纵稳定性和舒适性。

1. 悬架的结构与种类

(1) 悬架的结构与功能。

典型的悬架结构由弹性元件、减振器及导向机构组成,个别结构则还有缓冲块、横向稳定杆等,如图3-38所示。弹性元件用来承受并传递垂直载荷,缓和由于路面不平引起的对车身的冲击。弹性元件的种类包括钢板弹簧、螺旋弹簧、扭杆弹簧、油气弹簧、空气弹簧和橡胶弹簧。减振器用来衰减由于弹性系统引起的振动。减振器的种类有筒式减振器、充气式减振器等。导向机构用来传递车轮与车身间的力和力矩,同时保持车轮按一定运动轨迹相对车身运动,通常导向机构由控制摆臂式杆件组成,种类有单杆式及多连杆式等。有些轿车和客车上,为防止车身在转向等情况下发生过大的横向倾斜,在悬架系统中加设横向稳定杆,目的是提高横向稳定性。

悬架系统扮演双重的角色,让车辆的

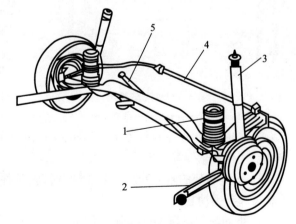

图3-38 汽车悬架组成示意图
1—弹性元件;2—纵向推力杆;3—减振器;
4—横向稳定杆(防倾杆);5—横向推力杆

操控合乎良好的动态安全与操驾乐趣,并保持车辆的舒适性及隔绝适当的路面噪声、弹跳与振动。此外悬架系统也保护车辆本身或车上的货物行李等,避免这些东西损坏或磨耗。但悬架系统对于汽车性能的影响通常都是互相羁绊的,因此悬架的改装就必须兼顾到汽车的各方面性能。一台车辆悬架的数量与汽车的车轴数量有关,通常其前轮与后轮悬架有可能会大不相同。

(2)悬架的种类。

悬架装置按不同的分类条件有不同的类别。

1)根据导向机构的结构特点,汽车悬架可分为非独立悬架和独立悬架两大类(图3-39)。

非独立悬架的左、右车轮之间由一刚性梁或非断开式车桥连接,当单边车轮驶过凸起时,会直接影响另一侧车轮。因此非独立悬架系统具有结构简单、成本低、强度高、维修容易、行车中前轮定位变化小的优点,但由于其舒适性及操纵稳定性都较差,故在现代轿车中基本上已不再使用,多用于货车、大客车或越野车。

独立悬架是每一侧的车轮都是单独地通过弹性悬挂系统悬挂在车架或车身下面的。其优点是:非悬挂质量轻,减少了车身受到的冲击,并提高了车轮的地面附着力;可通过采用较软的弹簧,改善汽车的舒适性;可以通过降低发动机位置达到降低汽车重心的目的,从而提高汽车的行驶稳定性;左右车轮单独跳动、互不相干,能减小车身的倾斜和振动。不过,独立悬架系统存在着结构复杂、成本高、维修不便的缺点。现代轿车大都是采用独立悬架系统。按其结构形式的不同,独立悬架系统又可分为横臂式、纵臂式、多连杆式、双叉臂式以及麦弗逊式悬架系统等。目前乘用车的悬架系统大都为独立悬架,对于悬架系统的改装分析也以独立悬架为主。

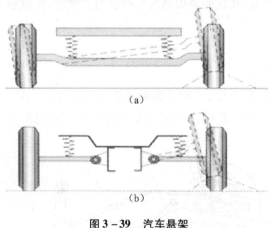

图3-39 汽车悬架
(a)非独立悬架;(b)独立悬架

当然,除了上述谈到的悬架类型,由其基本结构也繁衍出很多其他的结构形式,例如市场上存在一种介于独立悬架与非独立悬架之间的类型,有人叫它半独立悬架。之所以称它为半独立悬架,是因为它与近似半刚性的非断开式后支持桥相匹配,当左右车轮跳动幅度不一致时,后支持桥中呈V形断面并与左右纵臂固结在一起的横梁受扭,由于其具有一定的扭转弹性,故此种悬架既不同于非独立悬架,也与独立悬架有别。该弹性横梁还兼顾横向稳定杆的作用。通常该悬架用于前置前驱车的后悬架。

2)按照弹性元件的种类,汽车悬架又可以分为钢板弹簧悬架、螺旋弹簧悬架、扭杆弹簧悬架和空气弹簧悬架等。

3)根据悬架的阻尼和刚度是否随着行驶条件的变化而变化,可将悬架分为被动悬架、主动悬架和半主动悬架。

a. 被动悬架。所谓被动悬架就是早期汽车上使用的悬架系统,其刚度特性与阻尼特性没有办法根据路况和驾驶员的意图做出适时的调节,这样的悬架系统在目前的汽车市场也占有很大的份额。

b. 主动悬架。主动悬架系统是近十几年发展起来的,它针对实际行驶工况和用户使用要求设定悬架性能参数。ECU 根据检测到的环境与车体状况,通过各种反馈信息来实现悬架系统的弹簧刚度和减振器阻尼值的调节,达到控制车身振动和车身高度的目的。主动悬架使汽车适应各种复杂的行驶工况对悬架的不同要求,从而使车辆的行驶平顺性和驾驶性能得到了较大的提高。使用主动悬架可以使汽车在不良路面高速行驶时,同样能够保持车身平稳,且轮胎的噪声小,转向和制动时车身保持水平,舒适性好。

c. 半主动悬架。半主动悬架是由美国 Crosby 等人于 20 世纪 70 年代提出来的,其应用始于 20 世纪 80 年代初期。因为改变减振器阻尼特性比改变弹簧刚度更容易,所以半主动悬架主要由刚度不可变的弹簧和可变阻尼的减振器组成,具有控制车身振动和车身高度的功能,其性能介于被动悬架与主动悬架之间。其类型主要有液力减振器、电流变液减振器和磁流变液减振器。其中磁流变液减振器可广泛应用于各种振动系统,具有阻尼大、功率消耗低等特点。随着新型智能材料的应用,半主动悬架越来越受到人们的重视,应用也越来越多。

2. 汽车悬架系统改装的主要项目及内容

如果对汽车的悬架系统进行改装,则按照不同的改装要求,应分别对以下三个部分进行强化和改装。

(1) 弹簧。弹簧起到了支持车身以及吸收不平路面和其他施力对轮胎所造成的冲击,其他施力主要是指加速、减速、刹车、转弯等对弹簧所造成的施力。更重要的是在振动的消除过程中要保持轮胎与路面的持续接触,维持车子的循迹性。改装弹簧除了会对硬度加强外,同时也兼顾了升高或降低车高的作用。

(2) 减振器。减振器的改装主要是针对参加比赛的车辆而言,一般普通轿车,生产厂家都会采用相对较软的减振器,这样的设计主要是考虑了驾乘者的舒适性。但是在激烈的比赛中,这种偏软的减振器在转弯时就显得力不从心了,难以胜任激烈驾驶。因此,往往要将原车的减振器换上阻尼较大的,以换取良好的操控性能。

(3) 传力装置。传力装置的改装主要有:改装或加装横向稳定杆、刚性拉杆、已经强化的减振器的上座、强化衬垫等方式。

3. 弹簧的改装

(1) 汽车悬架上采用的弹性元件的分类及特点。

悬架上采用的弹性元件有钢板弹簧、螺旋弹簧、扭杆弹簧、空气弹簧、油气弹簧和橡胶弹簧等。

1) 钢板弹簧。如图 3-40 所示,钢板弹簧由若干细长的钢片构成,是具有悠久历史的传统弹性元件。其结构简单、配件少、制造成本低、不易断裂、易维修,非常适合减缓巨大的振动应力。但是钢板弹簧会增加非悬挂质量,路面附着性不如使用螺旋弹簧和扭杆弹簧的独立悬架系统。此外,钢板之间的摩擦会使其不能缓冲一切细微振动,以致无法带来最舒适的驾驶状态。

图 3-40 钢板弹簧

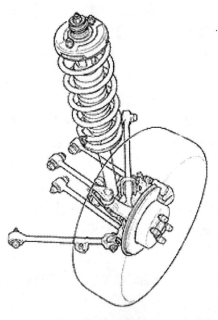

图3-41 螺旋弹簧

2）螺旋弹簧。如图3-41所示,螺旋弹簧是十分常见的一种汽车减振弹簧,与钢板弹簧相比,其质量更轻,更结实,尺寸更小,更灵活,在相同的表面下,具有更大的弹性。此外,由于不存在钢片间的摩擦,故轻微振动能被较好地屏蔽。螺旋弹簧大多应用在独立悬架上,尤以前轮独立悬架采用广泛。有些轿车后轮非独立悬架也有采用螺旋弹簧作弹性元件的。

3）扭杆弹簧。如图3-42所示,扭杆弹簧是依靠扭转时产生的回弹力工作的,所占空间小;调整车辆的高度较容易,但不改变行程。采用扭杆弹簧做弹性元件的悬架要设导向机构和减振器。扭杆弹簧与钢板弹簧相比,质量轻于钢板弹簧,且无须润滑,保养维修简便。

4）气体弹簧。气体弹簧主要有空气弹簧和油气弹簧两种。

a. 空气弹簧,如图3-43所示。空气弹簧是以空气作为弹性介质,即在一个密闭的容器内装入压缩空气(气压为0.5~1 MPa),利用气体的可压缩性实现弹簧的作用。空气弹簧分为囊式空气弹簧和膜式空气弹簧。

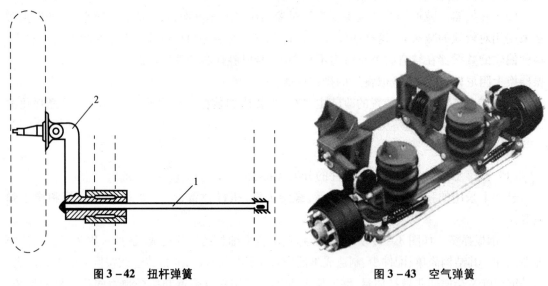

图3-42 扭杆弹簧
1—扭杆;2—摆臂

图3-43 空气弹簧

囊式空气弹簧,由夹有帘线的橡胶组成的气囊和密闭在其中的压缩空气构成。气囊外展由耐油橡胶制成单节或多节,节数越多,弹簧越软,节与节之间围有钢质腰环,防止两节之间摩擦。气囊上下盖板将空气封于室内。

膜式空气弹簧,由橡胶模片和金属压制件组成。它比囊式空气弹簧的弹性曲线更为理想,固有频率更低,且尺寸小,便于布置,因而多用于轿车上,但其价格高,寿命较短。

空气弹簧在轿车上被采用,尤其多在主动悬架中被采用。这种弹簧随着载荷的增加,容器内压缩空气压力升高,使其弹簧刚度也随之增加;载荷减少,弹簧压力也随空气压力减少而下降,因而这种弹簧有其理想的弹性特性。

b. 油气弹簧,如图3-44所示。油气弹簧以气体作为弹性介质,用油液作为传力介质。油气弹簧类型有简单式油气弹簧、不带隔膜式油气弹簧、带隔膜式油气弹簧(带隔膜式油气弹簧是将气体和液体分开,便于充气并防止油液乳化)和带反压气式油气弹簧(它有一个反压气室,相当于在简单油气弹簧上加一个方向相反的小简单油气弹簧,用以提高空载时弹簧刚度,使空载和满载时自然振动频率变化不大)。目前这些油气弹簧多用于重型车和部分小客车上。

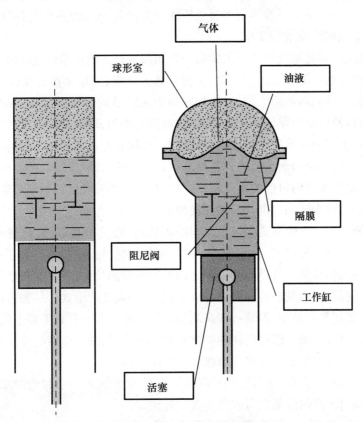

图3-44 油气弹簧

空气弹簧和油气弹簧用在悬架中,由于它们只能承受轴向(上下方向)载荷。因此,悬架中必须加设导向机构和减振器。

(2) 汽车悬架弹簧的改装。

汽车悬架弹簧的改装主要是改善操控性,也就是要改用较硬的弹簧或是较短的弹簧。弹簧控制了很多有关操控的因素,弹簧的改变会造成很复杂的操控特性的改变。以硬度的增加来说,可提高悬架的滚动抑制能力,减少过弯时车身的滚动。而车高的降低则可同时降低车身的重心,减少过弯时车身质量的转移;提高稳定性,并兼顾美观的效果。

一般来说,弹簧的硬度选择要由路面的崎岖程度来决定,越崎岖越要用软的弹簧,软的弹簧可以提供较佳的舒适性,行经较崎岖的路面时可保持比较好的循迹性。不过在行经一般路面时却会造成悬架系统较大的上下摆动,影响操控。

1) 改变弹簧硬度。为保持车辆的抓地性,应提高弹簧的硬度,但硬度提高后又会导致颠簧加剧,影响舒适性。为解决这个问题,可使用具有复合弹力系数的非线性弹簧,也就是所谓的渐进式弹簧。

渐进式弹簧能随着弹簧的压缩而增加弹性系数,行经颠簸路面时,弹性系数就会增加,维持车身稳定。而最初的弹性系数较软,则用来提高行经颠簸路面时轮胎的抓地性。渐渐变硬的弹簧可避免悬挂或弹簧出现坐底的情况,即容许使用高度比原来低的弹簧,用以降低车身重心,并且在行经颠簸路面时维持最低而且最短的悬架行程,不致发生坐底的情况。渐进式弹簧就是弹性系数会随着受压缩而产生变化的非线性弹簧,因此目前的渐进式弹簧大多为采用不等螺距或圈径变化的弹簧。不等螺距弹簧受压缩时会产生局部弹簧线间接触,以使有效圈数发生变化,进而造成弹性系数的变化。

改变弹簧硬度会对悬架的特性产生影响。增加前后悬架的弹簧硬度可以使轮胎行路性变硬,轮胎经过路面起伏时的循迹性会变差,抗侧倾能力增强;只增加前悬架的弹簧硬度可以使前轮行路性变硬,前轮的防倾阻力增加,增加转向不足或是减少转向过度的倾向;只增加后悬架的弹簧硬度可以使后轮行路性变硬,后轮的防倾阻力增加,增加转向过度或是减少转向不足的倾向;减少前后悬架的弹簧硬度可以使行路性变软,轮胎经过路面起伏时的循迹性可能会变好,抗侧倾能力变差;只减少前悬架的弹簧硬度可以使前轮行路性变软,前轮的防倾阻力减少,减少转向不足或是增加转向过度的倾向;只减少后悬架的弹簧硬度可以使后轮行路性变软,后轮的防倾阻力减少,减少转向过度或是增加转向不足的倾向。

2)缩短弹簧长度。降低车高会提高汽车的舒适性,要使车高降低,弹簧的长度就必须缩短,但是如果弹簧长度缩短过多,会使弹簧在减振器的伸缩行程中脱落。为了避免这种情况的发生,大多数改装用弹簧都会在适当的范围之内缩短弹簧的长度,或者在长度不变的情况下采取上下不等间距的设计,也就是将弹簧设计成一端密、一端疏的形式。一般市面上的改装用弹簧都采用上下直径相等的弹簧,但是有些高端的改装产品则在一只减振器上使用一长、一短两组弹簧。这样的设计,一来可以提供两种弹性系数,能够在保证舒适性的前提下提供很好的支撑效果;二来可以保证弹簧的长度符合减振器的伸缩行程。

通过缩短弹簧长度,使车高降低,同时降低了车身的重心,减少了过弯时车身重量的转移,提高了稳定性,同时车高的降低也可兼顾美观的效果。

值得注意的是,有些人改装弹簧时只换弹簧而不换减振器,这样的改装方式很容易使操控恶化。原因是原厂减振器的阻尼不能与改装用弹簧的硬度相适应,因而当弹簧产生伸缩作用时,原厂减振器无法在那么短的时间内抑制住弹簧的运动,这样就会导致车辆弹跳不止,不仅弹簧的改装效果难以发挥,同时也会缩短原厂减振器的寿命。

4. 减振器的改装

(1)汽车悬架上采用的减振器的分类及特点。

减振器负责减缓弹簧的伸缩力,因此减振器中的阻尼系数越高,对于减缓弹簧伸缩的能力就越强,即能够在越短的时间内抑制住弹簧的伸缩变化。阻尼就是减振器中的油在外力作用下在流经筒内叶片阀时产生的阻力。

改装用减振器则可以分为以下几种类型:一种是形状和长度都与原厂减振器相同,但是内部阻尼系数经过强化的原厂型减振器;另一种是筒身上设计了螺纹,可以借助弹簧的固定位置或者筒身的长度改变来调整车高,也就是所谓的绞牙减振器,如图3-45所示;第三种是将减振器上下方向反置,降低悬架下负荷的倒叉式减振器。减振器与弹性元件承担着缓冲击和减振的任务,阻尼力过大,将使悬架弹性变差,甚至使减振器连接件损坏。

1)单向减振器和双向减振器。大多数原车减振器均为单向减振器,也就是在弹簧反弹的时候才有阻尼作用,在弹簧压缩的时候是不起作用的。而绝大多数用于改装的减振器都是双向的,压缩和反弹都会起阻尼作用。

双向作用筒式减振器示意图如图3-46

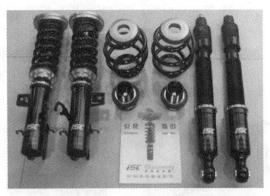

图3-45 绞牙减振器

所示。在汽车悬架系统中广泛采用的是筒式减振器,其在压缩和伸张行程中均能起作用,故又称双向作用式减振器。

2)软硬可调的减振器。通过改变减振器内部阀门小孔的大小或数量可以改变减振器的阻尼,也就是可以改变软硬。目前软硬的改变主要有两种方式:双管路速率感知自动调节和手动调节。所谓速率感知自动调节也就是随着速度和压力的变化,当到达一定极限的时候自动打开一些预设的阀门,通过流量的变化来改变阻尼,从而改变减振器的软硬。这种软硬的改变范围不大,而且是在厂家最先设定的基础上随着速度的变化而变化。典型的软硬可调的减振器如图3-47所示。而手动调节就是在此基础上通过旋钮预先调整小孔的大小和数量来进行软硬预设的。

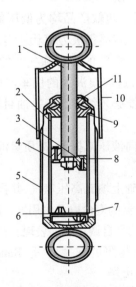

图3-46 双向作用筒式减振器示意图

1—活塞杆;2—工作缸筒;3—活塞;
4—伸张阀;5—储油缸筒;6—压缩阀;
7—补偿阀;8—流通阀;9—导向座;
10—防尘罩;11—油封

图3-47 典型的软硬可调的减振器

3）氮气减振器。氮气减振器是指填充了氮气的减振器。实际起作用的还是减振器中的液压油,而液压油在减振器活塞的搅动和温升过程中会产生气泡,这样会严重地降低阻尼,使减振器失效,严重的时候会使液压油沸腾造成减振器泄漏。而填充氮气就是增大减振器的内部压力,从而抑制气泡的产生(就跟水箱加压后能升高水的沸点的道理一样)。选择氮气是因为氮气为惰性气体,不会和液压油发生反应。当然这也是与选用高质量的液压油和油封相结合的。

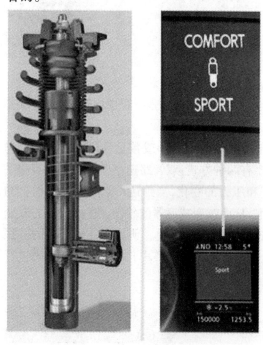

图 3-48 电磁式减振器

4）电磁式减振器。

电磁式减振器是利用电磁反应产生阻尼的一种新型智能化独立悬架系统,如图 3-48 所示。它利用多种传感器检测路面状况和各种行驶工况,传输给电子控制器 ECU,控制电磁减振器瞬间做出反应,抑制振动,保持车身稳定。电磁减振器的反应速度高达 1 000 Hz,比传统减振器快 5 倍,彻底解决了传统减振器存在的舒适性和稳定性不能兼顾的问题,并能适应变化的行驶工况,即使是在最颠簸的路面,电磁式减振器也能保证车辆平稳行驶。目前,这种类型的减振器已经应用于奥迪轿车上。

(2) 目前我国市场用于改装的主流减振器的主要品牌。

1）澳洲 OME/IRONMAN 和 DOBINSONS 减振器。两款产品均为低压氮气双向自调减振器,外观显得极为粗壮结实。其所有的技术特点均围绕"结实"两个字,如耐用的胶套、钢质防尘罩、粗壮的腰身和扎实的焊接、大直径的活塞等。低压氮气的使用主要是兼顾舒适性和越野性,这与澳洲人的用车习惯相符。多数澳洲人喜欢带齐所有装备旅行,车辆负载巨大,所以减振器必须结实。但是油封易漏油是其主要的缺点。

2）美国 Pro-comp 和 Rancho 减振器。这两款是双向液压减振器,高质量液压油和油封,注重公路表现兼顾越野,是速率感知自调的减振器。

a. 美国 Pro-compES9000 减振器,是在 ES3000 的基础上填充高压氮气,并换耐高压油封,偏重越野表现兼顾公路,由于填充了氮气,从而提高了减振器的寿命以及耐用度。缺点是公路行驶感觉较硬,然而一旦提高车速,这种不适会立刻消失,这就是自调功能的表现。

b. 美国 RanchoRSX 减振器,为液压双向专门偏重越野的减振器,是 Rancho 最早期的产品,仅有限的自调功能,现在 RSX 减振器已逐渐淡出市场。

c. 美国 Pro-comp MX6 和 Rancho9000 减振器,同为双向减振器,除带自调功能外还有手动可调功能。所不同的是 MX6 是六段手动可调,而 Rancho9000 是 9 段手动可调。但 MX6 充有高压氮气,而 Rancho9000 为全液压减振器。通过路试,MX6 最硬的一挡比 Rancho 的要硬,而 Rancho 最软一挡要比 MX6 软。

3）美国 Standard Reservoir Shock（带储气罐减振器）和 MX6 Reservoir Shock（可调带储气

罐减振器)。MX6 Reservior Shock 减振器为发烧级减振器,注重竞赛表现。配有可调压力储气罐,目的在于储存受热膨胀的液压油以及氮气,并可以通过储气筒上的充气孔调节氮气的压力来适应更加恶劣的竞赛路面,当然,其他的零配件均为加强过的。其优秀的跟随性使得车辆在赛道上飞奔时车轮摇而车不摇。至于价钱方面,虽然是贵一些,但也不是天价,与其他(如 F1)竞赛专用减振器的价格比较,要低不少。

(3) 减振器的改装方式。

1) 换用内部阻尼系数经过强化的原厂型减振器。原厂型减振器是现在改装应用中最为广泛的一种,搭配不同的车种来设定不同的阻尼值,也可以选配不同品牌的弹簧,价格比较低廉。有一些原厂型减振器带有阻尼调整功能,但是这种类型的阻尼调整没有很大的调整空间,只是用来搭配弹簧的硬度以及对减振器在长时间使用后的衰减程度加以补正,并不能带来很大程度的改变。因此,在应用的时候不应该把阻尼值调到最硬的状态。其实选用好的原厂型减振器已经可以将操控性能提升到很好的程度,并不需要购买太专业化的产品,这样不但可以节省开支,而且可以避免因为调整不恰当而产生的一系列问题。

改变减振器的阻尼系数会对悬架的特性产生影响。增加压缩行程和回弹行程的阻尼系数,可以使行路性变硬;只增加回弹行程的阻尼系数使轮胎在不平路面上容易弹离路面;只增加压缩行程的阻尼系数可以使防倾阻力较强,车辆在转弯时会变得较不安定。

2) 换用绞牙减振器。绞牙减振器是指有可调(弹簧)高度设计的减振器,这种减振器的最大好处是可以很方便地独立调整车身四角的离地间隙。当汽车静止时,车身 4 个角的离地距离对该位置上车轮的负重有很大的影响。增加车身左后角的离地间隙,便增加左后轮及其对角线车轮(即右前轮)的负重,同时另外对角上两只车轮(左前及右后轮)的负重则会减少。如果减少离地间隙则效果相反。因此在一定程度上可调高度式减振器可用来调校包括驾驶员和载油量的静止重量分布。

绞牙减振器是现在悬架深度改装经常使用的减振器。这种减振器结构比较复杂,必须搭配专用的弹簧,因此价位较高,而且在车高以及阻尼的设定上有很多必须注意的地方。车高绝非越低越好,阻尼也不是越硬越好,设定过低会导致减振器伸缩行程不足,影响操控表现,缩短使用寿命,过硬的阻尼会产生严重的弹跳,操控性差。

在悬架系统中,需要减振器和弹簧的配合来减轻车辆在行驶过程中的振动。减振器的压缩阻力和弹簧的硬度有加成的效果,一组弹簧只有一种性能表现,要改变弹簧的硬度唯有更换另一组不同弹力系数的弹簧,可调式减振器正可弥补这种缺陷。可调式减振器可以随路况调高减振器的阻尼,也相当于调硬弹簧,调硬减振器要比换一组弹簧轻松得多。现在还有采用电子调整式的减振器,只要操作车内的旋钮即可轻易地改变阻尼,达到悬架设定微调的效果。

(4) 减振器改装注意事项。

1) 注意汽车用途。如果车辆的用途主要是代步,那么可不用改装减振器。因为汽车经销市场上出售的原装整车,厂家都会使用较软而且较便宜的减振器,以降低成本并获得一般驾驶状态下最柔软舒适的行路性。如果喜欢高速驾驶和汽车越野运动,则要选择阻尼大、感觉硬、操控性好的减振器。因此,改装减振器之前,先要认清自己的需求,在舒适性与操控性之间求得一个平衡点。然后就是改装减振器与弹簧,将两者合理搭配,就会有令人满意的绝佳表现。

2) 注意减振器的选用。改装时要先选定品质好的品牌,然后再从此品牌的系列产品中选出适合的规格型号。一个好的减振器必须有高精密度的柱栓、密闭性良好的油封、高品质的减振油(优质的减振油是防止阻尼衰退及出现气泡现象的治本之道)及填充高压氮气的气室设计,当然最好是可调式的减振器。

目前改装市场上,常见的品牌中欧系的 Bilstein、KONI 以及日系的 GAB 都是口碑不错的主流派产品。目前的新趋势则是针对特有品牌的专属改装套件品牌,如 TOYOTA(丰田)的 TRD、TOM'S,HONDA(本田)的 Mugen,NISSAN(日产)的 NISMO,都是很不错的产品。

3)选定品牌后,就面临搭配性的问题,在悬架改装过程中最棘手的问题就是减振器和弹簧的搭配。硬的减振器和硬的弹簧要相互搭配,因为弹簧的硬度是由车重来决定的,而较重的车需要较硬的减振器。在赛车或高性能车上的减振器要比一般车上的硬,用以匹配较硬的弹簧。一般来说,最适合多山路况的悬架搭配,是以较软的弹簧(当然是渐进式的)配上较硬的可调式减振器,以减振器的硬度弥补弹簧强度的不足,加上可自由调整的阻尼,以获得高度的路况适应性。

5. 衬垫的改装

悬架的连接、支柱、转向机构、防倾杆、减振器、弹簧都是经由衬垫和车身连接,以减少噪声和震动。使用软的衬垫在转向或是承受刹车产生的扭矩时,会因为衬垫的扭转、变形及其他定位角度的变化,破坏循迹性。对高性能车和赛车来说,衬垫必须采用对转向系统和悬挂系统影响较小的材质。如果更换了高性能的弹簧、减振器、防倾杆,再换上硬的衬垫,则可确保转向和悬挂的动作更精确、路感更强。

6. 汽车悬架改装实例

下面介绍铃木新维特拉汽车换装 Dobinsons 悬架的过程。

(1)改装操作步骤。

1)架好车辆,拆下前车轮。拆下前车轮的状态如图 3-49 所示。

2)拆下后车轮。拆下后车轮的状态如图 3-50 所示。

图 3-49 拆下前车轮的状态

图 3-50 拆下后车轮的状态

3)拆下原减振器(带弹簧)。

4)准备好全套新部件。如图 3-51 所示,包括两个减振器用的调节螺钉。

图 3-51　全套新部件

5）组装好新减振器。组装好的新减振器与旧减振器的对比如图 3-52 所示。

6）安装新的前减振器。安装后的状态如图 3-53 所示。

图 3-52　新旧减振器对比

图 3-53　新前减振器安装后的状态

7）安装好前车轮。注意此时换装了百路驰 30×9.5R15 的 AT 胎（全地形通用轮胎，同时轮毂换为 15 in、偏距为 -7 的轮毂）。

8）拆下后轮减振器和弹簧，装上新的减振器和弹簧。换装新减振器和弹簧的后轮如图 3-54 所示。

9）换装好新的后车轮。装上新后车轮的状态如图 3-55 所示。

图 3-54　换装新减振器和弹簧的后轮

图 3-55　装上新后车轮的状态

此时从上方向下观察车轮处,轮胎要比车身(轮眉处)宽出约 2 mm,如图 3-56 所示。从侧面观察,后轮的轮眉和轮胎距离升高,如图 3-57 所示。从侧面看整车效果,有了较强的立体感,如图 3-58 所示。

图 3-56 改装后的轮胎宽度

图 3-57 改装后的轮眉与轮胎距离

图 3-58 全部改装完成后的效果

(2) 改装后的整体效果评价。

改装后各方面的比例比较协调,无须再做其他调节。升高件升高了 4~5 mm,使用一段时间后可能会降一些。上路后,感觉相对于原车的视野基本没有太大改变,但因换了大一些的轮胎,所以在提速上略显费力,另外 AT 胎的轮胎噪声明显加大,车主需要适应。此外,由于换了大一点的轮胎,速度表和里程表的数字准确度会有一点变化。改装前后的高度对比见表 3-2。

表 3-2 改装前后的高度对比   mm

位置	升高前		升高后	
	轮眉离地的距离	轮眉离轮胎的距离	轮眉离地的距离	轮眉离轮胎的距离
左前	83	15	87	14.5
右前	83	15	87	14.5
左后	83	14	87	15.5
右后	83	14	87	15.5

7. 平衡杆的加装

(1) 平衡杆的种类。

根据平衡杆使用目的与功能的不同,分为以下几种。

1) 前轮下摆臂平衡杆(原车必备配件)。设计安装于前桥与前轮的单独连接,主要作用是负责控制前轮的内外侧倾角。

2) 方向前束平衡杆(原车必备配件)。设计安装于两边的前轮下摆臂上,控制方向前轮的整体对称,主要作用是负责前轮的前倾角,保持方向轮的循迹能力。

3) 前轮减振平衡杆(选装件)。设计安装于前减振塔的位置上,主要作用是增强车厢与前部车身的刚性,抵消离心横向扭力造成的车架形变(严重时的形变能造成减振塔破裂),改善车辆的过弯能力,提高过弯速度,减小车身受离心力作用而产生的侧倾角度。

4) 前底横梁平衡杆(选装件)。设计安装在前桥与车架底盘前方的连接部位,主要作用是增强前底横梁(前桥)与底盘的连接强度,减小离心力与车身扭曲造成的前桥位移形变,改善过弯性能。

5) 后轮减振平衡杆(选装件)。设计安装于后减振塔的位置上,主要作用是增强车尾箱的强度,减小车厢后部由于离心力造成的横向扭曲,减小过弯时车尾部的侧倾度,提高车辆过弯性能。

6) 后桥悬挂增强平衡杆(选装件)。设计安装于后桥与车架底盘后方的连接位置上。主要作用是加强后桥与车架的连接强度。

7) 车架(车身)底盘增强平衡拉杆(组件)。设计安装于车架底盘的中间部位,主要作用是加强车架底盘的整体刚性。

平衡杆的取材非常讲究,不是普通钢材所能轻易取代的,既要求质量尽量轻,又要求其配合车身材料的硬度,达到与之刚柔并济而形成一个融洽的整体。可选用7005民用航空铝材制造的平衡杆,7字头的铝材要优于6字头的。除此之外还有铝镁合金、弹簧钢材等材质生产的平衡杆。

平衡杆通常是指顶吧和防倾杆。顶吧是连接车身两侧前、后减振器顶的加强车身刚度用的连接杆,也称刚性拉杆。防倾杆是指连接同轴两个车轮和车身底部的有一定弹性的金属杆。

加装平衡杆的目的就是增加车身对外力的承受能力,产生较少的车身变形,在车辆转向时可以提高转向的灵敏度和车辆的操控性。

(2) 防倾杆加装。

防倾杆又称横向稳定杆,它是一根连接同一轴(前轴或后轴)两侧悬架的有一定刚度、同时又允许在一定范围内变形,从而产生弹力的连杆,即一根轴向扭动的杆状弹簧,如图3-59所示。防倾杆是悬架系统的一部分,通过它的弹性,可限制两个车轮的运动,以抵制车身产生倾斜。

图3-59 防倾杆

1）防倾杆的工作原理。在汽车转弯或通过凸凹不平的路面时会出现侧倾现象，防倾杆的作用就是抵制车身侧倾，从而提高汽车的操控性和舒适性。当汽车转弯时会产生一个向外的离心力，在离心力的作用下，内侧车轮的悬架伸长，外侧车轮的悬架被压缩，这时防倾杆就会产生扭转形变从而产生弹性回复力，它会对外侧车轮的悬架施一个向下压的力，而对内侧车轮的悬架施一个抬起的力，施加在左、右悬架的作用力是大小相等、方向相反的相互牵制的力，这样就可以尽量保持两侧悬架的高度一致，从而减少侧倾。

当汽车左右两轮行经相同的凸起或凹陷路面时，防倾杆并不产生作用；但如果左右两轮分别通过不同的凸起或凹陷路面时，即左右两轮的水平高度不同时，就会造成杆身的扭转，产生防倾阻力，抑制车身侧倾。也就是说，当左右悬架上下同步动作时，防倾杆不起作用，只有在左右悬架因路面起伏造成不同步动作时，防倾杆才起作用。

另一个防侧倾的方法就是增加弹簧硬度，但过硬的弹簧会降低乘坐的舒适性，同时造成行经不平路面时循迹性不良，从而需要用阻尼系数很高的减振器来抑制弹簧的弹跳。但是如果配合适当的防倾杆不但可以减少侧倾，更不必牺牲应有的舒适性和循迹性。因此，防倾杆和弹簧的搭配是达成舒适性和操控性妥协最可行的方法。

2）防倾杆与悬架的关系。悬架系统的正常工作除了需要有好的弹簧和减振器以外，还需要有好的防倾杆辅助才行，因为弹簧和减振器只负责控制一个车轮，而前、后防倾杆却负责协调整个悬架系统。所以防倾杆虽然从外观上看只是两条钢梁，但其作用却不容忽视。高性能防倾杆就是为了配合减振器、弹簧应运而生的，一般高性能防倾杆都是经过冷锻的弹力合金钢线材弯制而成，还需要经过特殊的硬化处理。为了获得更稳定的车体侧倾能力，高性能防倾杆直径会大于原厂值，可按不同的直径配合不同设计特性的减振器及弹簧，以获得完美的悬架系统性能表现。

防倾杆和弹簧提供的防倾阻力是相辅相成的，而且防倾阻力是成对发生的，即车头的防倾阻力和车尾的防倾阻力伴随发生，但由于车身配重比例及其他外力作用，使得前后防倾阻力并不平衡，这样就会直接影响车身重量转移和操控平衡。如果后轮的防倾阻力太大，则会造成转向过度；反之，如果前轮的防倾阻力太大，则会造成转向不足。为了改善操控，利用防倾杆不但可以控制车身的倾侧，还可以控制车身防倾阻力的前后比例分配。防倾杆最重要的功能就是达到操控平衡和限制转弯时车身侧倾，这样可以改善轮胎的贴地性。

汽车转弯时，对内侧车轮来说，防倾杆对车轮施加的力和弹簧对车轮施加的力方向是相反的，弹簧产生的力可把车轮压回地面，而防倾杆会使它离开地面。如果防倾杆太硬，则会减小把车轮压回地面的力，这种情况如果发生在驱动轮转弯加油，则可能会使内侧车轮的抓地力变小，造成轮胎空转，这对大功率而没有 LSD（限滑差速器）的车来说是相当危险的，最理想的状态是把防倾杆所提供的防倾阻力控制在总防倾阻力的 20% ~ 50%，如果总防倾阻力太强，转弯时，可能造成内侧车轮离地，这样会造成 100% 重量转移，这种情况通常发生在弯内的非驱动轮上。车身的滚动会降低循迹性或转向的灵敏度，一部有最佳悬架几何设定的车有较低的滚动中心，同时，由弹簧提供的防倾阻力可将车身的滚动限制在合理的范围内。对一部有既定的悬架几何、重心高度和车重的车来说，改变防倾阻力能改变极限过弯时车身的侧倾程度。

3）防倾杆的设定。汽车转弯时，如最极限的车身滚动会导致悬架系统产生超过 2°以上的外倾角变化，则表示这部车需要较多的防倾阻力。车身滚动时有超过 2°的外倾角变化，就表示至少需要增加 -2°的外倾角，以便使轮胎在极限过弯时维持充分的轮胎贴地性。但是超过 2°以上的外倾角设定会减少汽车直进时轮胎的接地面积，并且会破坏瞬间循迹性，也就是从汽车直线到弯道或从平路到倾斜路面的瞬间循迹性。这对操控平衡、过弯速度、进弯和出弯的转向灵敏度都会有负面的影响,更会影响转弯行驶中的制动和加速表现。

限制车身滚动的另一个理由是:要限制滚动中心纵向和侧向的位移变化,这对任何形式的悬架系统都是很重要的,尤其是对麦弗逊悬架系统而言更是如此。滚动中心的位移会导致突然的车身重量转移变化,造成车身操控平衡破坏。对赛车来说,把车身滚动限制在 1.5°~2° 内就可以把滚动中心的位移变化限制在可控制的范围内;但是对一般道路用车来说,把车身滚动限制在 4° 以内就算是非常理想的。

对防倾杆的设定来说,调整车身滚动的前后比例分配是很重要的,要完全由弹簧来抑制车身滚动,则必须使用很硬的弹簧,如此一来便会降低行经不平路面的循迹性,使用防倾杆则可轻易地调整车身的操控平衡而不影响循迹性。因此,在赛车上所用的前后防倾杆通常都是可调式的,以便调校出最佳操控平衡,而一般道路用的往往是不可调的。

一般后驱车都将防倾杆装在前悬架,如此可增加前悬架的抗侧倾能力,减少过弯时后悬架的车身重量转移,这会延缓或消除过弯时驱动轮(弯内轮)的离地现象并增加转向弯外轮的负荷,增强转向不足的趋势。而加粗后防倾杆会增强转向过度的趋势;对前驱车来说,因为驱动轮在前轮,所以需要增加后防倾杆的硬度,如此一来可增加驱动轮的循迹性,并减少前驱车固有的转向不足特性。但如果后轮过弯时会离地或是车身的侧倾太严重,就应该考虑在前驱车的前轮加粗防倾杆以避免这种现象。对一辆严重转向不足的车来说,通常只要加粗前防倾杆就可大幅改善转向不足的现象。

4)防倾杆改装的方法。防倾杆有软硬之分,太软的防倾杆对于独立悬架的车会造成过多的外倾力,减少轮胎与地面的接触面积;太硬则会造成轮胎无法紧贴地面,影响操控性。防倾杆的硬度是由制作的材质、杆身、杆径、杆臂的长度以及和杆身所成的角度所决定的。杆身的长度越长则硬度越软;反之杆臂的长度越长则硬度越大。受限于车宽杆身的长度几乎不太可能改变,但杆径和杆臂的长度却比较容易调整。一般来说,防倾杆的材质都大同小异,所以要改变防倾杆的硬度都是由改变杆径来达成的。此外由于杠杆原理的作用,改变悬架臂与防倾杆臂的连接点就可改变杆臂的力矩,而可调式防倾杆就是由这里着手。

此外,把固定防倾杆的橡皮垫换成硬的材质会有意想不到的效果,在实际的测试中,使用一根直径 20.3 mm 的防倾杆配上硬质的衬垫和使用直径 25.4 mm 的防倾杆配上橡皮衬垫具有相同的效果。

防倾杆改装后可对防倾效果进行检测。其方法是:先用照相机拍下改装前汽车转弯时的照片,并在照片上量出侧倾角度。更换较硬的防倾杆后,再按照同样的方法拍一次,比较两次的角度就可判断出不同。

四、转向系统的改装

一些车主在方向盘上安装了一种叫作助力球的"小方向盘",如图 3-60 所示。据介绍,安装"小方向盘"可以单手驾车,不耽误用另一只手打电话、抽烟,转弯或掉头时也非常省力、敏捷。如在蚌埠市的多家汽车配件商店看到一种叫作助力球的"小方向盘"被摆在店面明显处,有十几种款式,有轮状也有球状,价格从十几元到几十元不等。一家汽车装饰店的工作人员说,"小方向盘"安装很简单,只需要夹在方向盘上用螺栓固定住就行了,好一些的还可以调换角度。"小

图 3-60 小方向盘

方向盘"是利是弊,司机们反映不一。多数上了年纪的司机表示,它碍手,没什么用处;一些年轻人则表示,用它单手驾车很轻松,看起来也挺"酷"。"小方向盘"原本用于在厂房等狭小空间作业的叉车上,便于司机一边驾车一边作业。而用于路面驾驶则会产生极大的安全隐患。根据国家教学大纲,司机在转弯或掉头时必须"双手十字交叉"把握方向盘,而用"小方向盘"单手控制,因为它的体积太小,如果出汗手滑将会使车辆不稳定,容易造成车辆摆动幅度过大出现失控问题。

交警部门表示,车辆安装"小方向盘"触犯了道路交通安全法规。车辆擅自安装"小方向盘"属于妨碍安全行驶的行为,触犯了道路交通安全法规,发现后将被处以罚款。

第三节 制动系统改装

在汽车改装中,当改装了动力、灯光、轮胎之后,为了配合整体效果,制动也是必不可少的改装项目。制动系统是保障运动型汽车行车安全最重要的部分,对一些拥有大马力改装车的车迷来说,强有力的制动甚至比发动机增压还重要。毕竟车子光有强劲的加速动力却不能及时地停下将会导致严重后果。

一、制动系统的结构与类型

1. 制动系统的功用

汽车制动系统的功用是按照需要使汽车减速或在最短距离内停车,在下坡行驶时保持车速稳定,使停驶的汽车可靠驻停。

当汽车行驶在宽阔平坦、车流和人流较少的路况下,可以通过高速行驶提高运输生产效率。但汽车行驶过程中会遇到复杂多变的路面状况,如进入弯道、行经不平道路、两车交会、突遇障碍物等,为了保证行驶安全,就要求汽车在尽可能短的距离内降低车速,甚至停车。

此外,汽车下长坡时,在重力产生的下滑力作用下,汽车有不断加速到危险程度的趋势,此时应将车速限定在安全值内,并保持相对稳定;对停驶的车辆,特别是在坡道上停驶的汽车应使之可靠地驻留原地不动。

2. 制动系统的基本组成

(1)制动系统的类型。

为完成汽车制动系统的作用,现代汽车上一般设有以下几套独立的制动系统。

1)行车制动系统。用于使行驶中的车辆减速或停车,制动器安装在全部的车轮上,通常由驾驶员用脚操纵。

2)驻车制动系统。用于使停驶的汽车驻留原地,通常由驾驶员用手操纵。

3)应急制动、安全制动和辅助制动系统。应急制动装置是用独立的管路控制车轮的制动器作为备用系统,其作用是当行车制动装置失效时保证汽车仍能实现减速或停车;安全制动装置在制动气压不足时起制动作用,使车辆无法行驶;辅助制动装置是为了下长坡时减轻行车制动器的磨损而设计的,其中发动机排气制动应用最广。

(2)制动系统的组成。

汽车上设置有彼此独立的制动系统,它们起作用的时刻不同,但其组成却是相似的,一般由以下几个组成部分。

1)供能装置。包括供给、调节制动所需能量以及改善传能介质状态的各种部件。如气压制动系统中的空气压缩机、液压制动系统中人的机体。

2)控制装置。它包括产生制动动作和控制制动效果的各种部件,如制动踏板等。

3)传动装置。将驾驶员或其他动力源的作用力传到制动器,同时控制制动器的工作,从而获得所需的制动力矩。它包括将制动能量传输到制动器的各个部件,如制动主缸、制动轮缸等。

4)制动器。产生阻碍车辆运动或运动趋势的力的部件。

5)较为完善的制动系统还包括制动力调节装置以及报警装置、压力保护装置等。

3. 制动系统的分类

1)按功能的不同,汽车制动系统可以分为行车制动系统、驻车制动系统以及应急制动、安全制动和辅助制动系统。

2)按照制动能源分类,汽车制动系统又可以分为人力制动系统、动力制动系统和伺服制动系统。人力制动系统是以驾驶员的机体作为唯一制动能源的制动系统;动力制动系统是完全靠由发动机的动力转化而成的气压或液压形式的势能进行制动的制动系统;伺服制动系统是兼用人力和发动机动力进行制动的制动系统。

4. 对制动系统的要求

为保证汽车能在安全的条件下发挥出高速行驶的能力,制动系统必须满足下列要求。

(1)具有良好的制动效能,即迅速减速直至停车的能力。

(2)操纵轻便,即操纵制动系统所需的力不应过大。

(3)制动稳定性好,即制动时,前、后车轮制动力分配合理,左、右车轮上的制动力矩基本相等,使汽车制动过程中不跑偏、不甩尾。

(4)制动平顺性好,即制动力矩能迅速而平稳地增加,也能迅速而彻底地解除。

(5)散热性好,即连续制动时,制动鼓和制动蹄上的摩擦片因高温引起的摩擦系数下降要小;水湿后恢复要快。

(6)对挂车的制动系统,还要求挂车的制动作用略早于主车;挂车自行脱挂时能自动进行应急制动。

5. 车轮制动器的工作原理

车轮制动器的作用是将气压或液压转变为制动器制动力,以迫使车轮停转,从而使路面给车轮一个与汽车行驶方向相反的制动力。在该力的作用下,汽车迅速减速,达到以给定车速行驶或停车的目的。

无论车轮制动器如何变化,其结构仍由旋转元件和固定元件两大部分组成。旋转元件与车轮相连接,固定元件与车桥相连接。利用旋转元件和固定元件之间的摩擦,可产生制动器制动力。

图3-61所示为常用的盘式和鼓式制动器的工作原理示意图。当摩擦蹄片压紧旋转的制动鼓或盘时,两者接触面之间产生摩擦,通过摩

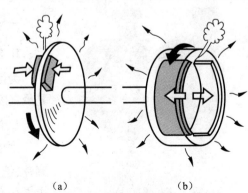

图3-61 制动器的工作原理示意图
(a)盘式制动器;(b)鼓式制动器

擦将汽车的动能转变为热能,并将热量散发到空气中,最终使车辆减速以致停车。

6. 盘式车轮制动器结构

盘式制动器广泛应用在轿车或轻型货车上。它的优点是散热良好,热衰退小,热稳定性好,最适合对制动性能要求较高的前轮制动器。近年来,前、后轮都采用盘式制动器的汽车日渐增多。因制动器的改装主要是针对盘式制动器,故此处只介绍盘式制动器的结构。

典型的钳盘式制动器基本结构如图 3-62 所示,其旋转元件是制动盘,制动盘和车轮固装在一起旋转,以其端面为摩擦工作表面。其固定元件是制动片、导向支撑销、轮缸和活塞,它们均被安装于制动盘两侧的钳体上,总称为制动钳。制动钳用螺栓与转向节或桥壳上的凸缘固装,并用调整垫片来调整钳与盘之间的相对位置。

盘式制动器的实物如图 3-63 所示。

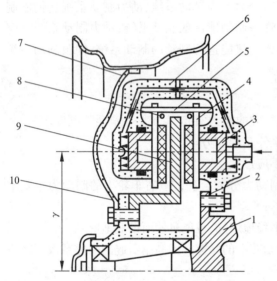

图 3-62 典型的钳盘式制动器基本结构
1—转向节或桥壳凸缘;2—调整垫片;3—活塞;
4—制动片;5—导向支撑销;6—钳体;
7—轮辐;8—回位弹簧;9—制动盘;10—轮毂凸缘

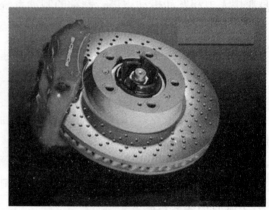

图 3-63 盘式制动器的实物

图 3-64 制动片

二、制动摩擦片改装

1. 制动摩擦片改装的目的

为提高汽车的制动能力,换用高性能的制动片(图 3-64)是最直接、有效且最为简单的方法。

2. 制动摩擦片的种类

不论是盘式制动器的制动块,还是鼓式制动器的制动蹄片,统称为制动摩擦片,简称制动片。制动片按不同的分类方法有不同的类别。

(1) 按制造用材料分类。

制动片可分为半金属、少金属、石棉以及陶瓷等类型。石棉制动片由于对人体有害,所以使用较少。陶瓷制动片有以下明显的优点,故应用较多。

1)热衰退小。在连续制动时,温度高达500 ℃时制动片不变形、不熔化,仍有优良的制动性能。

2)使用寿命长。比半金属型制动片平均使用寿命高50%以上。

3)对制动盘的损伤小。相应地,制动盘的使用寿命长,比半金属制动片对应的制动盘寿命长20%以上。

4)噪声低。在涉水状态和盐水路面状态时,制动无尖叫声,制动性能好。

目前高性能的制动片大多采用碳纤维和金属材质(铸铁、铝合金)为主要原料,并强调不含石棉的环保配方。由于制动片的性能取决于材质的配方,而消费者并不能从产品标识中得知实际的材质,因此制动片的选择除了以厂商所提供的摩擦因数—温度曲线及适用工作温度作为依据外,只能从配件商店获得信息。

(2)按合适的车型分类。

基本上可分两类:一类是普通驾驶用,原厂的制动片由于要照顾到成本、耐用、清洁和低温功效等要求,一般来说摩擦因数不会很高(在0.4以下),操作温度为50 ℃~300 ℃;在连续多次使用后便会发生效能衰退。所以,更换高性能的制动片就是将普通车改装成运动型汽车的第一步。另一类是赛车用,操作温度为250℃~850 ℃。正如前面提到的,高温的制动片不仅仅是价格高,而且还不适合在普通道路上使用,因为它在未达到操作温度之前,根本就不能发挥其制动的作用。

3. 制动片的选用

选择高性能制动片时要注意不要过分注重大摩擦因数和超高温。因为摩擦因数太高会使得慢速行驶时的制动动作变得太敏感,每次轻触制动踏板都会令车上的乘客产生明显的"前冲"感觉。此外,制动盘也会因磨损增大而降低寿命,且耐高温型号的制动片在低温时的效果其实并不好。

一般车迷可选购工作温度在0 ℃~500 ℃、摩擦因数值在0.4以上的"运动型"制动片,它能满足大部分路况的需要,IDI、PFC、Ferodo和Projeetmu品牌都有此类型产品。

此外,听制动的声音是了解制动系统故障的一个重要途径。严重的摩擦声表示制动系统需要检查或更换制动片。特别对于大多数改装升级后的盘式制动器来说,制动时的尖叫声就是在提示应更换新的制动片了。

4. 更换制动片的注意事项

制动改装之前必须先对原有制动系统做全面的确认。检查制动总泵、分泵和制动液管是否有渗油的痕迹,如果发现有任何可疑的痕迹必须追根究底,必要时将有问题的分泵、总泵或制动管换掉。检查制动盘或制动鼓的表面平整与否,制动时的异响或不平衡的制动往往都是因制动盘(鼓)表面不平整造成的。对盘式制动系统来说,表面不能出现磨损、凹槽、线沟,而且左右盘片的厚度必须相同,如此才能获得相同的制动力分配。此外,必须确保盘片不会受到侧向的撞击(盘片和制动鼓的平衡也会严重地影响车轮的平衡)。

更换制动片后,一定要踩几次制动踏板,以消除制动片与制动盘的间隙,以免造成第一脚踩制动踏板制动失效而出现事故。一般更换完制动片后需磨合200 km才能达到最佳的制动效果,刚换制动片时须谨慎行驶。如果选配了一些具有较高起始工作温度的制动片,在早上开车时要特别小心,而在冬天开车时更要加倍注意。

三、制动钳的改装

1. 更换制动钳的理由

图 3-65 所示为多活塞制动钳。在制动系统中,换一套大型多活塞的制动钳能直接提高制动性能。道理很简单,制动钳大了,配用制动片的总面积也大了;制动钳活塞越多,施加在制动片上的压力和产生的温度就越均匀,还可增加活塞的总面积,制动效能当然就好了。

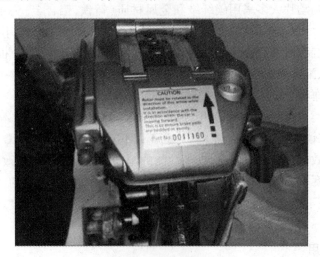

图 3-65　多活塞制动钳

2. 制动钳的种类

目前市场上改装用的制动卡钳分为原装和非原装两类。原装的产品通常是采用较大直径或多个卡钳活塞的设计。

图 3-66　薄壁宽型
桥式制动钳

非原装的制动卡钳差不多全是赛车用的产品,也采用多活塞的设计,安装时必须配合俗称"桥"的特制转接支架。这类产品除了活塞施压面积较大之外,质量都特别轻,能降低悬架负重而加快悬架活动速度。若配合直径较大的制动盘使用,则这些轻量卡钳便可抵消制动盘增加的质量。

还有一种制动钳,称为薄壁宽型桥式制动钳,如图 3-66 所示,是一种对结构尺寸进行优化设计的制动钳。这种制动钳壁较薄,宽度较大,并且有以下优点。

(1) 可使液压制动活塞有效半径增加,从而使制动力矩输出增加。

(2) 可使制动盘直径增加,从而使制动盘摩擦面积和热面积增加。

(3) 摩擦块的面积增加,从而使摩擦块的寿命增加。

(4) 制动钳质量减轻,轻量化的制动钳减小了车辆的非悬挂质量,并使车辆的油耗降低。

(5) 制动踏板的操作感觉和制动器释放阻力等于或优于一般结构设计。

3. 制动钳的选用

虽然更换多活塞制动钳可以提高制动性能,但换装多活塞的制动钳后,需要的制动液量会增大,施加活塞的行程也会增大,要达到相同的制动压,就可能需要更大的踏板行程。针对这一点,解决的方法是更换制动总泵,甚至可以配用赛车用的双制动总泵来分别控制前后制动力的分配,以达到最个性化的高技术要求。但这样改装的成本很高。一是活塞越多的制动钳价格越贵,二是改装制动总泵尤其是双制动总泵需要的知识很多,要花费的工时和材料多,成本高。所以如果不是针对赛车进行改装的话,这样改装是不合适的。

从实用角度,选择制动钳还是要讲究匹配,一般高性能的道路用车采用有4个活塞的制动钳就足够了。另外,要注意制动钳的重量,虽然外形差不多,但用轻金属制造的高档制动钳比铸铁产品轻一倍以上,而制动系统是非簧载质量的一部分,负重多少对汽车的操纵稳定性有直接的影响。另外,高档制动钳的散热性能更高,能更好地控制制动系统的温度。

四、制动盘的改装

1. 制动盘改装的目的

换用大尺寸、摩擦系数高、散热性能好、重量轻的制动盘(制动碟),会明显提高制动能力。所以一些车主希望进行制动盘的改装。

2. 制动盘改装的措施

普通的制动盘表面光滑,如图3-67所示,制动效能较低。改装制动盘时基本会对以下几个方面进行升级。

(1)加大盘面尺寸。随着制动盘直径的增大,制动盘的表面积也随之增大,表面积越大,产生的摩擦力也会越大,并且随着力矩增加,产生的制动力也相应增大。

(2)盘面铣槽和使用通风碟。盘面铣槽即在摩擦面上加工出旋转放射状坑纹,如图3-68所示。它除了有助于把在高温摩擦时产生的刹车粉屑引走和排出热气之外,还可以避免制动产生的粉屑留在制动片和制动盘之间,造成打滑和制动盘的不正常磨损,降低摩擦因数。通风碟有透风中空设计,如图3-69所示,可降低通风碟内外两面的温度,减少制动盘因为碟片两面温度的不同而发生变形。

图3-67 普通制动盘

(3)盘片打孔(图3-70)。打孔有两个直接作用:一个是加强制动盘的通风效果,促进冷却;另一个是减轻制动盘的重量,达到轻量化的目的。还可以起到引走刹车粉的作用,但会减少摩擦面积和影响制动蹄片的耐用性。

(4)既铣槽又打孔。如图3-71所示,此种制动盘同时具备铣槽和打孔的两个优点。

铣槽和打孔对制动都没有直接的帮助,它们的作用主要是提升制动系统在极限状态的功能。另外,要注意制动盘的平衡性,如果使用自行加工或者非正式的制造厂家生产的制动盘,由于没用专用的仪器来测量制动盘的平衡性,故其在装车后会造成盘面和制动蹄片磨损,使用寿命下降,制动反而比原来还弱。

图3-68 铣槽的制动盘

图3-69 通风碟

图3-70 盘面打孔的制动盘

图3-71 既铣槽又打孔的制动盘

目前,上述各类型的制动盘厂家均有生产销售,所以在进行制动盘改装时,只要合理选用即可。

3. 制动盘的改装实例

下面以更换ALCON盘式制动器为例,介绍操作流程。

(1) 拆下车轮,如图3-72所示。注意各螺栓(螺母)应按规范的顺序进行拆卸。

(2) 拆下原装的制动钳和制动盘,如图3-73所示。

(3) 用砂纸或钢丝刷清洁轴头、凸缘盘表面,如图3-74所示。

(4) 准备好ALCON桥位(是安装盘式制动器制动钳的一个部件),如图3-75所示。

(5) 将桥位安装到转向节上,并用扭力扳手按规定力矩(108 N·m)拧紧,如图3-76所示。

(6) 准备好ALCON制动块,将其背面的贴纸撕掉,如图3-77所示。

图 3-72 拆下车轮

图 3-73 拆下原装的制动钳和制动盘

图 3-74 清洁轴头、凸缘盘表面

图 3-75 ALCON 桥位

图 3-76 安装桥位

图 3-77 ALCON 制动块

(7) 将制动块装在制动钳内,如图 3-78 所示。
(8) 在固定螺栓上涂抹专用螺栓胶(如 104 胶),如图 3-79 所示。
(9) 将 ALCON 制动钳及制动盘装于转向节上,并按规定力矩(108 N·m)拧紧,如图 3-80 所示。

图 3-78 装好制动块

图 3-79 涂抹专用螺栓胶

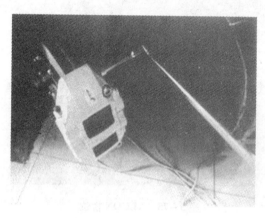

图 3-80 紧固

（10）用塞尺测量制动钳与制动盘之间的间隙。通常要求各处间隙均匀，并不小于 1.0 mm，上下间隙允许有 0.1~0.2 mm 的偏差。如果间隙不符合以上要求，则需要用薄垫片调整制动钳和制动盘之间的间隙，视情况将 0.5 mm 的垫片旋装于制动钳支架和转向节"耳仔"（调制动间隙用的）之间。

（11）连接好制动管路（拧紧钢喉），并调整好位置和角度，如图 3-81 所示。要考虑到车轮在上下运动以及左右摆动时，制动钢喉不能碰到周边的部件。

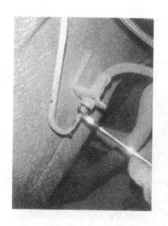

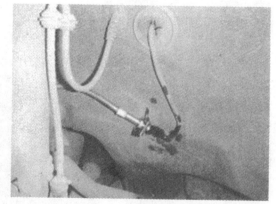

图 3-81 安装制动管路

（12）更换制动液，并排除空气。
（13）装上车轮，按规定力矩紧固车辆螺母。
（14）开盘与磨合。

1）检查调整原车挡泥板与制动盘之间的间隙，防止在行驶中挡泥板刮碰制动盘产生异响。

2) 以 60~80 km/h 的速度行驶,轻踩制动踏板直到车辆停车,重复 10~15 次。注意不能用力踏制动踏板,以防制动盘和摩擦片表面损伤。

3) 完成开盘后,将制动系统完全冷却,建议最少 5 h 后才能正常使用车辆。

4. 制动系统改装注意事项

(1) 制动盘的尺寸受到轮圈大小的限制,如果一定要改用直径较大的制动盘,则轮圈也需相应更换。同时为了对应不同尺寸的轮辋,制动盘的选用也是有要求的。一般的规则是:15 in 的轮辋对应直径 285 mm 的碟盘;16 in 的对应 305 mm 的碟盘;17 in 的对应 335 mm 的碟盘;18 in 的对应 355 mm 的碟盘。

(2) 改装制动系统时要注意平衡前后制动分布,过大的制动力容易使轮胎抱死。如果后制动力过大,会造成制动时后轮抱死、甩尾(即使原车装用了 ABS,但如果每次制动均需 ABS 工作,则是不正常的)。

(3) 切勿随意自行对制动盘加工(如钻孔),未经精确计算的加工方式会严重影响制动盘的刚性和强度,不仅不耐用,反而可能在大强度制动时盘体爆裂引发意外。

(4) 大部分车主在改装制动系统时,都会把注意力放在制动力上,因为其改装后的效果是很显而易见的。

(5) 为了达到良好的制动效果,最好选用高性能的制动液,必要时可换用高性能的制动管。

制动液本身必须要有良好的流动性,才能迅速地传递压力,而制动液的选用要领主要在其沸点的高低上。沸点越高的制动液,其等级也相应越高。以 DOT3、DOT4、DOT5 的规格而言,DOT3 的干沸点为 205℃,湿沸点为 140℃;DOT4 的干沸点为 230℃,湿沸点为 175℃;DOT5 的干沸点为 260℃,湿沸点为 180℃。干沸点是指制动液还没有开封使用时的沸点,此时耐温能力较强;由于制动液极易吸收空气中的水分,水分渗入制动液中,就成为低沸点的湿沸点工作状态了。平均每 4 万 km 就应该更换一次制动液;若未达到这个里程,则每年都应该更换一次制动液,以确保其品质。

一般制动系统都会有一段软质的橡胶管,用来配合悬架的活动,如图 3-82 所示。

负责传递制动液压的油管也是改进制动系统的重点。从制动总泵到车底的部分通常是以铜管连接的,铜管的强度较高,变形较小,这部分一般不会出现问题。但为了配合轮胎与悬挂伸展的活动空间,在制动钳的前部,原厂都会使用橡胶包覆的铁弗龙管来连接。橡胶本身是有弹性的,承受制动系统的液压力就会产生变形,造成管径的变化,降低了制动液液压的传递效果,使制动分泵无法产生稳定的制动力。这样的情况会随着使用年限及制动系统剧烈的操作而加剧变形的程度,而且橡胶

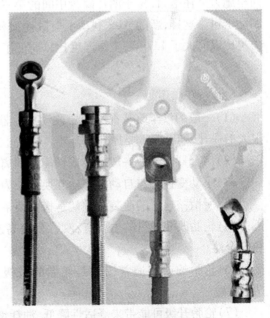

图 3-82 制动用软管

用久了之后会有疲劳现象,原本应该传到制动钳分泵的压力会因为管路的弹性膨胀而损失,实际传到制动蹄片上的压力就会变小,而采用金属油管则可解决这个问题。其实这里所说的金属油管并不是完全的金属,而是可承受高压、高温的,内层为铁弗龙材质、外层包覆金属蛇皮管的管路。这种管路提供了优良的液压传递效果,使由制动总泵传来的液压能完全用来推动分泵的活塞,提供稳定的制动力。此外,金属材质也有不易破损的特性,可大幅减少油管破损造成制动失灵的概率。

(6)如果不想对制动系统做大的改装而又要求较好的制动性能,则应从选用高级制动系统配置入手。高级制动系统配置目前有以下三种。

1)陶瓷制动盘。这种新材质的制动盘非常耐磨,可以使用30万km而无须更换,而且已经商业化量产成功,在一些性能车、豪华车上都可以选配,如保时捷911Turbo、奔驰AMG版性能车等都有配置。

2)自动手刹。许多顶级豪华车款,像Jaguar的XJ系列、BMW新大7系列,都配备了很高级的电子控制手制动系统。停车之后,驾驶员只要轻轻一拨,透过电子信号的传输,加上电动机作用,手制动就会自动拉上。

如BMW新大7系列的手制动,透过方向盘机柱旁一个小小的扳片,驾驶员就可以选择手动或自动控制手制动。当行车电脑的液晶显示屏幕变成绿色显示的时候,手制动系统就会进入自动模式,车子只要完全静止,手制动就会自动拉上。如此一来,不论是停下等红灯,或是车子处在上/下坡位置,驾驶员都无须像开传统车那样右脚必须一直踩着制动踏板。等到交通灯号变绿,驾驶员要再度起步时,只要油门踏板感应到压力,手制动就会自动放开,让车子行进,方便了驾驶员的驾驶。

3)ADS制动系统。这是一项由Delphi研发成功的制动系统。把一片制动盘改成两片,原本在制动盘的两侧向里面施力夹住制动盘的两套卡钳活塞,现在改为三套,最外侧的两套依然向里施力夹住卡钳,位于两片碟盘中间的第三套卡钳则从两侧向外施力,从里向外顶住转动的制动卡钳。这样,新的ADS制动不但散热面积比传统式的碟盘增加了1倍,而且卡钳的制动力也比以前大了1.7倍,工作温度比以前低了100℃,并且制动时的噪声也降低了许多。

本章小结

(1)一般的汽车改装都不需要改动离合器。如果改动了发动机,而且发动机的动力有了很大的提升,则可能需要提升离合器。

(2)离合器的改装一般是换成性能好的离合器片。

(3)手动变速器与自动变速器互换是较为常见的变速器改装项目。

(4)所谓差速器的改装通常就是指更换带差速锁的差速器。

(5)轮胎改装的目的主要有:改善车辆高速性能,使车更加时尚和美观,提高操纵稳定性和安全性。

(6)轮胎的改装通常指的是轮胎的升级。轮胎的升级可以分为品质升级和规格升级两种。

(7)轮胎升级可能带来舒适性降低、油耗增加、噪声增加等负面影响。

(8)一般更换轮辋的目的,除了更换损坏部件外,最主要的就是追求外观上的多样性或者

是满足特殊的功能需求。

(9) 汽车悬架弹簧的改装主要是要改善操控性,也就是要改用较硬的弹簧或是较短的弹簧。

(10) 减振器改装方式主要有两种:一种是形状和长度都与原厂减振器相同,但是内部阻尼系数经过强化的原厂型减振器;另一种是筒身上设计了螺纹,可以借助弹簧的固定位置或者筒身的长度改变来调整车高,也就是一般所谓的绞牙减振器。

(11) 加装平衡杆的目的就是增加车身对外力的承受能力,产生较少的车身变形,在车辆转向时可以提高转向的灵敏度和车辆的操控性。

(12) 为提高汽车的制动能力,换用高性能的制动片是最直接、有效且最简单的方法。

(13) 制动钳的改装一般是换一套大型多活塞的制动钳。

(14) 换用大尺寸、摩擦系数高、散热性能好、重量轻的制动盘(制动碟),会明显提高制动能力。所以一些车主希望进行制动盘的改装。

(15) 如果不想对制动系统做大的改装而要求较好的制动性能,则应从选用高级制动系统配置入手。

思考与练习

1. 为什么要对离合器进行改装?
2. 碳纤维的离合器片有哪些特点?
3. 变速器改装都有哪些项目?
4. 为什么现代轿车较多地使用真空胎?
5. 汽车轮胎升级项目有哪些?
6. 轮胎升级有哪些好处和负面影响?
7. 轮胎升级要遵循哪些原则?
8. 为什么要对轮辋进行改装?
9. 更换车轮时有哪些注意事项?
10. 在选购轮盖时应注意哪些事项?
11. 汽车悬架弹簧改装的项目有哪些?
12. 汽车悬架减振器改装的项目有哪些?
13. 减振器改装时应注意哪些事项?
14. 如何进行防侧倾杆的设定?
15. 选择高性能制动片时要注意哪些问题?
16. 选用制动钳时应注意哪些问题?
17. 更换制动盘后,如何进行开盘与磨合?
18. 制动系统改装时应注意哪些事项?

第四章

汽车电器与电子设备改装

1. 汽车音响改装目的与种类。
2. 汽车音响主机升级改装。
3. 汽车音响的配置与选购。
4. 汽车音响改装操作方法。
5. 汽车前照灯的改装项目及改装方法。
6. 加装高位制动灯、车头示宽灯、汽车霓虹灯、汽车底盘灯、汽车外部顶灯、车尾装饰灯、闪光水晶灯、太阳光迷你闪光精灵灯、闪光排挡头、车内声控灯。
7. 汽车冷光仪表板的改装。
8. 汽车电脑改装方法。
9. 车载冰箱的选购与加装方法。
10. 加装车载饮水机。
11. 加装车载微波炉。
12. 加装车载净湿器。

第一节 汽车音响改装

音响是指在一定的听闻环境内,声源及听音环境所形成的听音效果,一般所说的音响是指音响器材及设备。如果把聆听音乐的环境改在可移动的汽车内,为适应恶劣条件而特别设计的音响器材、设备、线材配件及相关产品,统称为汽车音响,如图4-1所示。汽车音响可为驾乘人员播放动听的歌曲、幽默的相声及精彩的小品,从而减轻驾乘人员旅途疲劳,营造轻松的车内环境。汽车音响改装是为了提高音响效果,满足车主个性化需要所进行的改装。

一、汽车音响改装的目的与种类

1. 汽车音响改装的目的

对于汽车生产商来说,汽车音响在整车中并不是一个重要的部件,更不是安全性部件,因此汽车厂对于汽车音响仅限于作为内饰来考虑,也就是说所花费的成本、技术都是能少则少,

图 4-1 汽车音响

不会更多地考虑音质及功能的内容。经济型轿车为降低整车价格,必须压缩音响成本,现在车价越低,汽车音响所占汽车价格的比例也就越低,而且要求汽车音响的绝对成本也越低,原车音响也就只有采用小功率、少功能的主机和廉价低质扬声器,更不会说有低音炮系统了。因此,原车音响只能勉强使用,音量一大就会失真,有的根本不能听,更谈不上欣赏强劲的音乐了。概括起来原车音响主要有以下不足。

(1) 功能少。尽管现代汽车的音响大多已经具备 CD 收音机、DVD 甚至具备蓝牙、USB 等功能,但仍不能满足部分车主的要求,如具备 GPS 导航功能、电视功能等。

(2) 效果差。大多数原厂车将扬声器安装在车门内,而车门是一个空间不规则、充满孔洞的薄钢板,扬声器装在上面有超过 50% 的音乐表现力会由于这种安装环境缺陷而损失掉,导致原车音响的听音效果差。

(3) 功率输出小。原车主机的输出功率一般标称 35 W,这是最大输出功率,实际额定输出功率应为 12 W。更有些汽车没有四声道输出,只有前面二声道输出,后面没有喇叭,那功率就更小了。

(4) 扬声器档次低。原车扬声器一般是非常低档的喇叭,不会考虑音质方面的因素,甚至只是有声而已。原车扬声器一般配置如下。

功率:低配置车型中一般标称 5 W,高配置车型一般标称 20 W。

材料:一般采用纸盆扬声器,这种材料不耐高温、不防水、易变形,且抗震性差。

性能:由于低音控制力不好,振动时音盆收不住,音量稍大一些就会失真;高音是通过一个小电容作为分音器,效果很差,音色发闷、混浊、不够通透。

效果:整套扬声器基本上不影响收听广播,但在重播音乐时,明显感觉力不从心。特别是配置为二声道输出的音响主机,全车只有一对扬声器,只是有声而已,谈不上任何音质、音效享受。配置为四声道输出的音响主机,虽然比二声道有明显提升,但仅有 12 W 额定输出功率的主机,加上仅有 5~20 W 扬声器,而且是劣质的,其音响效果很差。

(5) 没有低音系统。需要享受好音质的音乐,那就一定少不了足够好的低音反应,但原车音响系统大多不会考虑到低音效果,所以原车音响就不会有真正的低音效果了。

人们在车内的时间越来越多,汽车对越来越多的车迷而言,不仅仅是代步工具,更应该是一个能提升驾驶乐趣的移动的影音世界。但汽车生产商无法根据每个人的欣赏品位及个人爱好来设计各种音响系统,对音乐有着不同品位的音乐爱好者也就无法在大批生产的车内欣赏自己喜欢的音乐了。车主需要更好的音响效果、需要更多的便利功能、需要更好的音乐享受时,那就一定要考虑升级、改装汽车音响系统。

2. 汽车音响改装的种类

很多车主以为只要拆下旧音响换上新的就完成了音响改装。事实上,改装汽车音响并不是拆了就装那么简单。一般来讲,改装汽车音响分为展示型、比赛型、实用型三种类型。对这些分类有所了解之后，才有可能根据自己的需求，选择适合自己的音响系统。

(1) 展示型。

展示型音响改装是为了宣传厂商的音响产品。其特点是使用改装器材品种多，造型夸张。这种车辆是厂家或代理商用来做广告和宣传的，改装时将好的产品器材基本上都安装上去，音响系统做得很大，有许多功放和喇叭。这类音响无声场和定位感，也不讲究什么音质，总之是用来展示产品的，而不能用来欣赏音乐，如图4-2所示。

(2) 比赛型。

比赛型音响改装就是大规模地修改汽车内饰，并且加装超量的喇叭，从而产生超过人体承受极限的声音。改装目的是参赛获奖而不是欣赏音乐。图4-3所示为某音响改装大赛的参赛车照片。

图4-2 展示型音响改装

图4-3 比赛型音响改装

展示型音响改装与比赛型音响改装一样，并不具备实用价值。

(3) 实用型。

实用型音响改装是以日常使用的音响系统为主，经过简单的车内改造以达到提升音质的目的。如图4-4所示的车辆将原车单碟CD主机改装成DAB收音单碟CD主机；将原车前门小功率纸盆喇叭，更换成6.5寸分体喇叭，加装分体高音；并且在储物盒内安装了6碟MD驱动器。

图4-4 实用型音响改装

其是典型的实用型音响改装。

大多数车主都会选择实用型音响改装。实用型音响改装就是尽量使用原车位置,少改动原车的内饰风格,少占用车内空间。而且实用型音响改装是在不减少原车重要功能的情况下将音响的音质提高到最佳状态。

二、汽车环境对音响设备的要求

1. 汽车环境对音响的不利影响

由于汽车的自身特点,汽车听音环境对听音效果具有以下一些不利影响。

(1) 接收环境不断变化。汽车在行驶中,所处的地区、地形、气候等因素均在不断发生变化,无线电波强度也随之发生不稳定的变化。

(2) 声音传播差。汽车室内容积只有一般房间的几十分之一,而且车室内有各种形状的障碍物,声音不能很好地传播,在听觉上会产生压迫感。

(3) 混响时间短。一般房间或音乐厅的混响时间为 300~1 000 ms,而车室内的混响时间在 100 ms 以下,非常短暂,造成混响不足,在听觉上不易产生临场感,时间长了会产生疲劳。

(4) 听音位置不均衡。家用音响系统扬声器的位置相对于聆听者的位置是对称的,而汽车音响系统扬声器的位置对于聆听者的位置是非常不对称的,在听觉上,声场会偏向离听音者位置较近的扬声器的方向。

(5) 吸音特性差异。吸音是指在传播过程中遇到物体后,一部分能量被吸收的现象。各种材质对声音的吸收力是不同的,而同一种材质对各个频率的吸收力也有差异,所以即使车种相同,也会由于内部装饰品材料和人数的不同而影响声音效果。一般车内的装饰、座椅、车顶和地板等表面材料为布和毛毯,内侧则使用合成革,加上听音者和玻璃等的影响,在中、高频段会形成较为复杂的吸声特性。车内皮革装饰物对声音的吸收比布要小,因此,利用皮革装饰的汽车,中、高频的听音效果较佳。

(6) 噪声影响大。汽车特有的噪声,如行驶的振动噪声、发动机噪声、轮胎行驶噪声等,对于音响的听音效果都会产生不良影响,特别是对低频音域的影响较大,从而破坏了音质和音乐的力度感。随着行驶速度的增加,噪声逐渐向高频部分扩展,行驶噪声会遮住低频域的声音,从而使音质劣化。汽车音响受汽车行驶噪声的影响非常大,如汽车在某些状态(如行驶时)低频域显得不足,则在高速行驶时,高频域也将显得不足。

(7) 电磁干扰大。汽车发动机点火装置及其他电器共用一个汽车蓄电池,对 AM/FM(调幅/调频)接收会产生很大的干扰。由于汽车音响无线电接收灵敏度较高,而音响特性的真实度越高,汽车电子电器装置所发出的电噪声也越容易接收。

(8) 随车颠簸。在汽车行驶中,汽车音响随汽车一起运动,由于汽车的振动冲击等易引起光盘滑动,导致音响声音失真。

(9) 热辐射影响大。汽车音响一般装在控制台下方,距发动机较近,受发动机热辐射的影响,盒式磁带易伸长。

针对上述不利影响,为提高音响效果,应采取以下措施。

1) 采用高等级、性能可靠的元器件。

2) 元器件焊接装配要绝对牢固,个别的元器件要用强力胶固定。

3）汽车磁带放音部分多采用横向放置方式,且上下卡紧,以保证稳定放音。

4）CD 部分使用多级减振措施,就是将 CD 所放的信息提前 3 s 存入芯片,当 CD 机受强烈振动时,激光头要进行保护停止工作,这时芯片存入的信息放出,所以感觉不到放音有停顿现象。

5）采取防潮措施,在元器件表面喷涂防潮剂保护线路。

2. 对汽车音响设备的要求

由于汽车音响使用环境较差,所以汽车音响设备应具备以下特殊要求。

(1) 应使用直流电源。一般的音响和电视机都使用交流电源,便携式音响使用干电池,而汽车视听装置的电源是用汽车上 12 V(或 24 V)蓄电池,因此必须使用直流电。

(2) 抗干扰性能要强。为防止汽车本身产生的电磁干扰,汽车音响必须采用抗干扰性能强的电路和元器件。一般汽车音响的电源都有电源扼流圈,外壳必须采用全密封的搭铁铁壳进行隔离。

(3) 抗振性能要好。汽车在各种不同的路面上行驶,对汽车视听装置的振动很大,要求元器件焊接装配要牢固,引脚尽量折弯焊接。

(4) 天线应采用外置式。为了减小汽车发动机对收音机的干扰,天线一般采用机外拉杆天线。当天线损坏时,收音机收不到电台广播。

(5) 应有防尘措施。汽车行驶时尘埃很多,故视听装置需进行必要的封装,以防止或减少尘埃的影响。

(6) 要选用耐热元件。由于汽车内温度较高,视听装置难于散热,故选择的元器件耐热性能要好,工作要稳定,焊锡温度不能过低。

(7) 接收灵敏度要高。汽车驾驶室有屏蔽作用,加上汽车飞速行驶,有时离发射台很远,故要求广播的接收灵敏度要高。

(8) 应采用电感式调谐。为了防止汽车在行驶中振动对调谐的影响,汽车收放机应采用电感式调谐,即在一塑料骨架上绕一定匝数的线圈,在滑块上固定若干磁芯,用调谐杆推动磁芯在固定通道内旋进旋出,从而改变电感量大小,达到调谐的目的。当磁芯位置全部旋入通道时,电感量最大,此时调谐的电台为频率最低端。反之,当磁芯全部旋出通道时,电感量最小,此时调谐频率为最高端。

(9) 应采用低阻抗大功率喇叭。为了获得较大的功率,除了功放级采用 BTC 方式外,喇叭采用 1.6~4 Ω 的低阻抗大功率喇叭,并用很粗的喇叭引线。喇叭口径多为 10~15 cm,高级汽车音响采用同轴 2 分频或 3 分频的 15~20 cm 喇叭。

(10) 应具有夜光照明功能。汽车在夜间行驶时,为了收音和放音的方便,按键应设有透光的照明。设计这种照明装置时,不能影响 LCD 数字显示效果。

(11) 设备体积要小。由于汽车受到内部空间的限制,视听装置的体积应尽量设计得小些。因此,选择的各种机械配件和电子元器件都应该使用体积小、散热好的。

(12) 采用现代新技术。针对汽车音响使用环境差的特点,现代汽车音响系统中采取了以下一些最新技术加以弥补。

1) BBE(相位补偿技术)。其主要作用是减小信号失真,提升中、高频音质,使声音更自然地还原。

2) DSP(数字声场处理器)。通过数字信号处理对声场进行模拟,如模拟礼堂、体育场、教堂、舞厅等声场,以克服汽车车内声场的压迫感。

3) LPS(听音位置选择功能)。通过内部对前、后、左、右声道的处理,将声场定位在车内的不同处,以克服车内声场的不对称性。

4) DHE(数字泛音增强技术)。其作用是提高低音,使低音更加雄厚(主要作用于MD)。

三、汽车音响的组成

汽车音响系统主要由主机、功率放大器、扬声器、天线、声音处理设备及附件组成,如图4-5所示。其电路连接如图4-6所示。主机专业上称为"音源",主要有无线电调频装置及录音再生机(收音机、卡带机和CD机等);功率放大器的作用是将经过前级放大的音频信号进行功率放大(电流放大),用来驱动扬声器;扬声器在汽车音响中作为还原设备进行声音的还原,是决定车厢内音响性能的重要部件;天线用于接收广播电台的发射电波,通过高频电缆向无线电调频装置传送;声音处理设备包括均衡器、声音处理器、电子分频器等;附件包括电源分配器、熔断器、线材、接头等。

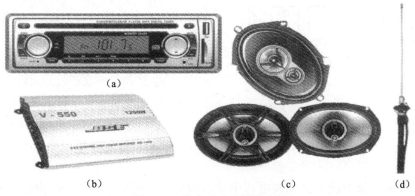

图4-5 汽车音响系统的组成
(a)主机;(b)功率放大器;(c)扬声器;(d)天线

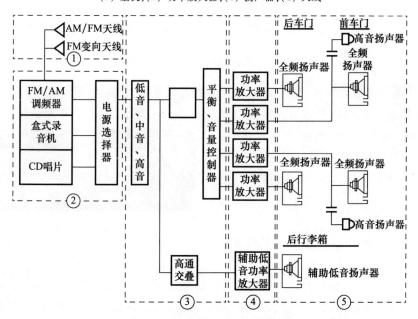

图4-6 汽车音响系统电路连接

1. 主机

汽车音响主机主要有收音机、卡带机和 CD 机三种。目前汽车上单一的收音机已很少,收音机大多与 CD 机组合在一起,统称为 CD 机;卡带机使用录音磁带作为音源,使用的是模拟技术,其频响范围窄、噪声大,已经不能满足欣赏音乐的需要,属于过时产品(本章不再介绍);CD 机使用的是数字技术,现在很多 CD 机还具有播放 VCD、DVD、MD、MP3 等功能。

(1) 汽车收音机。

汽车收音机主要由天线、收音机电子控制器 ECU、扩音器等组成,其 ECU 包括高频放大电路、调频电路、中频放大电路、滤波电路以及低频放大输出电路,如图 4-7 所示。各种电路的功用如下。

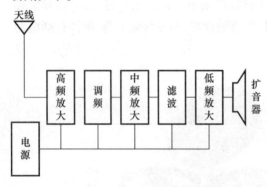

图 4-7 汽车收音机组成示意图

1) 高频放大电路。将天线所接收的电波选择所需要的信号加以放大。

2) 调频电路。将已放大的高频信号在本电路中加上振荡信号,再从两个信号音差的频率数取出中间频率信号。

3) 中频放大电路。将已取出的中频信号放大,本电路会影响收音机的灵敏度。

4) 滤波电路。从已放大的中频信号中分离并取出低频信号,改变电波的强度。在此电路中具有自动音量调整电路,能自动调整音量的大小。

5) 低频放大输出电路。从滤波电路中取出的低频信号输出太小,经此电路放大后具有充分的驱动功率,能使扩音器发生作用,本电路也具有音量调整电路,也能调节音量的大小。

一般对汽车用收音机的要求是:安装方便,适应于汽车的工作环境,具有体积小、质量轻、耐振性强、灵敏度高等特点。

(2) 汽车 CD 机。

汽车 CD 机又称激光唱机,是以光盘为载体播放音乐的设备,如图 4-8 所示。该设备采用了先进的激光技术、数码技术、计算机技术和各种新型元器件,具有高密度记录、放音时间长(60~75 min)、操作简便、选曲快速等优点。它能逼真地重放录制的内容,层次分明,有临场感。其音响技术指标很高,动态范围大,频响宽度达 5~20 000 Hz,失真度小到 0.003%,抖晃率极低。

图 4-8 汽车 CD 机

1) CD 机的结构。CD 机主要由光盘驱动系统、激光拾音器、伺服系统、信号处理系统、信息存储系统及控制系统等组成,其结构原理如图 4-9 所示。其中激光拾音器是 CD 机的关键部件,它由激光二极管、光学系统(包括分光棱镜、瞄准透镜、目标物透镜及 1/4 波长片等)和反射光接收系统(光检测器,即光二极管)等组成,其结构原理如图 4-10 所示。

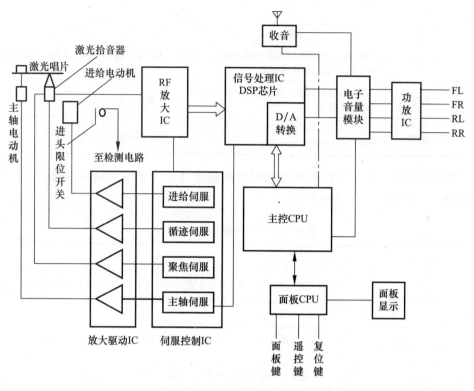

图 4-9 汽车 CD 机结构原理

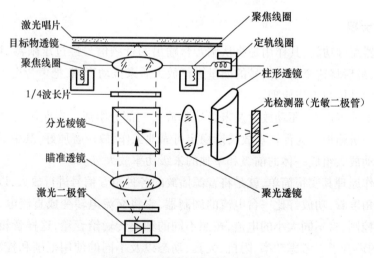

图 4-10 激光拾音器结构原理

2) 汽车 CD 机的性能指标,见表 4-1。

表 4-1 汽车 CD 机的性能指标

序号	项目	概念	性能指标
1	频率响应	CD 重放时能反映的声音的频度范围	CD 机的频度响应很宽,达 5~20 000 Hz,超过人耳的感受范围。频率响应范围越宽,高低音越丰富
2	信噪比	有用信号与噪声之比,比值越大,噪声越小	CD 机信噪比一般都大于 90 dB

续表

序号	项 目	概 念	性 能 指 标
3	抖晃率	激光头检测信号时的瞬时波动情况,以百分之零点几计,比值越小越好	CD机抖晃率小到几乎测不出的程度,近似为0
4	失真度	反映经放音后还原原声音的逼真程度,失真度越小越好	CD机失真度一般小于0.05%
5	声道分离度	立体声左右声道之间信号相互不串扰的程度,声道分离度越大越好	CD机声道分离度大于90 dB

3) CD机的种类。汽车CD机按激光唱片的数量可分为单碟、三碟、六碟、八碟、十二碟等。不同种类CD机的特点见表4-2。

表4-2 不同种类CD机的特点

序号	种 类	特 点
1	普通单碟CD机	一般价格较低,容易安装,CD碟片在进出仓时易划伤,减振较差(高档机除外),必须用于换盘(CD碟易脏污),输出功率小(如果负载过重温度过高时,激光拾音器保护影响使用,甚至使激光拾音器老化)
2	三碟和高档单碟机	价格较高,从性能价格上讲不如买多碟机,可是有些车型对多碟机无安装位置,也只好采用这种机型
3	多碟机	价格很高,最大的好处就是装碟多,存储量大,直接用主机控制换碟,方便且不易脏污,减振效果好

2. 功率放大器

功率放大器简称功放,其作用是将从调音台输出的音频信号经过压限器、均衡器、激励器进行加工处理,最后将这个音频信号的能量进行放大后来推动音箱,把声音送入声场。

(1) 功放的结构与工作原理。

功放一般由前置放大、驱动放大及末级功率放大三部分组成。专业用的功放把这三部分一起安装在同一机箱里。为保证功放长期稳定可靠地工作、放声音质好,其中最佳方案是配置前置放大与驱动放大组成一体的前级和单独的末级功率放大级。

功放的工作原理其实很简单,就是将音源播放的各种声音信号进行放大,以推动音箱发出声音。从技术角度看,功放好比一台电流的调制器,它将交流电转变成直流电,然后受音源播放的声音信号控制,将不同大小的电流,按照不同的频率传输给音箱,这样音箱就发出相应大小、相应频率的声音了。考虑功率、阻抗、失真、动态以及不同的使用范围和控制调节功能,不同的功放在内部的信号处理、线路设计和生产工艺上也各不相同。按当前音响消费的需求,民用音响中的功放已基本定型为两大类,即纯音乐功放和家庭影院AV功放。

(2) 功放的性能指标。

1) 输出功率。车载功放的输出功率有标称功率、额定功率、工作功率和音乐峰值功率四种。标称功率是功放的最大不失真功率,指在负载为4 Ω、总谐波失真小于1%、输入1 kHz正弦波信号的情况下,功放所能输出的功率。额定功率也称连续正弦波功率,通常是标称功率的1/2。工作功率是功放工作时所输出的功率,它与输入信号大小有关,输入信号为零时,工作功率也为零;输入信号越大,其工作功率也越大,其值是动态的。音乐峰值功率指瞬态音乐信号在总谐波失真小于1%时,最高的峰值功率。它只表明功放的瞬态特性,通常会超过额定功率的4~8倍。

2）频率响应。表示功放的频率范围和频率范围内的不均匀度。高质量功放的频率响应为20 Hz~20 kHz,不均匀度应保持在(正负)0.5 dB以内。

3）信噪比。指功放输出的各种噪声电平与信号电平之比,用dB表示,这个数值越大越好。一般功放的信噪比都在80 dB以上,高质量的产品往往达105 dB,对于追求声音品质纯净的车主,这个数值不容忽视。

4）失真度。理想的功放应该是把输入的信号放大后,毫无改变地还原出来。但是由于各种原因经功放放大后的信号与输入信号相比较,往往产生了不同程度的畸变,这个畸变就是失真,用百分比表示,其数值越小越好。失真度可结合功放另两个重要的指标"额定功率"和"最大功率"一起讨论。一台功放在其Rms功率情况下工作,失真应该比较小,一般为0.5%~0.01%。Peak功率或桥接时,信号可能产生变形、削波(波形信号不完整)等失真,失真度的比值也会因此增高,1%~0.5%都是正常的。失真度比值越小,音响效果越理想,这也是衡量一台功放的重要指标。

5）输入灵敏度。这是针对不同厂家及不同品牌的主机、前级音源而设置的调校电平,为100 mV~4 V,甚至更高,调音时须与音源匹配。

6）输入阻抗。一般要求功放输入阻抗要高,输出阻抗要低,输入阻抗越高,能越有效地阻隔各类杂音,常见值为10 kΩ或更高。

7）负载能力。车用功放在立体声时阻抗为2~8 Ω,个别特别设计的功放,阻抗可以低至0.1 Ω。这个时候,一台功放则可以并接几十个低音单元,营造理想的声压级(声压指声音对人耳产生的压强,它是衡量音响系统能力的标准,因为声压越高,对系统的要求越高,国内最高纪录约为141.5 dB,国外为176.5 dB)。

8）工作电压。功放的电压一般都是12 V,和车内的供电电压一致(有的车型是24 V)。为使信号动态范围更大,增强输出功率,一般在功放内都采用逆变升压技术,将12 V电压升压至35~40 V,以便在电压波动时,功放的电源电路会自动调整电压,从而保证输出功率的稳定性。目前该技术已在功放内普遍使用。

9）阻尼系数。指扬声器阻抗与功放输出阻抗的比值,该系数的大小会影响重放音质,通常阻尼系数大,表明功放的输出内阻很低。

10）转换速率。单位时间内功放最高放大级将较强的信号激励放大为高压、强电流的交流音频的能力。比值高,转换能力好,音乐的层次及动态在结合扬声器时能更接近原声音地还原重现。

（3）功放的种类。功放按电路工作状态可分为A(甲)类放大器、B(乙)类放大器、AB(甲乙)类放大器和D(数字)类放大器。

1）A(甲)类放大器。A类放大器的工作原理是输出器件(晶体管或电子管)始终工作在传输特性曲线的线性部分,在输入信号的整个周期内输出器件始终有电流连续流动。这种放大器失真小,但效率低,约为50%,功率损耗大,一般应用在家庭的高档机较多。

2）B(乙)类放大器。B类放大器有两支晶体管交替工作,每支晶体管在信号的半个周期内导通,另半个周期内截止。该机效率较高,约为78%,但缺点是容易产生交越失真(两支晶体管分别导通时发生的失真)。

3）AB（甲乙）类放大器。AB 类放大器兼有 A 类放大器音质好和 B 类放大效率高的优点，被广泛应用于家庭、专业、汽车音响系统中。

4）D（数字）类放大器。D 类放大器与传统的模拟功放是两种不同的工作原理，它属于开关型的音频功放，D 类放大器使用的是 PWM 技术，是一种开关频率随着时钟脉冲周期而变化的放大器。其优点是失真小、抗干扰能力强、散热器面积小、体积小、质量轻、电源功耗小、转换效率高，且具有 AB 类放大器的音质。其缺点主要是成本较高，随着现在软硬件技术的发展，成本降低后，数字功放的应用会越来越多。

3. 扬声器

扬声器俗称喇叭，它作为高保真放声系统的最后一个环节，其作用是把功放输出的信号能量不失真地转变为空气振动的声能。通常把扬声器、音箱和分频器三者的组合称为扬声器系统。

（1）扬声器的结构与工作原理。

汽车音响中常见的电动式锥形纸盆扬声器主要由三个部分组成。

1）振动系统，包括锥形纸盆、音圈、定心片等。

2）磁路系统，包括磁体、导磁板等。

3）辅助系统，包括盆架、防尘盖等。

音圈是锥形纸盆扬声器的驱动单元，它是用很细的铜导线分两层绕在纸管上，一般绕几十圈。音圈与纸盆固定在一起，当声音电流信号通入音圈后，音圈振动从而带动纸盆振动。定心片用于支持音圈和纸盆的结合部位，保证其垂直而不歪斜。定心片上有许多同心圆环，使音圈在磁隙中自由地上下移动而不做横向移动，保证音圈不与导磁板相碰。定心片上防尘盖的作用是防止外部灰尘等落入磁隙，避免造成灰尘与音圈摩擦，而使扬声器产生异常声音。

扬声器的工作原理是：当处于磁场中的音圈有音频电流通过时，就产生随音频电流变化的磁场，这一磁场和磁体的磁场发生相互作用，使音圈沿着轴向振动，进而带动纸盆发出不同频率和强弱的声音。该种扬声器结构简单，低音丰满，音质柔和，频带宽，但效率较低。

（2）扬声器的种类。扬声器按放声频率可分为低音扬声器、中音扬声器、高音扬声器和全频带扬声器等，各类型扬声器的特点见表 4-3。

表 4-3 各类型扬声器的特点

序号	种 类	概 念	特 点
1	低音扬声器	主要播放低频信号的扬声器	此种扬声器为使低频放音下限尽量向下延伸，扬声器的口径做得都比较大。一般情况下，低音扬声器的口径越大，重放时的低频音质越好，所承受的输入功率越大
2	中音扬声器	主要播放中频信号的扬声器	此种扬声器可以实现低音扬声器和高音扬声器重放音乐时的频率衔接。由于中频占整个音域的主导范围，且人耳对中频的感觉较其他频段灵敏，因而中音扬声器的音质要求较高
3	高音扬声器	主要播放高频信号的扬声器	此种扬声器为使高频放音的上限频率通达到人耳听觉上限频率 20 kHz，因而口径较小，振动膜较韧。和低、中音扬声器相比，高音扬声器的性能要求除和中音单元相同外，还要求其重放频段上限要高、输入容量要大

序号	种类	概念	特点
4	全频带扬声器	能够同时覆盖低音、中音和高音各频段的扬声器,可以播放整个音频范围内的电信号	此种扬声器大多做成双纸盆扬声器或同轴扬声器。双纸盆扬声器是在扬声器的大口径中央加上一个小口径的纸盆,用来重放高频声音信号,从而有利于频率特性响应上限值的提升。同轴式扬声器是采用两个不同口径的低音扬声器与高音扬声器安装在同一个中轴线上

4. 天线

汽车天线通过对接收到的信号进行电子放大,过滤信号,使收音机声音更清晰、频道更多。汽车天线主要有杆式天线、玻璃天线和自动天线三种。

(1) 杆式天线。

杆式天线是一种可伸缩的金属棒,长约 1 m,通常安装在前挡泥板或车顶等处,如图 4-11 所示。

(2) 玻璃天线。

玻璃天线是在后风窗玻璃的中间层埋入 0.3 mm 以下的细导线,通常通过印刷式实现,如图 4-12 所示。与普通杆式天线相比,由于天线隐藏在玻璃上,因此也叫隐藏式天线。玻璃天线可以实现 TV、FM、AM、CPS 等信号的接受。

图 4-11 汽车杆式天线

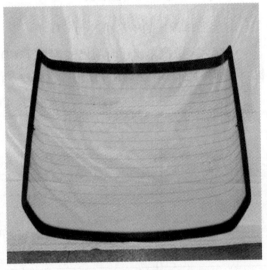

图 4-12 汽车玻璃天线

(3) 自动天线。

自动天线是具有自动伸缩功能的天线,如图 4-13 所示。自动天线由电动机、减速器、卷索器、推拉索、继电器及开关等组成,如图 4-14 所示。电动机为永磁可逆直流电动机,由继电器改变电动机电枢电流的方向,即可改变电动机旋转方向,通过减速器、卷索器、推拉索驱动天线伸缩。自动天线还设有限程开关,当天线伸、缩运动至极限时限位,开关将切断电路。

图 4-13 自动天线

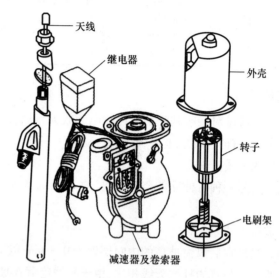

图 4-14 自动天线的组成

四、汽车音响主机升级改装

1. 将原车配备的卡带机改为 CD 机

现在大多数汽车出厂时就已经配置了 CD 机，如果原车配置的是卡带机，则可更换为 CD 机。目前市场上 CD 机的品牌很多，表 4-4 所示为推荐的几款 CD 机品牌说明。

表 4-4 CD 机品牌说明

序号	品牌及型号	图示	参考价格	特点	适合人群
1	Alpine（阿尔派）CDE-9841		930 元	一组前级输出，白色 LED 显示面板，做工精细，音质优美。其弱项是除了播放 CD 外，没有其他任何功能	对音质要求完美的音乐发烧友
2	Pioneer（先锋）DEH-2750		970 元	良好的品牌支撑，具有读取 MP3 盘功能，并支持多碟播放，可连多碟盒，同时可选择三种模式的响度。其弱项是操控性不是很好，音质一般	要求价位适中的稳重中产阶级人群
3	JVCKD-AR400		980 元	时尚的面板风格，多彩色显示器，可控制 CD/MP3 替换器的 CD 接收机，独具可手动翻转的面板功能，同时兼容 MP3 盘。其弱项是音质一般，价位偏高	追求新鲜感、喜欢 MP3 音乐的时尚人群
4	Sony（索尼）CDX-S2210S		910 元	强大的品牌支持，时尚的面板风格，其采用 S-MOSFET 技术，大幅度降低噪声及电路板之间的信号互相干扰，并提高了声音的速度感觉、能量感及透明感。其弱项是功能较少，兼容性不强	一向支持该品牌的忠实人群

续表

序号	品牌及型号	图 示	参考价格	特 点	适合人群
5	GoRun(歌韵) GoRun-6110		950元	国内首款可插U盘、SD/MMC卡的汽车数码音响主机,可以兼容时下流行的绝大部分的U口产品(包括IPOD在内),音质清晰悦耳,具有断点续博、一键静音的功能。其弱项是面板设计风格中庸,但也符合汽车内饰实用主义时尚	网络数码接触频繁的各类白领时尚人群

总之,汽车音响主机的选择还是要根据个人的喜好以及功能需求来决定。此外,有些汽车改装音响更换主机后,收音效果会大不如前。主要表现在以下两个方面。

(1) 收音不清晰,噪声很大。

(2) 很多以前能收到的电台,现在却收不到了。

出现以上情况的原因是:为了整体造型的美观,放弃了外置天线,而是采用一种新型的风窗玻璃印刷天线。这种天线的接收信号能力比外置天线要差一些,厂家为了解决这个问题,在天线接收端设置了一个信号放大器,来提高收音的灵敏度。这个信号放大器是需要电源才能工作的。而在改装音响换主机时,很多改装人员不明白这一点,而没有接"信号放大器"的电源,从而导致收音效果差。

对此可采取以下解决方法。

(1) 部分日系车(如骐达),原车主机后面有一条专用的天线信号放大器的供电线。针对这些车型,换主机时直接把新主机电源线组中的一条蓝色线(天线启动线)接到这条线上就可以了。

(2) 很多欧洲车型(如大众车系),没有设计专用的天线信号放大器电源线,而是与天线同轴电缆内的芯线共用。针对这些车型,不能直接把新主机电源线组中的蓝色线直接接到天线同轴电缆的芯线上,否则会损坏主机。应按下述方法接线。

1) 剪断天线电缆,把两端的电缆的屏蔽层和芯线剥开,如图4-15所示。

图4-15 剥开芯线的天线

2) 加装电容。在两端剪断的两条同轴电缆芯线之间串上一只标示为"103"($0.01\mu F$,此电容的大小没有严格的要求,从0.001到$0.1\mu F$的都可以)的小瓷片电容,如图4-16所示。在接外天线一端要预留一个接线头备用,两端的屏蔽层铜丝还是直接接在一起。

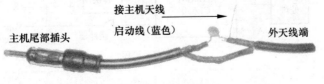

图4-16 加装电容

3) 天线加工完成后,把新主机电源线组中的蓝色线(天线启动线)接在上一步中预留好的接头上,用绝缘胶布包好,插到主机上即可,如图 4-17 所示。

2. 将 CD 机升级为 VCD 机

(1) CD 机升级原理。

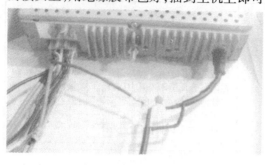

图 4-17 连接主机

解码器是将汽车 CD 机升级实现 VCD 功能的器件。解码器利用原 CD 机的伺服机构、面板控制及显示功能来实现声音视频功能。在原有 CD 机的基础上,取出 RF 信号到解码器,作为它的信号源,然后解码器对它进行解码,将声音和图像信息分离,视频信号经处理后直接输送到显示器,实现视频功能。处理后的音频信号则返回到原 CD 机的音频通道(CD 机的音频通道要断开),再经 CD 机的后级音量控制模块和功率放大,从原 CD 机输出。

有些解码板(如 D 板、F 板)需将 CD 机的音频信号引入,即将改机线的左右声道输入线接在 CD 音频断开后靠前级的一边,这样播放 CD 碟片时,可保持原 CD 机的音色,即与改机前一样。

有些 CD 机在改机后播放 CD 有声音而播放 VCD 没有声音,这表明有静音需要解除,参照资料解除即可。但有的 CD 机是数字静音的,需外加电路板才能解除。

解码器(或解码板)的工作状态受 CD 机的播放状态自动控制。当播放 CD 或 VCD 碟片时,解码器的检测电路检测到 RF 信号,解码器通电开始工作,显示图像;当 CD 机在收音或卡式状态时,解码器检测不到 RF 信号,解码器电源断开,不工作,无显示。

(2) 操作步骤。

CD 机改装连线如图 4-18 所示,操作步骤如图 4-19 所示。

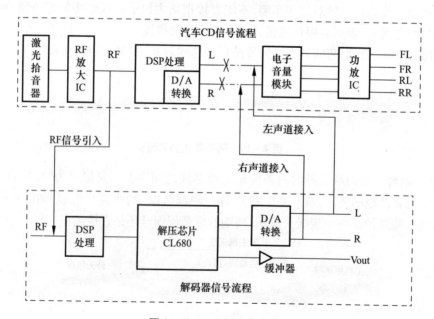

图 4-18 CD 机改装连线

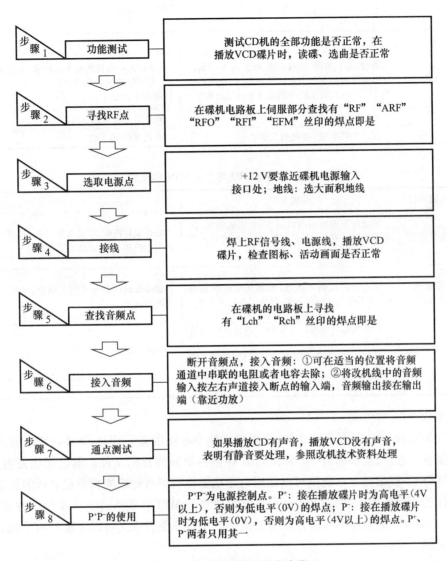

图 4-19 CD机升级操作步骤

3. 加装车载 MP3

（1）加装车载 MP3 的目的。

车载 MP3 与车载 CD 机的比较，见表 4-5。车载 MP3 与个人 MP3 的比较，见表 4-6。从这些比较可以看出，车载 MP3 有其独特的优点，所以很多车主还是愿意加装车载 MP3。

表 4-5 车载 MP3 与车载 CD 机的比较

序号	比较项目	车载 MP3	车载 CD 机
1	改装操作	无须改线或安装，即插即用	必须连接并安装
2	使用费用	网上有超过 50 万首 MP3 歌曲及相声、戏曲可免费下载	必须花钱购买碟片
3	适应性能	为无线射频及数字解码技术的结晶，无论怎样颠簸都不怕	遇到震动、颠簸必然会出现跳碟，影响收听

续表

序号	比较项目	车载 MP3	车载 CD 机
4	存储性能	存储小巧、方便，一般一首 MP3 为 3~4MB，1GB 容量可以存放 300 首歌左右，可连接播放约 17 个小时，并能随时删除或下载最新歌曲	CD 碟片一张只能刻十几首歌，并且是一次性的，不能反复刻录新歌，CD 碟片多了存放及寻找都很不方便
5	返修率	低于万分之三	在千分之五左右
6	价格	仅为中档车载 CD 机的五分之一	车载 MP3 的 5 倍

表 4-6　车载 MP3 与个人 MP3 的比较

序号	比较项目	车载 MP3	个人 MP3
1	收听方式	可通过车内音响喇叭播出，无须戴耳机，从而确保行车安全，真正实现"好音乐可以大家一起共享"	必须戴耳机听，不适合年长者、行政人员或商务人士使用，并且无法与朋友共享
2	用电及使用时间	通过车内点烟器供电，无须充电或购买电池，更不受电池时间限制，想听多久就听多久	必须长时间充电或购买电池，并且使用时间不可能过长
3	特殊功能	USB 充电功能可以方便用户边听音乐边给手机充电	无此功能
4		播放位置、音量、频率断电可记忆，使用非常方便	
5	返修率	低于万分之三	百分之一左右

（2）车载 MP3 的功能。

目前大多车载 MP3 都有蓝牙功能，采用高性能专业级的蓝牙模块、WMA/MP3 解码芯片、高保低背噪发射芯片，能够播放 SD 卡和 USB 存储器里面的音乐文件。通过无线发射到汽车音响，如果用户手机带蓝牙功能则可以使用蓝牙功能将机器自动切换到免提通话的状态，通话结束后又自动切回到音乐播放状态，还可以将手机里的 MP3 音乐通过无线发射的方式发射到汽车音响，不需要改装爱车即可轻松在驾驶途中既可以享受音乐又可以免提使用手机通话，娱乐安全两不误。

（3）车载 MP3 的性能特点。

不同的车载 MP3 产品其性能特点不尽相同，实捷车载 MP3（图 4-20）的性能特点如下。

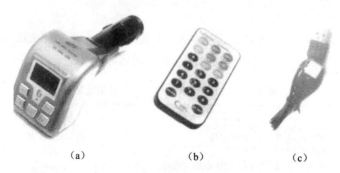

（a）　　　　　　　（b）　　　　　　　（c）

图 4-20　实捷车载 MP3

（a）车载 MP3 播放器；（b）红外线全遥控器；（c）USB 数据线

1）OLED 彩屏显示。发射频率/来电显示/歌曲序号/音量大小/音效模式。

2)蓝牙车载免提与车载 MP3 完美结合。来电自动切换,带来电显示、自动加连接、重播、拒接、私密接听等功能。

3)支持蓝牙 2.0,支持立体声 A2DP,兼容市面所有蓝牙耳机。来电时实现语音报号(能支持中、英、日等九国语言,此功能可选,根据客户的要求而定),通话时消回音和噪声处理。

4)采用 2V/24V 外接电源供电,USBHost、SD/MMC 卡的 MP3、WMA 格式文件。

5)206 个发射频点,具有歌曲和频点记忆功能,支持直接数字点歌、点频率,具有 11 种音效模式。

6)红外线全遥控操作。数字选曲/频率选择/音量大小调节/音效模式调节。

7)含 FM 发射功能,可将通话语音,手机音乐,U 盘/SD/MMC 卡上的 MP3、WMA 音乐通过 FM 发射到汽车音响中播放出来。

8)前端可自由折叠,适合不同车内环境。

9)直接接汽车点烟器通电。

(4)车载 MP3 的使用方法(以实捷车载 MP3 为例)。

1)播放音乐。将产品插入到汽车点烟座,把里面有 MP3 或 WMA 音乐文件的 SD 卡或 U 盘插入相应的插座,播放器检测到里面的音乐文件后将自动进入播放状态,按键切换播放/暂停。

打开汽车音响于 FM 收音状态,调整汽车音响的发射频率和汽车收音机的接收频率一致,汽车音响就能播放出机器的音乐了。

2)调整发射频率。按"CH-"键和"CH+"键可以从 87.5 到 108 MHz 之间调整 FM 的发射频率,长按快速调整。短按向左键或向右键,播放上一曲或下一曲;长按音量减小和音量增加。

3)使用蓝牙免提功能。第一次使用免提功能需要对码。对码的方法是:打开手机的蓝牙功能并进行搜索,当手机搜索到蓝牙机器后将手机进行捆绑,第一次捆绑需要在手机输入初始密码 0000。连接完成后即可通过免提接听和拨打电话。

如果手机与该免提播放器已经对过码,手机设置允许蓝牙自动连接的情况下,该免提播放器通电的时候会与手机自动连接(如果手机设置未允许自动连接蓝牙,手机会提示是否连接,不同手机型号会略有不同)。

当蓝牙 MP3 在播放音乐的时候手机来电,播放器将自动切换到手机免提状态,按一下蓝牙接听键即可实现免提通话功能,通话结束后又自动切换回到音乐播放状态,也可以直接按蓝牙接听键挂断结束通话。

4)说明。

a. A2DP 功能。带有 A2DP 功能的手机(即带立体声蓝牙),可以通过 AV 连接功能(有的手机叫音乐拓展播放等,叫法不同,连接方法与上述一样)在汽车音响上播放手机内的音乐。

b. 不同手机的不同蓝牙服务可同时连接,但同一服务只能同时连接一部手机。如 A 手机连接好了手机通话功能,B 手机要连接通话功能就一定要把 A 手机断开,但是 B 手机若有 A2DP 功能(A 手机没有连接 A2DP 功能的情况下),也可以单连接 A2DP 功能。即 A 手机可以免提打电话,B 手机也可以通过该蓝牙播放器播放音乐。此时如果来电或拨打电话,会自动电话优先。电话结束后会自动转入 A2DP 播放功能。

c. 优先级。不同的功能都在使用的情况下,优先级如下:手机通话→A2DP 播放→U 盘音乐播放→SD 卡音乐播放。

按此优先次序,任何高优先级的功能被激活,低优先级的会被暂停,高优先级的功能结束后,低优先级的会恢复。

五、汽车音响的配置

1. 汽车音响配置原则

汽车音响系统的好坏,关键在于如何组合和搭配。同一品牌的主机、功放、扬声器的组合,出现不协调的机会少,不易出毛病,适合初入门者。不同品牌的主机、扬声器的组合选配得好,往往会收到更好的效果。

在国际上真正生产专业汽车音响器材的公司并不是因为所生产的系列产品而闻名,而是因为它所生产的专业性强的某一器材而被人们所熟知,比如日本生产的主机,其数码科技和敏感便捷的操纵性能领先其他国家;而欧美生产的扬声器,其优质的材料和精纯的质地以及传统手工精细的铸造技术又是日本产品无法比拟的。组合原则是充分利用和发挥每件器材的作用,但相差悬殊时会造成浪费(好的器材没有发挥应有的作用,而较差的器材又使整个音响系统指标下降)。所以要取得好的音响效果,应选择同一个档次的器材。

由于车内空间狭小,同时存在各种噪声以及由驻波引起的共鸣,这就形成了一个相对较差的音响环境。汽车音响配置时需要考虑以下几点。

(1) 系统的平衡性。

1) 价格的平衡性。价格的平衡性是指整个汽车音响系统的档次要和汽车的听音环境相配合。

2) 搭配的平衡性。搭配汽车音响时一定考虑一套音响各个组成部分的平衡,即主机、功率放大器、扬声器和线材等都要进行恰当的选择,合理使用,切忌在配置中使用相差悬殊的设备器材。

(2) 大功率输出原则。

大功率输出原则是指在一套音响系统中,主机或功率放大器的输出功率一定要大。输出功率越大,表明能够控制的音频线性范围越大,也就意味着其驱动扬声器的能力越强。而小功率的功率放大器不仅容易引起声音上的失真,更会烧毁功率放大器或者扬声器的线圈。

(3) 音质自然重放原则。

评判音响的优劣时,会将频响曲线的平滑性作为评价的主要客观参数。例如,阿尔派的汽车音响无论是主机、功率放大器还是扬声器都具有非常平滑的频响曲线。

众多的技术参数不能完全说明音响系统的好坏,只能表明该音响系统的技术特性指标。衡量一套音响系统好坏最直接有效的方法就是亲耳试听,即以个人听感为主,技术为辅。在听感方面,一是临场效果要好;二是音乐整体平衡感要强;三是对于移动的声响,有较好的表现,要有层次感。当然,欣赏一套器材的音响效果,与听者的欣赏水平、文化素质、现场情绪等因素是分不开的。

2. 汽车音响配置方式

(1) 主机 +4 个扬声器,如图 4 - 21 所示。这种配置的目的是加大内置功放的功率。所有主机上标明的功率输出值都是峰值功率。由于主机内空间的限制,内置放大器的效果还无法达到外置放大器的强劲及高清晰度。但该配置能满足一般音乐欣赏的需要。

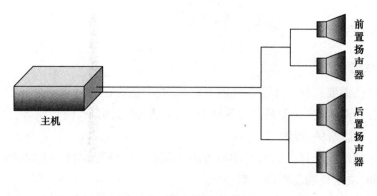

图4-21 汽车音响配置方式(一)

(2)主机+1个四声道功放+4个扬声器,如图4-22所示。这是一套标准的搭配方式,最适合于欣赏传统音乐、流行歌曲及交响乐等。

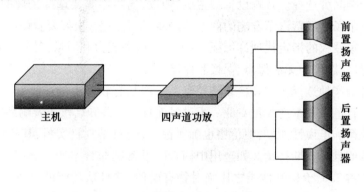

图4-22 汽车音响配置方式(二)

(3)主机+1个四声道功放+1个二声道功放+4个扬声器+超低音BASS,如图4-23所示。这种配置适合于欣赏爵士乐、摇滚乐、重金属音乐。有些四声道功放具有无衰减的前线输出,使系统扩展超低音显得轻而易举。装有超低音的系统最适合于爵士乐、摇滚乐、重金属音乐的要求。中档次的车型,为了达到消除噪声、提高低音部分声压级的目的,也可以采用这种搭配。

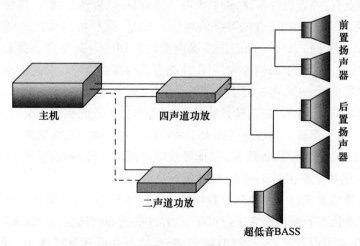

图4-23 汽车音响配置方式(三)

六、汽车音响的选购

1. 选购的依据

（1）根据自己需要选择。车主在选购音响时，要考虑自己对音乐的爱好程度和欣赏水平。汽车音响主要分为两大类：一类是以听音质为主，如古典、交响乐、流行曲等；另一类是劲量型（俗称"炸机"），如迪斯科、摇滚等。

（2）根据车辆情况选择。选购音响要考虑车辆的具体情况，根据车辆的档次、安装位置及尺寸和车内空间，决定选购怎样的音响系统。

（3）根据经济实力选择。不同档次的音响价格相差较大，当今市场上销售的音响设备多达数十种，价格从中档的 3 000～5 000 元，高档的 30 000 元，到超高档的甚至能达到十几万元，选购时要根据自己的经济实力确定。

（4）根据音响品牌选择。音响设备如主机、功放、扬声器等要选择正规的品牌，不能选择杂牌产品。现在市场上经营汽车音响的商家特别多，鱼龙混杂，最好要看该商家是否拥有该种品牌音响设备厂家授权的指定代理许可证，有无售后服务能力和质量三保的承诺措施。否则，买回后，出现质量问题可能无法保修、保换和保退。

（5）根据音响产地选择。在高档豪华轿车上一般都有较专业的高级音响，其中以欧美产品为佳，其音质、音色比日本产品更专业。不过目前日本一些知名汽车音响品牌也相继推出一些品牌与欧美抗衡。虽说性能好，但价格也确实惊人，绝对是真材实料，其指标绝对能够达到铭牌上所列的数值且可长期持续。如选用中档音响设备则非日本产品莫属，它的品牌在专业汽车音响设备中占 2/3，价格和性能之比绝对物有所值，并且从功能的完备性和外观的造型、装潢和工艺精良等方面，都是欧美产品无法与之抗衡的。从汽车扬声器来看，欧洲产品的品质最为优质，音乐的还原最为真实，最受国内发烧友推崇，其次就是美国、日本产品。功放、超低频喇叭则是美国产品最为领先。主机是日本产品占主流，无论功能、款式、使用方便度等都明显占优势。

（6）根据音响档次选择。同一品牌和产地的音响大多有高、中、低档不同的款式和配置。高档音响主要特点有：外表设计精良，例如大屏幕多彩显示、翻转面板等；在设备的性能指标和功能上加以表现，如采用 BBE（音响系统清晰度）、EEQ（简易均衡器）、SFEQ（音像定位均衡器）、DSO（虚拟音效空间）、DRC（动态道路噪声控制）、DDBC（数字动态低音控制）等先进技术；中档音响在功能方面少于高档音响，但在性能方面与高档音响却相差无几。低档音响在功能和性能方面都要更低一些，但是对于一般听众已足够。

（7）根据音响匹配选择。在选择音响器材时，要考虑系统的整体情况，每个器材的投资比例要合适，按同一水平配置。功放应选择大于喇叭指示功率的。功放功率小，在长期使用大功率输出时，容易烧坏，还会导致音质差、失真等故障出现。比如：所有喇叭的指示功率总和为 100 W，那么功放的功率要在 100～150 W 才能有良好匹配。

（8）根据音质效果选择。专业汽车音响的生产厂家较多，可以说是各有所长、各具特色。选购前最好到专业汽车音响试听室进行试听，这样才能选择出适合自己欣赏口味的音响组合。在试听的时候，车主可以自己带一张 CD 唱盘，唱盘的声音最好兼有高、中、低三个声部，这样可以充分了解所选音响的音质。

2. 主机的选购

选购主机应重点考虑规格、音质、功能、性能等指标。

(1) 规格。

主机外型尺寸分 1 DIN 和 2 DIN 两种规格。欧洲车的尺寸为 ISO 标准尺寸(1 DIN SIZE = 长 185 mm × 高 50 mm × 宽 160 mm),又称为 DIN 尺寸(DIN:德国工业标准的缩写),这是目前市场上销售的汽车音响的标准尺寸,通用性极强。而日本车的尺寸一般为 2 DIN SIZE,高度是欧洲车的 2 倍,基本上可以与欧洲车通用,但有一些 2 DIN SIZE 的特定产品则只能用于日本车。美国车的尺寸较为特别,与 ISO 标准相比,长度及宽度都略为放大,一般不能通用。国产汽车上虽然安装了简单的汽车收音机,但安装孔的尺寸大多也符合标准。而一些内饰造型比较独特的轿车,音响安装孔为非标准尺寸,在这种情况下,就只能选用原厂的音响设备,用户自己改造的余地很小。适合安装 1 DIN 机型的车有:富康、捷达、桑塔纳 2000、三菱、奥迪、奔驰等。适合安装 2 DIN 机型的车有:丰田、本田、别克、帕萨特、日产、斯柯达(欧雅)等。富康和奥迪 A6 两种车的中控台空位不是标准的 DIN 位设计,在安装主机时需要特制的主机架才能装上。

(2) 音质。

音质是选择音响最重要的一个因素,声音的组成含有多种成分,其中音调、音色、音量及音品是决定音响效果的四大要素。音调由声波的频谱所决定,音量由声波的振幅所决定,音色由声波的频谱所决定,而音品是由声波的波形所决定。一般情况下,越高档的机型音质就越好。各个牌子之间的差别一般体现在音色方面,如有的清晰、温暖、甜润,有的则是冷静型,所以应该选择车主所喜欢的类型机种。

(3) 功能。

由于汽车特定的聆听空间,对声场、音质都有一定的影响,为了解决这些问题,现在很多主机已有相应的功能设计,务求达到现场的聆听效果。普通机型包括以下一些基本功能。

1) 音调的调节,也就是平时常说的高、低音调节。低频的调节频率通常设定在 45Hz,高频的设定在 12kHz,调节的范围在 ±6dB 之间。

2) 等响度的控制。通常当音量较小时,会发现高音、低音好像都没有了,整个声音没有层次感,这时只要按一下 LOUND 功能键,主机就会对高音、低音自动进行提升,重新听到丰满、清晰的声音。

3) 预置均衡模式。主要针对不同类型的音乐设置不同的频率曲线,一般有摇滚(ROCK)、流行(POP)、爵士(JAZZ)、古典(Classic)等,以此针对不同的声音频段进行适量的增强与调整。

4) 环绕声预置模式。这是追求现场效果的车主必选功能,有运动场、录音室、大厅、教堂、舞厅各种环绕效果。

5) 声像定位处理。它可以把声像根据个人的需要进行定位,最理想的效果就是把声像定位在风窗玻璃的中间。

(4) 性能。

主机性能指标主要体现在以下几个方面。

1) 输出功率。现在的主机所标的功率绝大多数为音乐功率,为 40~60 W,功率越大

越好。

2）频率响应。人耳所能听到的频率为 20 Hz~20 kHz，因此该指标最少要达到这个数值，而且越宽越好（下限频率越小越好，上限频率越大越好）。

3）信噪比。信噪比指的是音乐信号与噪声的比例，单位为分贝（dB）。该数值越大越好，一般高档的产品都在 100 dB 以上。

4）谐波失真。该指标体现声音再现的还原度，数值越小表示还原度越高。

3. 功放的选购

选购功放时应考虑以下因素。

（1）功放的品牌。

目前，市面上功放的种类很多，价格从几百元到一万多元不等，外行人看外形好看和体积大的就认为好，还有的看体积大、标称功率大、价格低就觉得买到了便宜货。其实，看起来体积大、价格低、标称功率大的功放不一定品质就好，甚至有些是"三无"产品，技术指标往往也是虚的。这种功放容易产生噪声，尤其是静态噪声大，随着使用时间的延长，尤其是经过冷热变化和震动，故障就会显现出来。所以在选择功放时，一定要看品牌，一般名牌产品都有自己的网站，可以在网上确认真假，避免上当受骗。每个品牌基本都有高、中、低档，在购买时要加以区分，以避免花高档的价格买低档的产品。

（2）功放的功率。

由于汽车在行驶当中噪声会随着车速的加快而不断提高，为使这些噪声在听觉上减少一些或者听不到，应选购功率足够大的功放。在心理声学当中有一种掩蔽效应，当两个声音同时传来，一个较响、一个较轻，前者往往会把后者掩盖起来，让人听起来好像只有一个声音，比如将一盘空白磁带放在卡带机内，开机后会听到"沙沙"声，而当用同种材料的音乐磁带放唱时，基本上感觉不到噪声，这并不是噪声消失了，而是音乐信号较强，将噪声掩盖住了。所以，在汽车里如果想听没有什么噪声的音乐，必须有一台功率较大的功放，以提供足够的功率驱动扬声器，使扬声器播放出来的声音达到能把噪声掩盖住的程度。

（3）功放与扬声器的搭配。

在普通的汽车音响系统中，一般采用两台功放或一台功放。在采用两台功放时，选用的一台四路功放专门用于推动前、后车门的中高音扬声器；另一台两路功放用于推动超低音扬声器。当采用一台功放时，常选用的是五路功放（其中四路用于推动中、高音，另一路推动超低音扬声器）或是六路功放（其中四路用于推中、高音扬声器，另二路桥接推超低音扬声器）。

（4）功放的技术指标。

由于受汽车的使用条件限制（电源不足），整套音响的输出功率受限，因此，尽量减少功率损耗也是设计一套汽车音响的重要目标。不能像家庭音响一样用一台功放同时来驱动高音、中音、低音扬声器，因为这样一来，必须要采用被动分频网络，会损耗大量的功率，令原来已显得不足的输出功率更显得捉襟见肘了，这就是现时汽车音响系统里采用单台功放专门推动超低音的主要原因。

4. 扬声器的选购

选购扬声器时应注意以下事项。

（1）与系统协调。选择扬声器时，应当首先考虑使用什么样的系统。如选音乐品质型系统(播放古典乐、交响乐、轻音乐等),应选择音质清晰柔和的扬声器。如选择劲量型系统(播放迪斯科、摇滚乐等),应选择比较牢固和动态范围大的扬声器。从扬声器再现的声音选择,粗略分析,美国品牌的特色多为节奏相对强劲,有动感;欧洲品牌的风格相对细腻、纤巧;日本品牌基本上是兼而有之。

(2) 与主机匹配。在选择扬声器时应考虑与主机功率相匹配,汽车前面扬声器最好选用套装(即高音、中低音分开),这样方便声场定位,因为高音有指向性,所以高音安装最佳位置应与人耳平行,后面扬声器尽量选择直径大、低音特性好的,这样整体声音才会显得丰满。

(3) 品牌质量。扬声器相当于人的嗓子,质量的好坏直接影响发出的音质,所以切不可图便宜,因为音质差、质量低、易损坏、寿命短的低档假冒扬声器与主机配套整体价格就低,但效果很差。所以在购买扬声器时,同样要看品牌、技术参数,而且要试听,由于同样功率、同样尺寸的扬声器,因灵敏度和制作的材料不同,所以发出的声音也就不同。

(4) 升级配置。目前中、低档轿车内安装的均为单元喇叭 4~6 in,由于这类大小的喇叭一般只能表现中频范围,故给人的感觉较混乱,高音不亮,低音不厚。改进方式是使用一些二至三分频的组合扬声器,即在一个 4~6 in 的喇叭上增加一个 1~2 in 的高音单元。这是目前汽车音响改装市场上使用较为普遍的方式,基本上可以改善扬声器的表现力,特别是高音部分,使音响系统较为明亮。为了再现丰富的低音,拥有充分容量的低音箱是不可缺少的,但出于安装位置的影响,音场定位不佳。更为良好的改进方式是使用高、中、低单元组合喇叭,将不同单元根据声场定位要求,安装在不同位置,形成良好的声场定位。

5. 线材的选用

线材包括电源线、信号线和扬声器线。线材的好坏直接影响音质和安全,因此应选用高抗氧化,高导电率,外皮包有 PVC、PE、PP 等材料的线材。不同线材在选用时应重点考虑以下因素。

(1) 选用信号线要考虑屏蔽。应选用双层屏蔽线材,以增强抗干扰性,防止杂音进入。

(2) 选用电源线要考虑传导性。汽车音响专用多芯铜线,不仅阻抗小、导电率高,而且线材的外皮都耐高温、高阻燃、抗老化。线径过细的线材会发热造成热损耗,甚至会引发火灾。

(3) 选用扬声器线要考虑耐高低温、抗老化。线材宜选用钛金、镀银、无氧铜等材质,使用不同的线材,音质将略有差异。

(4) 选用线材要考虑电阻大小。线材的电阻越小,在线材上消耗的功率越少,则系统的效率越高。即使线材很粗,由于喇叭本身的原因也会损失一定的功率,而不会使整个系统的效率达到 100%。另外,线材的电阻越小,阻尼系数越大,喇叭的赘余振动越大。

(5) 选用线材要看横截面积。线材的横截面积越大(越粗),电阻越小,该线的容限电流值越大,则容许输出的功率越大。

(6) 电流熔断器的选用。主电源线的熔断器越靠近汽车蓄电池越好,电流值大小可按以下公式加以确定:

电流值 = (系统各功放的总额定功率之和 × 2)/ 汽车电源电压平均值

七、汽车音响改装操作方法

1. 汽车音响改装操作程序

汽车音响改装操作程序如图 4-24 所示。

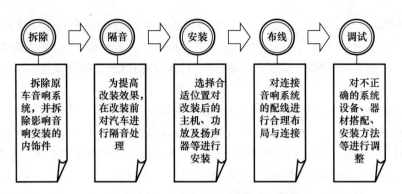

图 4-24 汽车音响改装操作程序

在进行改装前,首先要进行一些必要的检查和准备,主要包括以下内容。

(1) 外观部分。看外观有无擦伤、划痕,打开车门看看要拆的部位有无撬痕和其他损伤。

(2) 电器部分。查看仪表及各电器是否正常。

(3) 车室部分。查看车内饰是否有损伤等。

(4) 检查准备安装的产品。根据销售清单清点所需安装的产品以确定其完好无损、配件齐全,并集中存放、保管。

(5) 了解安装的部位及走线部位。制订整体计划,绘出配置安装图由车主确认。

(6) 做好各项记录,并让车主在汽车音响施工检查表上签字确认。

2. 主机的拆卸

主机中控台拆除方法根据不同车型确定,主要有以下三种。

(1) 用专用工具直接拆下。有些车型配备拆主机的工具,将工具塞入主机为拆除留下的缝隙中,感到工具卡上后用力拉出,主机就跟着出来了。

(2) 有些车型的主机是用螺钉直接固定在中控板上的,外部用装饰件盖住。拆下带有卡扣的装饰件,就可以卸下主机。

(3) 有些车主机的安装需要对中控板进行改造,然后才可以安装。

在拆除高档车的原车主机时应注意多数都有防盗密码,一旦断电,主机就会被锁住。解决的办法有以下几种。

1) 找到密码,一般放在车内的杂物箱内侧或是行李舱放备胎的地方,输入后即可解锁。

2) 通电 1 小时以上,有些车可以自动解码,但必须是原车。

3) 用车钥匙反复开启、关闭车门。

4) 咨询经销商,获得密码。

5) 可以到专门的主机维修点,去掉机内密码记忆元件或 CPU。

3. 扬声器的拆卸

(1) 拆除车门内的扬声器。

拆除车门内的扬声器时,首先要拆除车门内饰板。内饰板一般是一块有蒙皮或人造革的纤维板,结构简单,只要把摇窗器把手和门把手拆除,其余的基本上都是塑料卡扣,小心拆开即可。若是高档车型,一般是先拆除装有中控开关、电动窗开关等控制件的面板,拆下面板后可以看到主要的固定螺钉,再用软布包上扁平的螺丝刀,沿边缘插入,找到扣件后依次在靠近扣件的地方撬起。要了解扣件的结构后,再小心拆开,最后再将扬声器拆除。如果原车门内没有扬声器,需要加装,也应按上述方法拆除车门内饰板、中控开关、电动窗开关等控制件的面板。

(2) 拆除后坐平台饰板上的扬声器。

有些车的扬声器安装在后座平台饰板上,拆除后座后,如果平台上有高位制动灯,则先拆高位制动灯。高位制动灯的拆除方法一般有两种:一种是卡子固定,只要用力向后推即可拆下;另一种是用螺钉固定,要到行李舱中找到螺钉拧下就可以拆下来了,拆下高位制动灯后,将平台上的扬声器拆下,再将平台饰板向内拉出。

(3) 拆除影响布线位置的内饰件。

1) 拆除两侧脚踏板边条。大多数布线都要通过踏板边条,有的车型有侧向的安全气囊,走线时会有影响,同时也不易固定。大部分的踏板边条都是由卡扣固定的,拆卸的方法是由车的内侧向外侧撬动,若是由外侧向内侧撬动,则可能会导致损坏。

2) 拆除中央通道。如对音响系统有较高要求,则可将 RCA 信号线从中央通道走线,使其不受布线的干扰。中央通道一般是由螺钉固定的,左右对称。大多数是由 2~3 节组成,应注意拆除顺序,驻车制动器和变速杆尽量不要动。

3) 拆除座椅。前座椅一般是不用拆的,但如果是要在前座椅头枕上加装显示器,则就有必要拆了。前座椅的拆除一般有 3 种方法。

a. 大众车系的,前面有一止推螺钉,后面是滑槽。只要将后面滑槽上的饰块拆下,再将前面的止推螺钉拧开,拉起滑动扳手,将整个座位向后推出即可。

b. 在四角用 4 颗螺钉固定,只要拆开四角螺钉即可。

c. 一头用螺钉固定,另一头是钩子钩住的。拆下一头的两颗螺钉,抬起从另一头的两个钩子中退出即可。

后座椅的座位和靠背是分开的。座位有些是两颗螺钉固定的,有些是卡扣固定的。卡扣固定的只要抓住卡扣附近用力向上提即可脱出。有几种车不可以直接提出,看一下卡扣上是否有一小拉环,或有可向内按的卡子。若有,则应拉出拉环或按下卡子再向上提。靠背下面有一到两颗螺钉或铁皮钩子,松开后即可向上提出。

4. 隔音

车门、后窗台和底盘对音响效果影响较大,应进行必要的隔音处理。

(1) 车门隔音。

车门上装有扬声器,它等于是一个共鸣箱,对音响效果有很大影响,所以车门部分应做重点隔音。其隔音方法如下。

1) 在容易发生共振或松动的地方进行加固,把卡榫用薄一点的海绵包起来,减少振动的机会,或是在喇叭的后面加几块特殊材质的隔音板,通常这些东西都是德国制的橡胶产品,贴下去之后低频和中频的效果会很好(低频变得结实有力,中音的饱和度够且音色圆润不少)。

2) 车门内的内侧钢板一般都预留了大小不等的维修孔,以方便对相应的部件进行检修。为防止扬声器后面声音的漏出对扬声器前面的声音产生影响,在维修孔上可以覆盖铝板或铅板,或者使用其他的吸音材料来遮挡。

3) 车门钢板的刚性较软,需要对其进行制振。制振是指减少钢板的振动产生的噪声,一一般的方法是采用在钢板上贴制振材料,以防止振动对音质产生影响。

4)值得注意的是,有些车为了杜绝车外噪声,在车门里贴满了隔音棉,这会使中低音的扩散受到限制,从而影响到音响效果,为此车门内隔音棉不宜过多。

(2)后窗台隔音。

如扬声器安装在后窗台上,应对后窗台进行隔音处理。

1)后窗台钢板的共鸣处理。如安装扬声器的挡板与后窗台的钢板之间缝隙较大,则可能产生共鸣。处理的办法一般是调整挡板和后车窗台钢板之间的缝隙,并且在缝隙中填充减振垫,这样可以使音响在中频域声音的清晰度得到提高。

2)后窗台钢板的空间处理。后车窗台钢板不是平整的,为了减少钢板的使用,钢板上面被冲压出一些凸凹面,挡板与钢板紧固在一起时,凸凹面会使挡板与钢板之间产生缝隙。为了减小两者之间的缝隙,可以在凸凹面上填充一些吸音的泡沫或质量较轻的、作为填充物的材料。

(3)底盘隔音。由于中低音喇叭多装在靠近底盘的部位,所以底盘隔音也非常重要,如果做得好,可以吸收一部分过多的低频,使低频效果更好。底盘隔音的施工方法是:先拆去座椅、排挡部分及安全带扣座,然后拆除地毯。贴上高密度的隔音棉,再铺上一层隔音毯,在铺隔音毯的时候要注意不要把螺丝孔盖住。隔音毯越厚,隔音效果越好。

5. 布线

(1)音频信号线的布线。

1)用绝缘胶带将音频信号线插头处缠紧以保证绝缘。

2)保持音频信号线尽可能短。

3)音频信号线的布线要离开车载电脑单元和功率放大器的电源线至少20 cm,如布线太近,音频信号会受干扰而产生感应噪声。可以考虑将电源线和音频信号线分开布置在驾驶座和副驾驶室的两侧,如它们需要交叉时,最好以垂直交叉形式布置。

(2)电源线的布线。

1)所选用电源线的电流容量值应大于或等于功率放大器相接的熔丝的熔断电流值。若采用低于标准的线材做电源线,则会产生交流噪声并严重破坏音质。

2)当用一根电源线分别向多个功率放大器供电时,从分开点到各个功率放大器布线的长度和结构应该相同。

3)当电源线桥接时,各个功率放大器之间将出现电位差,这个电位差会导致交流噪声产生,破坏音质。

4)将电源插头的脏污彻底清除,并拧紧插头。存在脏污或没有拧紧插头,都会使插头处产生接触电阻,从而导致交流噪声破坏音质。

5)当在汽车动力系统内布线时,应避免在发动机和点火装置附近走线。因为发动机和点火的干扰信号会辐射入电源线,破坏音质。

6)在车体内电源线和音频线的布线原则是一致的。

注意: 当电源线超长时,电源线不能卷起,而是要折叠起来,否则会产生电磁波,对音响系统产生干扰。

(3)搭铁。

1)用砂纸将车体搭铁点处的油漆去除干净,将搭铁线固定紧。

2)将音响系统中各个模块的搭铁线集中于一处,否则存在的电位差会导致噪声产生。

3)当系统消耗电流很大时,蓄电池搭铁端一定要牢固。

4)不要靠近车载电脑布线,尤其要注意的是主机和功率放大器应该分别搭铁。主机的搭铁点要远离行车电脑的搭铁点或固定点。

6. 扬声器的安装

安装扬声器时应注意使扬声器和固定部分固定牢固,和安装部分之间不留空隙,并且减少安装扬声器部位周围的振动。如果扬声器本身产生振动,则与其相连的钢板部分也将产生振动。这样,掺杂钢板振动而发出的声音,就会影响整体音质。

(1)前门部分的安装。

1)固定方法。先用挡板对扬声器安装的位置进行加固,然后再把扬声器固定在车门的内侧,减少由于车门内侧钢板的振动带来的噪声。挡板应和车门内钢板接触良好,车门钢板和挡板之间没有空隙。若门内钢板变形,则不能保证刚性,车门钢板将产生共振。可以使用垫片进行固定,使得挡板与门内钢板接触良好。

2)维修孔的遮声。为防止扬声器后面声音的漏出对扬声器前面的声音产生影响,在维修孔上可以覆盖铝板或铅板,或者使用其他的吸声材料来遮挡。

3)车门钢板的制振。车门钢板的刚性较软,需要对其进行制振。一般的方法是采用在钢板上贴制振材料,以防止振动对音质的影响。

(2)后车窗台部分的安装。

1)挡板螺钉的固定位置。加装的挡板与后车窗台的形状基本相同,在安装扬声器的位置预留出安装孔。用螺钉把挡板和后车窗台固定在一起,以抑制挡板的共鸣。螺钉固定的位置应保证能牢固地固定两端,在挡板中间部分螺钉的紧固数量要增加一些以使得挡板和后车窗台的钢板紧密无间地连接在一起。这可以使安装在此位置的低音扬声器不漏声音,低音域将向下延伸,在低频域不会产生低鸣声。

2)后车窗台钢板的共鸣处理。若是挡板与后车窗台的钢板之间的缝隙大,就可能产生共鸣。处理的办法一般是调整挡板和后车窗台钢板之间的缝隙,并且在缝隙中填充减振垫。这可以使得音响在中频域声音的清晰度得到提高。

3)后车窗钢板的空间处理。如图4-25所示,后车窗钢板不是平整的,为了减少钢板的使用,钢板上面被压出一些凸凹面,挡板与

图4-25 后车窗钢板的空间处理

钢板紧固在一起时,凸凹面会使挡板之间产生缝隙。为了减少两者之间的缝隙,可以在凸凹面上填充一些吸声的泡沫或质量较轻的、作为填充物的材料。

7. 功率放大器的安装

一般主机的供电电压多为12 V,音源内置的功率放大器在低电压状态下工作,信号动态范围小,输出功率受到限制。独立功率放大器可将12 V电压逆变到35~40 V,这样信号的动态范围加大,从而增加了输出功率,可以将由共用电源引起的干扰降到最低,从而保证音质完

好。选用外置的功率放大器的功率和阻抗应与扬声器相匹配,两者的灵敏度也应相对应,否则会使效果较差。

(1) 固定。

对功率放大器进行合理的固定,对延长其使用寿命是十分重要的。安装位置的选择应有足够的空间,并能保持空气流通和防止潮湿,以延长功率放大器的寿命。

功率放大器禁止正面朝下固定安装,这样会影响功率放大器的散热,还会启动热保护电路,过分的热量会缩短功率放大器的寿命,还会减小输出的功率。

(2) 连接。

1) 前面的 RCA 输入。把 RCA 连接器连接到音源前面的 LOW LEVEL(低电平)输出端。

2) 后面的 RCA 输入。把 RCA 连接器连接到音源后面的 LOW LEVEL(低电平)输出端。

3) RCA 输出。把这些 RCA 连接器连接到下一级放大器的 RCA 输入端。

4) 地线输入。通过一条 4 g 电源电缆从放大器上直接连接到车辆的底盘上。

5) +12 V 输入。必须通过一条 4 g 的电源电缆再经过同轴熔丝或自动熔断器直接连接到车辆的蓄电池正极。

6) 远端输入。它是远端控制功率放大器的开关。当接通时,1~2 V 电压就加到放大器上,它可以从音源后面的面板上找到。其以天线的输出端或远端接通端两种形式出现。如果没有提供该输入,则可把线接到 ACC 位置。

7) 熔丝。确保正确选择制定的熔丝规格。

8) 扬声器输出。对扬声器进行正确的连接。

汽车音响功放布线示例如图 4-26 所示。

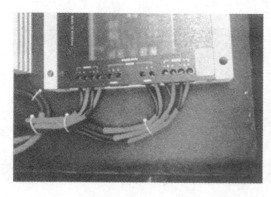 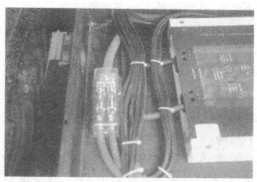

图 4-26　汽车音响功放布线示例

8. 收放机的安装

(1) 安装位置。

收放机的体积大多数是按照标准尺寸设计的,能被装进大部分车中装收放机的孔内。如果车上没有用于安装收放机的孔,则可将其装到仪表板内或仪表板下的一个合适的位置处。也可购买一特殊的托架,将它放在仪表板与地板之间。

选择安装位置时,应注意以下 4 点。

1）收放机要安装在驾驶员系上安全带后仍能够着的地方。

2）不要将收放机装在靠近电子转速表、点火开关及导线或闪光灯部件及相关的导线的地方，以防相互干扰。

3）收放机要安装在天线导线能够着的地方。

4）收放机不应装在发生事故时易损坏的部位。

（2）安装支架。

有的收放机带安装支架，没有安装支架的收放机需要用钻子或开槽的金属带来安装（把金属带弯成安装支架即可）。

（3）线路连接。

在把收放机的导线连接主车的电子系统时，要参照收放机说明书。如果没有说明书，就参照相关的电路图，找到车电路中收放机的电源接头位置。收放机应正确搭铁，即在收放机处壳与车架间接一单独的搭铁线。

9. CD 机的安装

CD 机的安装应注意以下 5 点。

（1）调整旋钮。CD 机在安装前要先调整好减振方向旋钮，否则没有减振功能，甚至损坏 CD 机，可调整的减振方向一般有 0°、45°、90°，可根据需要调整。

（2）检查支架。确保 CD 机的支架只能接触到固定部位，不能接触到其他部位，否则容易产生噪声，影响减振效果。

（3）水平安装。CD 机一定要水平安装，否则减振效果差，振动时激光头经常保护，长期如此会使激光头老化。

（4）固定坚实。一定要找坚实的部位固定 CD 机，不能安装在薄塑料板和纤维板上，否则容易产生晃动而影响使用。

（5）连线可靠。连线要与车上的电源线分开布线，以免造成短路。搭铁线一定要接实，否则会造成搭铁不良而烧坏 CD 机。

10. 调试

汽车的音响系统如未经过合理调试，效果会比所能达到的音效差很多，甚至还达不到原车音响的水平。

调音是指通过设备的各功能键调整声源的频率范围，补充相关高低音，加入适当的现场效果，使语言声更真实、清晰，演唱声更明亮、浑厚、丰满，器乐声更充满意境和色彩。

调音好坏的基础是建立在施工的品质上，不正确的安装方式及配线途径，会给调音工作带来很大的麻烦。调音的内容很大一部分是调整不正确的系统设计、器材的搭配、安装方式及配线方法。

（1）调音前的准备。

1）线路检查。系统安装完毕后，先检查电源线是否有裸露部分，连接点是否牢固，安装过程是否有硬损现象。尤其要检查从发动机室到车厢、从车厢到行李舱的过渡处，在这些地方很容易割伤、压伤线材。

2）初调。功率放大器和主机的增益全都调至最低点，电子分频器的分频点、相位调到设计的位置，前扬声器提升高频段输出、衰减低频段输出；后扬声器提升中低频段输出、衰减高频段输出。设定超低音频段,增益调到最低端。如有电子分频器,则用电子分频器分割频段,功率放大器的频段一律调到全通。如无电子分频器,则功率放大器的频率输出前声场调到高通或全通,后声场调到全通。如果是均衡器,则全部频段放在中间位置,等候调节。调节频率时应注意 3 kHz 以上的频段有很强的方向感,用于决定声场位置。前声场用高通,后声场用全通或消除 3 kHz 以上、70 Hz 以下频率,可以较好地控制音响的方向感。

(2) 通电。

将主电源的熔丝装入熔丝盒,打开主机,使各设备通电。如有电容(带显示),则看电容显示的电压是否和电源有大的差异。如无电容显示,可用万用表测量电压。再测量一下电源电压,一般电源电压会稍高一点,在 1 V 以内。如果超出这个值,则应考虑电源线的选用和安装是否正确。

(3) 音量(增益)调节。

将一张测试的碟片放入主机,将音量增益逐渐调高到有失真出现,再回调至不失真。逐渐增加功率放大器音量增益,直到不失真的最高点为止,功率放大器的音量就固定在这个位置上,以后的音量主要以主机来调节。

(4) 频率调节。

通常的调音实质上是对各频段进行分割和调节,让各频段都能均衡地表现。目前调音只重视高音和低音的表现,对于中音部分不太重视。而决定音质的好坏,中音部分恰恰是非常关键的。在调节时应使用小音量,音量太大往往会掩盖某些细节。仔细地聆听,对缺失的各频段进行补偿,以保证全频段的平衡。也可以根据个人的喜好,对某一些频段进行补偿或衰减。调音需要长期的经验积累,并具备一定的音乐素养及良好的听力,也可以利用频谱分析仪来调节。若是为了搭配平衡,也可以使用套装的扬声器,扬声器上分音器的频率分割是非常准确的。功率放大器只要开到全通设置,就可以保证全频段的平衡。

(5) 音场及音响定位调节。

合格汽车音响的声音应源自前挡风玻璃。为了做到这一点,可以把高频扬声器尽量靠前安装,注意与中频扬声器的距离(应超过 30 cm),还应消除后声场 3 kHz 以上的高音及 80 Hz 以下的低音。

一般主机可以调节音场的高度、宽度和深度,应将这个特点利用起来,相对来说,前、后、左、右的平衡调节就比较简单。

(6) 汽车音响的功能调节。

让乘客坐在驾驶座位上,将车门关紧。

1) 选择适当的试音碟。无论采用什么样的音碟,注意不要将音量调节得过大。

2) 进行声场的定位。调节 BAL、FAD 选项,使乘客在车中能够体会到声场在车内前、后、左、右的定位。如果该机器具有 SPS(车内聆听位置选择)功能,则也要进行演示。

3) 进行声音的处理。在声场定位功能演示完之后,可以进行各种声音处理操作,如 BBE、SOUNDNESS、DSP 声场模拟、环绕音效、LPS 等。调试时主声场应该以驾驶座的前排座为主,高、中音和中低音一般在前部,而低音则应在车的后部。在调整高、中、低音时,先调或后调哪部分,可根据每个人的习惯而定,无固定模式,但最终应使音乐完美地播放出来。

(7) 音质鉴别。

1) 清晰度。完美的音质层次十分清晰,透明度好,每个字都能听得清楚。

2）丰满度。中、低音充分,高音适度,有温暖、舒适感,有弹性。如果混响的时间偏短,尤其是低频段的混响时间比中频段的还要短时,则其丰满度就不会太好。音响系统的输出频率特性差,缺乏中低音时,声音就会显得干瘪无力。

3）亲切感。听到的声音要有一种交流、倾诉感,而一般或很差的音质是体会不到这种效果的,它会使人感到紧迫而遥远。

4）平衡感。指的是左、右扬声器的平衡,主扬声器和辅助扬声器之间输出功率的比例应协调,相位应正确。如果声音有时有偏移又不够协调,那就不是好的音质。

5）环境感。声音的空间感好,给人以逼真的感觉。

6）响度。好的音质听起来是适宜、舒服的。

（8）设置功率放大器的分频点。各类扬声器都具有不同的频率范围,应根据这些特性来设置功率放大器的分频点。对于分体组合式扬声器,由于其本身带有分频器,故提供给全频信号就可以了。

功率放大器输出的信号可分为以下几种。

1）高通信号（HP）。功率放大器的"High Pass"功能用来截止分频点以下的频率信号、通过分频点以上的频率信号,适用于驱动中高音扬声器。

2）低通信号（LP）。功率放大器的"Low Pass"功能用来截止分频点以上的频率信号、通过分频点以下的频率信号,适用于驱动低音扬声器。

3）全通信号（BY 或 FULL）。功率放大器的"ByPass"功能用来通过全部 20Hz～20kHz 的频率信号,适用于有电子分频器或有均衡器的系统,也可用于套装扬声器。

4）带通信号（BP）。"Band Pass"是某些较高级功率放大器的一项功能设置,可同时设置高通分频点和低通分频点,可截止高通分频点以上和低通分频点以下的频率,只通过中间的频段,一般用于驱动次低音扬声器单元。

（9）调音常用方法。

1）主机+同轴扬声器的调音方法。将音量开大,测试是否有提早失真的声音。调节左右平衡,检查有没有 180°的相位误差。如果有某声道的扬声器正负线接反,会产生抵消而没有低音现象。然后再调整前后声道看有没有线位误差,找一张人声、乐器单调的碟片,将主机 BASS（低音）钮及 TREMBLE（高音）钮置于中间,然后测试每一个扬声器对人耳的表现是不是相同,如有频谱测试器,则可测试一下高低音的比率,如果没有就要凭经验感觉。首先,将主机音量关至很小,听听高音,如果很刺耳,表示高音太多了,另外加强 BASS 钮,亮度不够或高音太多可调整高音调节钮,感觉一下定位,如此更换音乐,反复上述步骤数次。

2）主机+套装扬声器的调音方法。与第一种调音方法基本相同,如高音较多,可以降低高音音量以求平衡,也可以采用在分频器与高音扬声器之间串并联电阻。

分离式扬声器高音音量衰减的方法是在信号输入到扬声器之间串联或并联电阻,降低高音音量需串、并联电阻的阻值,见表 4-7。

表 4-7 降低高音音量需串、并联电阻的阻值

衰减量/dB	串联电阻/Ω	并联电阻/Ω	衰减量/dB	串联电阻/Ω	并联电阻/Ω
-1	0.5	12	-4	0.5	7
-2	0.5	15	-5	0.5	5
-3	0.5	10	-6	0.5	4

高音的"+"端要放在正常位置。如分离器有 -3 dB、0 dB 的位置,因为 -3 dB 的位置分频器内部已有电阻,故放于此功率放大器阻值会改变。

3) 主机 + 功率放大器 + 扬声器的调音方法。首先设定功率放大器的音量增益,将它关至最小,再将主机的音量开到 80%,然后加大功率放大器的音量增益直到扬声器出现失真,然后再减少一些,此点即可以得到最佳的信噪比。

4) 主机 + 电子分频器 + 功率放大器 + 扬声器 + 超低音的调音方法。首先,将主机上的音量控制全部放在中央位置,然后将音量开至 80%,并将功率放大器音量增益关至最小。将电子分频器输入增益调大置于中间,打开功率放大器输入增益,然后加大电子分频器输出增益直到扬声器出现失真,再降回一些。至此,增益设定完成,然后进行调音。

先将前后声道中的高音关掉,单独听超低音,调整分频器,让超低音扬声器可以自然地运作,而且没有机械杂音与超低音。调整分频的比例,将后声道音量调小,然后再测试超低音的相位(在小音量时改变超低音的相位 180°)。正负反接或调节电子分频器上 0°~180°开关,看看哪一个相位音量比较大,即为正确相位。当所有的相位及频率范围都设定好之后再做仔细调整,一般超低音的分频点设定为 80~100 Hz,而高通部分中高音扬声器分频点为 60~90 Hz。

(10) 调音常见的问题分析。

1) 音响系统没有声音。

a. 是否正确调整了增益(音量)。

b. 检查所有的熔丝和接线,是否有松脱或断线。

c. 直接将信号从接收机输入到扬声器,检查扬声器是否有声音,以确认扬声器工作是否正常。如果没有声音,则说明是扬声器与接收机之间的线路出现了问题。

2) 扬声器盆体颤动不止。

a. 检查扬声器是否固定牢靠,与固定挡板或钢板之间的间隙是否合适。

b. 确保功率放大器的电源和搭铁线牢靠。

c. 确保扬声器的正、负两极没有直接接触。

d. 检查任何接线有无松脱。

e. 更换线材。

3) 只有一路声道有声音。

a. 确认接收机上的平衡开关位于中间位置。

b. 确认信号线连接牢靠。

c. 将左、右声道信号线调换一下,看看是否为一路信号线内部断裂。

d. 检查扬声器线是否连接妥当。

e. 直接将信号从接收机输入到扬声器,以确认扬声器工作正常。

4）输出音量较弱或者声音失真。

a. 检查输入灵敏度是否设置正确。

b. 确保接收机平衡开关位于中间位置。

c. 确认信号线连接牢靠。

d. 检查接收机和功率放大器的搭铁。

e. 检查扬声器线两端是否连接牢靠。

f. 更换信号线。

g. 直接将信号从接收机输入到扬声器,以确认扬声器工作正常。

h. 确认扬声器相位正确。

5）在大音量时功率放大器自动切断。

a. 输入灵敏度设置过高。

b. 检查功率放大器四周通风是否良好,其温度是否过高。

c. 低音控制是否总是处于最大状态,等响度开关是否一直开着。

d. 确认功率放大器搭铁可靠。

e. 可以考虑线径较粗的电源线。

八、汽车音响改装实例

1. 改装配置

主机:先锋 DEH - P4950MP 一台。

前声场:阿尔派 DLX - F176 一套。

后声场:波士顿 5in 同轴 RX57 一对。

低音:归琴 M3W.104 一只。

功率放大器:先锋 GM - X554 四路一台。

2. 改装前后对比

（1）改装前后主机对比,如图 4 - 27 所示。

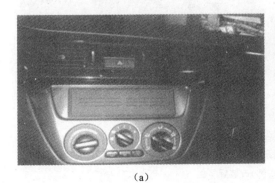

(a)   (b)

图 4 - 27　改装前后主机对比

(a) 改装前;(b) 改装后

（2）A 柱部位的高音改装前后对比,如图 4 - 28 所示。

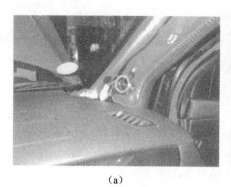 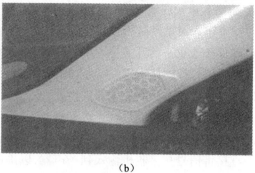

（a） （b）

图 4-28　A 柱部位的高音改装前后对比
(a)改装前；(b)改装后

（3）前门低音部分改装前后对比，如图 4-29 所示。

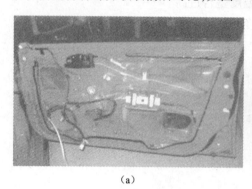 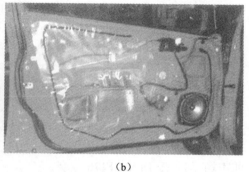

（a） （b）

图 4-29　前门低音部分改装前后对比
(a)改装前；(b)改装后

（4）后声场扬声器改装前后对比，如图 4-30 所示。

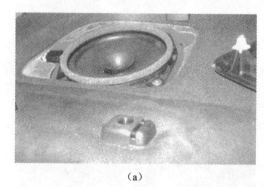 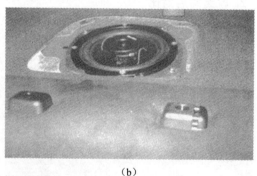

（a） （b）

图 4-30　后声场扬声器改装前后对比
(a)改装前；(b)改装后

第二节　汽车车灯改装

车主对原车配备的灯光亮度、美观以及功能等方面感到不足或感觉缺乏个性化时，往往会提出车灯的改装要求。

一、前照灯的改装

1. 汽车灯光的种类

汽车灯光按照用途分,有照明灯和信号灯两大类。

照明灯又分为外照明灯和内照明灯,外照明灯指前照灯、前雾灯、牌照灯;内照明灯有篷顶灯、仪表灯等。

信号灯也分为外信号灯和内信号灯,外信号灯指转向指示灯、制动灯、尾灯、示宽灯、倒车灯;内信号灯泛指仪表板的指示灯,主要有转向、机油压力、充电、制动、关门提示等仪表指示灯。

(1) 卤素前照灯。卤素灯原理是指电阻上有电流通过时会发热,当温度足够高时发出波长在可见光频段的黑体辐射。卤素灯一般有两种,即碘钨灯和溴钨灯。卤素灯已广泛应用于汽车照明领域,其使用效果如图 4-31 所示。

(2) 氙气灯。HID 是 High Intensity Discharge(高压气体放电灯)的英文缩写,HID 灯可称为重金属灯或氙气灯,使用效果如图 4-32 所示。它的原理是在 UV-cut(抗紫外线)水晶石英玻璃管内,以多种化学气体充填,其中大部分为氙气与碘化物等惰性气体,然后再透过增压器将车上 12 V 的直流电压瞬间增压至 23 000 V,经过高压振幅激发石英管内的氙气电子游离,即击穿灯内的气体介质产生放电电弧,在两电极之间产生光源,这就是所谓的气体放电。而由氙气所产生的白色超强电弧光可提高光线色温值,类似白昼的太阳光芒,HID 工作时所需的电流量仅为 3.5 A,亮度是传统卤素灯泡的 3 倍,使用寿命比传统卤素灯泡长 10 倍。HID 氙气灯由灯头、电子镇流器和线组等组成。

图 4-31 卤素前照灯效果

图 4-32 氙气灯效果

(3) 雾灯。雾灯装于汽车前部比前照灯稍低的位置,用于雨雾天气行车时照明道路,使用效果如图 4-33 所示。雾天能见度低,驾驶员视线受到限制,灯光可增大运行距离,特别是黄色防雾灯的光穿透力强,它可提高驾驶员与周围交通参与者的能见度,使来车和行人在较远处发现对方。

(4) LED 灯。LED(Light Emitting Diode,发光二极管)灯带则是指把 LED 组装在带状的 FPC(柔性线路板)或 PCB 硬板上。LED 灯带如图 4-34 所示。

图 4-33 雾灯效果

图 4-34 LED 灯带

（5）日间行车灯。日间行车灯应在车辆发动机起动后自动开启，使用效果如图 4-35 所示。天黑后，驾驶员需手动开启常规照明车灯，而日间行车灯随之自动熄灭。日间行车灯可让其他"道路使用者"更容易看清汽车，而且其与现行近光车头灯相比能耗更低。日间行车灯只配备在少数车上。

图 4-35 日间行车灯效果图

（6）制动灯。制动灯分为两类：左右制动灯（两个）和高位制动灯（一个）。

左右制动灯是红色的，有警示的意思，一踩制动踏板（包括驻车制动）灯就亮。制动灯是提示后面车辆该车要减慢速度或停车，后面的车就可以提前准备。现在的制动车灯一般同雾灯，可以穿透厚厚的雾。也有的采用 LED 灯做制动灯。

高位制动灯，一般安装在车尾上部，以便后面行驶的车辆易于发现前方车辆制动，起到防止追尾事故发生的作用。

（7）倒车灯。倒车灯在驾驶员挂上倒挡时自动开启，它是透明的，主要起提示及在黑夜里照明的作用。

（8）转向灯。转向灯又分为前转向灯、侧转向灯和后转向灯。转向灯的作用是通过闪烁告知其他驾驶员或行人本车转向，颜色是橘黄色。

前转向灯在汽车前灯内；侧转向灯在汽车两侧，有的则镶嵌在汽车反光镜背面；后转向灯在汽车后灯内。

2. 更换大功率灯泡

将原车 55/60 W（H4）的普通卤素灯泡（小功率）直接换成 90/100 W 的大功率灯泡，其余部分不需要做任何改动。对于提升一定的灯光亮度，这是一种最普遍、最简单的改装方式。目前市面上的 90/100 W 的灯泡非常多，中国品牌很多，价格都比较经济。进口的以 PHILIPS 的最多。改装后，功率明显增大，灯光发蓝或发白，效果有一定的提升。

（1）安装方法。

更换大功率灯泡，安装非常简单，和普通更换灯泡的程序完全相同，只需打开大灯后罩，将灯泡更换,再将原插头插上即可。费用也比较低。

(2) 使用效果。

此种改装方式能够提升一定的灯光亮度,但是效果有限。缺点是线路、开关和电源电力负荷严重增加,灯泡热能增加,灯杯温度增加,容易造成线路和开关的超负荷烧毁,加速灯杯水银老化,造成灯杯烧熔变形,甚至可能引发火灾事故。最常见的故障就是经过一段时间之后,大灯组合开关的触点烧灼。因为灯泡功率增大之后,线路的电流随之成倍增加,在原有线路(电阻)不变的情况下,线路的电压耗损,即功率损耗也会呈几何次方增加,大灯两端的电压将下降,导致线路负荷增大。所以为安全起见,将灯泡功率换大的同时,应将线路进行一定程度的改造,并加装继电器控制,直接从蓄电池取电,增加大灯后部的散热。否则不但灯光亮度的提升效果不明显,而且增加了安全隐患。

目前市场上还有一小部分 100/140 W 的灯泡,功率更大,但是效果提升仍然并不明显,而且会使电源和导线以及灯杯的负荷的严重增大,有很大的安全隐患,建议不要使用。

3. 加装大灯增亮线

大灯增亮线主要由继电器和线束组成,如图 4 - 36 所示。大灯增亮线安装在大灯与蓄电池之间,通过降低线路的电压损耗,使大灯两端的电压与蓄电池电压基本接近,以达到增亮的效果。通常与更换大功率灯泡配合改装,来提高大灯亮度。由于改装较简单,花费较低,所以现在很多车都采用这种增亮方式。

(1) 改装原理。

大灯增亮线的改装方式是在原线路中加装一套由 2 个继电器、2 个熔断器、2 个大灯插座、1 个大灯插头、2 路火线和搭铁线组成的大

图 4 - 36 大灯增亮线

灯增亮线套件。其增亮原理就是降低线路的电压损失,从而达到增亮效果。原来的大灯电路是电源→线束→熔断器→开关→线束→大灯→线束→搭铁→电源,要经过很长的导线才能连接蓄电池。由于受导线电阻、开关触点、插头及接线接触状况等的影响,会导致线路的电阻增大,大灯两极的端电压会下降;而大灯增亮线不会额外增加大灯两端的电压,而是利用一个控制继电器将大灯直接与蓄电池用精良导线连接,于是路径缩短了,电阻也小了,大灯的电压与蓄电池保持基本一致。因此,亮度与原线路相比会有所增加,不会出现大灯因为开关、插头和电线的接触不良而亮度减弱的情况。

(2) 安装方法。

1) 关闭汽车电源。

2) 将靠近电池一侧的原车大灯插座拔出,插在增亮线的控制插头上(H4 型为品字型三爪)。

3) 将另一侧的原车大灯插座拔出,包扎、固定好(悬空不用),再将增亮线的 2 个输出线插座插在两个大灯上。

4) 将输出线上的接地耳线连在车体金属部分上(搭铁)。

5) 将增亮线(即 2 个继电器)固定在车体上。

6) 将红色电源输入线接在电池正极(+),线内藏有保险管。

7) 检查走线并固定。

(3) 使用效果。

使用此种大灯增亮线电路,再配合加大灯泡功率,可以使汽车大灯的亮度有一定程度的提高,肉眼视觉有明显改变。通过测量灯泡两极的端电压,有将近 1 V 的电压恢复,产生了一定的效果。

此加装方式安装方便,不用改动原车线路即可直接装配,经济性、实用性强,通用性广,任何车辆均可直接装配;可以减轻整车火线承载力负荷,保护大灯开关和延长使用寿命,防止车辆的火情隐患;可以达到提高整车电器稳定性的效果,并且不会对车辆本身产生任何副作用。但是,该方法对于原车带大灯继电器的车辆效果不明显。

4. 加装大灯增亮器

大灯增亮器是采用升压的方法,把汽车大灯电压由原来的 12 V 提高到 14.8 V,使大灯绕过低效率发光区,提高灯丝发光效率,在不影响或少影响寿命的情况下,大大提高了亮度,能使 60 W 卤素灯泡产生 150 W 的晶钻光芒(色温 4 800 K 以上),亮度提高 200% 以上,可接近于 HID 氙气灯的亮度。

(1) 改装原理。

由于汽车上用的是 12 V 蓄电池,故人们认为汽车大灯的工作电压为 12 V。实际上,汽车大灯的额定工作电压是不能按 12 V 设计的。这是由于汽车上大灯工作电压都没有稳压装置,汽车起动和高速运行时会明显看到大灯比平时亮很多,因为这时电压为 14~15 V,灯泡必须要适合 14~15 V 电压下工作才能在汽车上正常使用,如果按 12 V 电压设计大灯,则在这样不稳的电压条件下工作,灯泡会频繁地烧坏。灯泡在工作时,大部分时间都在 12 V 或低于 12 V 电压下工作,这并不是灯泡发光效率最高的状态,因为灯丝没有烧到足够的工作温度。灯泡的实际工作电压适应 15 V 电压,而灯泡的主要工作时间内却是 12 V 电压。这就是灯泡为什么会亮度不足的原因。要想得到高的发光效率,灯丝的温度就必须提高,而提高温度的唯一办法就是提高电压。用升压式汽车大灯增亮器就是最好的解决方法,其能以最低的成本获得最好的照明效果。升压式大灯增亮器采用升压的方法为汽车前照灯单独提供两路或四路恒定的工作电压,电压不随发动机转速变化,也不用改变原车大灯的配光,不增加原车线路负荷,安装方法同增亮线一样简单。相对于卤素灯 400~600 小时(正常使用2~3年)的寿命和成本来考虑,其是安全又实用的方案。

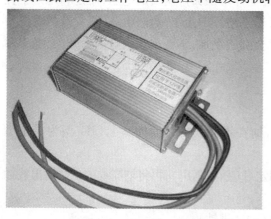

图 4-37 汽车前大灯增亮器

(2) 安装方法。升压式大灯增亮器有三根线(图 4-37):一根红线为 +12V 输入线;一根黑线为负极,在负极搭铁的车上是搭铁线;第三根蓝线是升压后的 +14.8V 的输出线。大部分车是负极搭铁的,如果不清楚一定要测量一下,增亮器的极性不可以接错,接错就会烧坏。接线时尽可能地接在原来的控制继电器与蓄电池中间,这样用一个增亮器就可以控制两个大灯,如果接在原来继电器后边,则需要用两个增亮器,一个增亮器控制两个大灯的远光灯丝,另一个控制近光灯丝。

安装步骤如下。

1) 关闭汽车电源。

2) 检查大灯增亮器标称电压功率是否相符。24 V 增亮器用于 24 V 车,12 V 增亮器用于 12 V 车。

3) 在继电器控制大灯的车上,安装升压式汽车大灯增亮器时,将增亮器安装在控制继电器与蓄电池中间。将靠近蓄电池处的线断开,把增亮器按图 4-38 所示接在回路中,红线接蓄电池。蓝线接继电器一端。

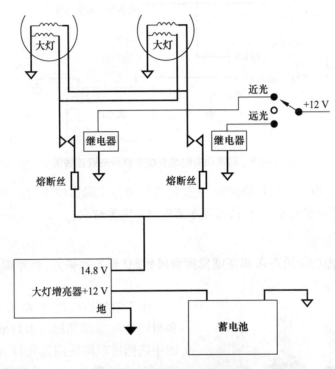

图 4-38　大灯增亮器的接线图

4) 已安装有增亮线的车上,安装升压式汽车大灯增亮器时,可利用现有的增亮线,将靠近蓄电池处的线断开,把增亮器按图 4-39 所示接在回路中。

注意:增亮器和走线都须固定在远离热源和避免摩擦的通风处。

(3) 使用效果。

汽车大灯增亮器能提高大灯的工作电压,使灯丝工作时产生足够高的温度,这样才能有高的发光效率,也就是提高了电光转换效率,在不影响寿命的前提下,充分提高了灯泡的亮度。有人认为电压提高后会影响灯泡的寿命,实际上现实使用中得到的灯泡寿命不是真正的使用寿命,而是未充分展开工作能力状态下寿命的延长。所以把工作电压适当提高不会对灯泡寿命有多大影响。对汽车发电机输出的 10~15 V 的不稳定电压进行稳压处理,形成 14.8 V 的稳定电压,提供给大灯,使灯丝温度提高,提高了发光效率,使灯光亮度大大提高,同时由于采取了稳压、限流、预热缓冲等措施对灯泡提供了保护,限制了不稳定电压经常性的冲击,这都是

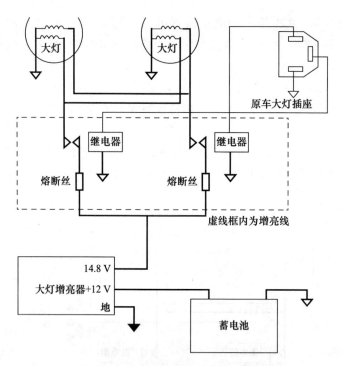

图 4-39 利用现有的增亮线安装增亮器接线图

车上原来不具备的。有了这些保护措施,就能使大灯寿命实际影响不大。汽车大灯增亮器由继电器控制,熄灯后没有电流,不会造成原车蓄电池亏电等情况。

5. 改装氙气灯

氙气灯可使灯泡的使用寿命和亮度发挥到极致,且聚光效果好,色泽柔和,灯光白亮,如图 4-40 所示。

图 4-40 氙气灯

由于氙气灯性能优越,亮度、色温、防炫目和耐用性等方面都比卤素灯好,因此越来越多的中高档轿车均使用氙气灯,氙气灯与普通卤素灯对比见表 4-8。目前奔驰 E 级车、宝马 7 系列、丰田雷格萨斯、本田阿库拉等高档车都使用了这种新型前照灯,国产的奥迪 A6、帕萨特 2.8、马自达、别克君威等也采用了氙气灯。

表 4-8 氙气灯与普通卤素灯对比

光源	外罩玻璃	发光方式	色 温/K	亮 度/LM	消耗电力	光色	使用寿命/h
卤素灯	石英玻璃	燃烧钨丝发光	3 000	700~1 000	55 W/5.5 A	黄白色	300~500
氙气灯	抗紫外线石英玻璃	高压气体电弧发光	大于 4 000	3 200	35 W/3.5 A	日光色	2 500~3 000

(1)氙气灯的组成与工作原理。

一套氙气灯的组成零件(图 4-41)包括氙气灯泡 2 只,安定器 2 个,高压启动器 2 个,线束固定扣 12 个,线束 2 条,安定器支架 2 个,启动器支架 2 个,螺钉、螺母、垫圈 14 个,电源连线 2 条。

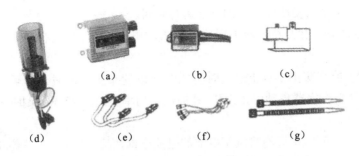

图 4-41　氙气灯的组成零件
(a) 安定器;(b) 高压启动器;(c) 安定器/启动器支架;
(d) 氙气灯泡;(e) 线束;(f) 电源连线;(g) 线束固定扣

氙气灯的工作原理是:接通电源后,首先将车上 12 V 电压在几微秒内升压到 23 000 V 的高压脉冲电加在石英灯泡内的金属电极之间,激励灯泡内的物质(氙气、少量的水银蒸气及金属卤化物)在电弧中电离产生亮光,瞬间高温导致碰撞激发,并随压力升高使线光谱变宽形成带光谱。在灯开关接通的一瞬间,氙气灯即产生与 55W 卤素灯一样的亮度,约 3s 达到全部光通量。灯内高压氙气可以缩短灯被点亮的时间,灯的发光颜色则由灯泡内的氙气、水银蒸气和少量金属卤化物所决定。

(2) 氙气灯的特点。

氙气灯主要具有以下六个特点。

1) 亮度大。氙气灯可以输出高达 3 000 LM(流明,光通量的计量单位)的亮度,而一般卤素灯泡只能产生 1 000 LM 左右的亮度,300% 的亮度提升对于提高夜间及雾中驾驶视线清晰度有着明显的功效。而且传统卤素灯泡会随着使用时间增长,灯丝发黑,亮度明显下降;氙气灯即使使用 1 000 小时后维持率也在 70% 以上。车灯亮度的提高有效扩大了车前方的视觉范围,从而提供了更为安全的驾驶条件。

2) 色调好。普通的卤素汽车灯的色温在 3 000 K 左右,晚行车时显得昏暗。氙气前照灯仿制太阳光的自然色调,使光亮非常完美,如同昼光。这是因为氙气灯通过高压脉冲电加在完全密闭的微型石英灯泡(管)内的金属电极之间,激励灯泡内的物质在电弧中电离产生亮光。这种亮光的色温与太阳光相似,但含较多的绿色与蓝色成分,因此呈现蓝白色光,这种蓝白色光大幅提高了道路标志和指示牌的亮度。

3) 能耗低。一般的卤素灯功率一般为 55/60 W(H4)以上的电力,而氙气灯功率恒定为 35 W。在各种电子、电气设备日增的情况下,从前照灯上节约 20 W 的电力有着十分重要的意义,大大减轻了汽车电力系统的负担。

4) 性能好。氙气灯的亮光具有很好的稳定性及连续性,且一旦发生故障,氙气灯不会瞬间熄灭,而是通过逐渐变暗的方式熄灭,使驾驶员能在黑夜行车中赢得时间,紧急靠边停车。此外,氙气灯还有助于缓解驾驶员夜间行驶的疲劳与紧张,增加了驾驶的舒适性与安全性。

5) 寿命长。卤素灯利用钨丝加热发光,钨丝随着使用时间的增长而逐渐蒸发。而氙气灯没有灯丝,它是利用两电极之间放电产生的电弧来发光。因此,不存在因灯丝烧断而报废的问题,使用寿命比卤素灯长得多。品质再高的卤素灯泡最多也只能连续使用 400 h,而氙气灯使用寿命则相当于汽车平均使用周期内的全部运行时间。

6) 保护功能完备。由于安定器采用比较先进的电子电路,所以有非常完备的电路保护功能。

a. 超压保护。能够防止在电压过高时烧毁灯泡以使车主及时发现车辆故障。当电源直流电压超过 16 V 时,安定器自动停止工作,并使输出功率不超过 45 W,保护安定器,避免 HID 灯泡损坏。

b. 欠压保护。能够防止灯泡将汽车电池的电能全部用完,造成汽车不能正常起动。当电源直流电压低于 9 V 时,安定器自动停止工作,避免损坏蓄电池。

c. 空载保护。当安定器未接灯泡,处于空载状态时,自动停止工作,避免高压电伤害工作人员。

d. 短路保护。当安定器遇意外情况,处于短路状态时,自动停止工作,避免损坏。

e. 反接保护。当安定器在安装时,操作失误导致输入电源正负极接反时,安定器自动停止工作,保证安定器不被损坏。

(3) 氙气灯的选购。

选购氙气灯应注意以下六点。

1) 根据不同车型选择不同型号。氙气灯有 H1、H3、H4、H7、9004、9005、9006 等多种型号,如图 4-42 所示。选购时应根据不同车型选择不同型号的氙气灯。以 EOS 氙气灯为例,常用车型的近光灯和远光灯分别应选用的氙气灯型号见表 4-9。选购时先在车灯的玻璃下角找到该灯的型号,然后仔细按照车型对照选购相应车灯即可。

图 4-42 部分型号的氙气灯

表 4-9 常用车型与 EOS 氙气灯型号对照

车 型	近光灯	远光灯	车 型	近光灯	远光灯
奔驰 BENZ	HID H1	H7	塞纳 Xsara	H7	H1
奔驰 MERCEDES E-Class-95	H7/D2R	H7	毕加索 Picasso	H4	H4
奔驰 MERCEDES S-Class	H7	H7	爱丽舍 Elysee	H7	H7
宝马 BMW3 Series	9006	9005	蒙迪欧 Mondeo	H7	H1
宝马 BWM X5	HID H1	9005	嘉年华 Fiesta	H4	H4
宝马 BWM 系列 3(E36)95-98	H7	H7	陆风 Landwind	H4	H4
宝马 BWM 系列 5(E39)95	H7/D2S	HB3/D2S	君威 Regal	H7	H1
宝马 BWM 系列 3 Compact	HB4	HB3	新世纪 Buick Century	H1	H1

续表

车　　型	近光灯	远光灯	车　　型	近光灯	远光灯
奥迪 Audi A4	HID H1	H7	别克 Buick GL8	H4	H4
奥迪 Audi A6	HID H1	H1	凯越 Excelle	H7	H1
奥迪 Audi A8	HID H1	9005	赛欧 Sail	H4	H4
奥迪 A6AUDI	H1	H7	西耶那 Siena	H7	H1
奥迪 A8AUDI	H1/D2S	HB3	派力奥 Palio	H7	H1
奥迪 100 AUDI	H4	H4	伊兰特 Elantra	H7	H1
大切诺基 Grand Cherokee	9006	9005	特拉卡 Terracan	H4	H4
北京吉普 Jeep	H4	H4	东方之子 Chery	H7	H1
北京吉普切诺基 Cherokee	H4	H4	猎豹 Liebao	H4	H4
北京吉普 BJ2020	H4	H4	中华 Brilliance	H1	H1
帕萨特 PASSAT-B5	H7	H1	瑞风 Rifine	H7	H1
帕萨特 PASSAT2.8V6	HID D2S	H7	普力马 Prenacy	H4	H4
帕萨特 PASSAT	H7	H1	福美来 Family	H4	H4
桑塔纳 SANTANA	H4	H4	帕杰罗 Sport	H4	H4
桑塔纳 2000（时代超人）	H4	H4	欧蓝德 Outlander	H4	H4
捷达 JETTA	H4	H4	菱帅 Lioncel	H4	H4
捷达王 JETTA	H1	H1	奥德赛 Odyssey	H1	H1
新捷达王 JETTA	H1	H1	思域 Civic	H4	H4
马自达 Mazda6	H1	H1	雷克萨斯 Lexus	HID D2S	9005
马自达 323F	H4	H4	凯美瑞 Camry	H7	H7
马自达 929	H4	H4	日产 NISSAN 蓝鸟 Bluebird	H4	H4
本田 HONDA CR-V	H4	H4	菲亚特 FLAT 帕里奥 Palio	H4	H4
广州本田雅阁 98Accord	HB4	HB3	风神蓝鸟	H4	H4
雅阁 Accord	9006	9005	夏利/夏利 2000	H4	H4
本田思域 Civic	H4	H4	沃尔沃 850 95＞	H1	H1
本田奥德赛 Odyssey	H1	H1	三菱帕杰罗 91	H4	H4
本田飞度	H4	H4	大宇雷诺斯 98/10	H4	H4
飞度 Fit	H4	H4	凌志 LEXUS LS400 90	H4	H4
丰田佳美 97 Camrry	H4/H7	H4/H7	丰田巡洋舰 97	H4	H4
依维柯 IVECO 3010/4010	H4	H4	福特 FORO 全顺 95 Transit	H4	H4
上海通用王朝/世纪 别克 BUICK	H1	H1	羚羊	H4	H4
上海通用商用车（GL8）别克 BUICK	H4	H4	长安铃木	H4	H4
上海通用赛欧 Sail	H4	H4	奥拓 ALTO	H4	H4
富康 Citroen	H4	H4	云雀速波	H4	H4
富康两厢/三厢	H4	H4	金龙小金龙	H4	H4
红旗 Red Flag	H4	H4	东南富利卡	H4	H4
红旗 7200	H4	H4	吉利豪情/美日	H4	H4
索纳塔 Sonata	H7	H7	陆地巡洋舰 Land Cruiser	H4	H4
索纳塔 Sonata2.7V6	HID D2S	H7	花冠 Corolla	9006	9005
宝来 BORA	H4	H4	霸道 Prado	H4	H4
高尔夫 GOLF	H7	H1	威驰 Vios	H4	H4
高尔 GOL	H4	H4	威姿 Vizi	H4	H4

续表

车 型	近光灯	远光灯	车 型	近光灯	远光灯
超越者 SANTANA3000	H7	H1	帕拉丁 Palandin	H4	H4
标致 PEUGEOT307	H7	H1	风度 Cefiro	9006	9005
蓝鸟 Bluebird	H4	H4	阳光 Sunny	9006	9005

2）选择合适色温。色温以绝对温度 K 来表示。色温在 3 000 K 左右时，光色偏红；色温在 5 000 K 左右时，光色偏蓝；色温在 6 000 K 以上时，光色偏白。不同色温的光，具有不同的照明和视觉效果。人类眼睛能够接受的色温在 2 300～7 500 K，而在实际使用中，合适的色温则是 3 200～5 000 K，这样车灯的亮度和穿透力对于照明是很合适的。可见，氙气灯的色温并非越高越好，当氙气灯的色温在 6 000 K 以上时，光色太白太亮，会给行人和其他车辆带来危险，因此，在美国和欧洲都禁止使用 6 000 K 以上的车灯，建议消费者选用 6 000 K 以下的氙气灯。

3）选择合适尺寸的灯泡。如果氙气灯泡与原卤素灯泡的大小、尺寸不同，发光部分可能偏离了焦点位置，从而会出现车灯不聚光、无正确的远光功能等负面影响。此外，装氙气灯对车辆前围保险杠及格栅有一定的尺寸要求，需仔细测量后再予以改装。

4）选择品质好的品牌产品。目前国内汽配市场上氙气灯的品牌也比较繁多，主要有三类：第一类是欧洲产品，如飞利浦、海拉、博世、欧斯朗等，品质上佳，价格很高；第二类是韩国产品，如劲光等，品质也都可以，价格也比较适中；第三类是国产的产品，一般也都是国外的散件在国内企业组装的，如台湾地区的红武士、浙江的爱博特等，品质一般，价格也比较低。

5）根据车辆实际情况选择。氙气灯因其性能优越、成本较高，所以价格也较贵，比卤素灯的价格要贵得多。目前市场上最好的卤素灯每套价格为 900 多元，而氙气灯一般都要 4 000 元左右，贵的要 5 000 多元，所以车主应该根据自己的实际情况来选择。如果车已用了近 10 年，就没有必要换灯；如果是新车且档次较高，有条件的话应换成氙气灯，因为氙气灯几乎与汽车的使用年限相同，而卤素灯仅有几年的寿命，折合起来不如装氙气灯划算。

6）防止假冒伪劣氙气灯。现在市场上有一种假冒氙气灯，这种灯是在卤素灯泡的玻璃管上添上一层或多层的蓝色镀膜，以此来过滤其他颜色的光波，使只有蓝、白两种颜色的光透出来，乍看起来灯是亮了一些，其实是眼睛的错觉。这样的灯泡实际投射光线的功率已大打折扣，直接导致灯泡照射范围缩小，甚至还比不上完全未经改进的原厂车灯，直接危及行车安全，选购时要特别注意。

（4）改装方式。

将汽车上原厂装配的卤素灯改装为氙气灯的方法主要有以下三种。

1）换总成。换总成就是将原卤素前照灯总成全部更换成氙气前照灯总成，包含灯罩、灯壳、反光罩和氙气灯组在内的全套大灯总成，而且一般是远近光都换成了氙气灯（也有只换近光，远光仍是卤素灯的总成，价格稍低）。这种方式灯光效果最好，不需要进行灯泡焦点的调试和光束聚焦位置的调整，因为先前厂家已进行了整体设计和匹配调整，所以不存在灯泡与反光罩配合的问题，只需要在总成安装完毕之后，做大灯的上下、左右方向光束的调整就行了。

这种改装方式的主要缺点就是价格很高，普通品牌价格都要 4 000～10 000 元，国际大品牌的价格都在 10 000 元以上（像宝来的海拉总成要 11 000 多元），而且型号受厂商的限制，不一定每种车型都有用以改装的相应大灯总成,一般中高级轿车、豪华轿车以及市场保有量较大的车型有,但市场保有量不大的车,就不一定有了(比如北京吉普的切诺基越野车就没有);另外改装程序也较为复杂。

2) 换灯泡。换灯泡就是将原车前照灯中的卤素灯泡换成氙气灯泡(含灯泡座)。这种改装方法简便易行,但存在很大的安全隐患,主要表现在以下几个方面。

a. 由于前照灯的反射镜与配光镜都是为原卤素灯泡量身定制的,在改换光源后,由于氙气灯泡与原卤素灯泡的尺寸大小都不尽相同,发光部分必然偏离焦点位置(由于氙气灯发光部位置偏移所致),因此新的氙气光源与反射镜及配光镜的配合不可能达到原有的效果。可见,这种改法虽然可以提高前照灯的光源照明亮度,但却不能产生法规要求的光型。相反出现了包括不聚光、失去近光切割线(即明暗截止线)、无正确的远光功能(带远光功能的产品也有,但光形并不理想)等严重的负面效果。

b. 由于更改了原车的电路,一旦出现产品质量问题,可能会引起短路甚至起火。为此,建议车主将汽车上卤素灯改装为氙气灯尽量不要采用此种方法。

3) 另行加装。另行加装就是不改动原车的照明系统,而是将氙气灯作为辅助灯,另外开辟一个照明系统,将灯安装于汽车头部或顶部的相应位置。这种改装相对比较灵活,用户可以根据车辆的前围造型和自己的喜好挑选适合的产品,选择合理的安装位置进行安装,满足个性化的需求。氙气辅助灯以远光灯为主,外径一般小则80~90 mm,大则200 mm,分别适合货车、越野车和轿车等不同车型。氙气辅助灯可以满足高速公路驾驶以及赛车驾驶的特殊需求,射程可达千米以上。此种改装方法对于车辆前围保险杠及格栅有一定的尺寸要求,需仔细测量后再予以改装。

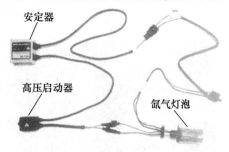

图 4-43 氙气灯线路连接

(5) 安装方法。

氙气灯线路连接如图 4-43 所示,安装步骤与方法如图 4-44 所示。

1) 待发动机完全冷却后,将前照灯灯具插头、防水橡胶罩及旧灯泡取下,如图 4-45 所示。

2) 用热吹风机将前照灯外罩去掉,如图 4-46 所示。

3) 为了使旧外罩与新的氙气灯搭配美观,最好对原旧灯罩做喷漆处理,如图 4-47 所示。

4) 取出 HID 灯套件,仔细检查后将 HID 灯泡安装在前照灯灯座上,替代原旧灯泡。

5) 将原车灯的防水橡胶罩后部重新钻一个小孔,将 HID 灯泡线束引出,并需要确认防水圈与橡皮罩密封良好,然后将 HID 灯泡固定好,装好外罩。如图 4-48 所示。

6) 将安定器输入端(12 V 直流电源)与车辆前照灯灯具供电端连接,有的需要单独另接 +12 V 和搭铁,并将安定器输出端与灯的连接器接好。

7) 检查所安装步骤,确认正负极正确无误后,发动车辆,接通电源使灯点亮。

8) 检查光源所射出的光束的高度、距离及光形,根据需要做适当的调整,使之符合交通法规的要求。

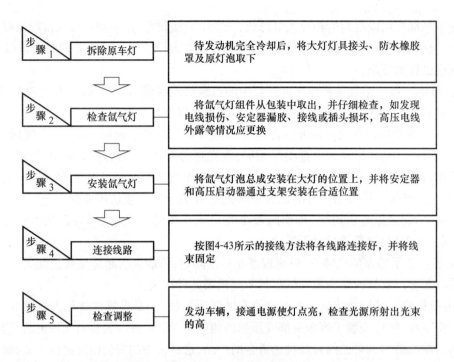

图 4-44 氙气灯的安装步骤与方法

图 4-45 拆下原灯具

图 4-46 拆下灯外罩

图 4-47 灯外罩喷漆处理

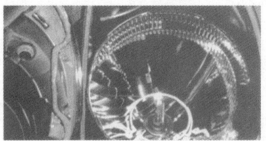

图 4-48 安装氙气灯及灯外罩

9)将安定器固定在通风、散热良好且连接牢靠的合适位置。

(6)氙气灯改装时应注意的事项。

1)安装氙气灯,需待发动机完全冷却后再进行。安装过程中请勿打开车灯电源,以防高压伤人。

2) 安定器一定要安装在离发动机等热源或水箱等水源较远的地方,否则,过度潮湿会导致安定器漏电和老化,安定器安装的稳定性也会对氙气灯的使用效果产生很大影响。

3) 安定器也不要装在车内过热的地方,最好置于透气性和散热性较好的位置。

4) 安定器的高压线部分不易缠绕,以免影响绝缘或产生过大的磁场,从而影响汽车的其他电器设备。

5) 连接线必须固定,不能受挤压或悬挂晃动。

6) 灯光的焦距要调到合适位置,灯碗要固定好,否则有可能造成散光或者照射来车视线,形成安全隐患。

二、信号灯的改装

1. 加装高位制动灯

高位制动灯俗称高位刹车灯,它是安装在汽车尾翼或后风窗玻璃内侧,汽车制动时便会发光的车灯,如图4-49所示。高位制动灯与汽车原装制动灯同时明灭,但其比原装制动灯更醒目,光亮更美观。

(1) 高位制动灯的作用。

1) 制动警示。由于汽车原配制动灯一般均装在尾灯旁边,制动时该灯亮起,但不够醒目。高位制动灯不仅装在醒目的位置,而且灯管长、亮度大,起到制动灯的辅助警示作用。

2) 转向警示。有些高位制动灯还可在汽车转向时起到警示作用。当汽车右转弯时,右边一组红灯闪亮;当汽车左转弯时,左边一组红灯闪亮(图4-50);当汽车制动时,所有灯同时亮。

图4-49 高位制动灯

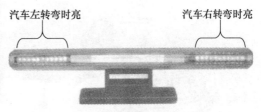

图4-50 高位制动灯转向警示

3) 闪光装饰。很多高位制动灯具有闪光功能,在夜间只要打开小灯开关,在没有制动的情况下,灯光就会呈流动型闪亮,有较好的装饰效果。

(2) 安装方法。

以安装德国Hella高位制动灯为例。该高位制动灯包装内有4个镀镁层反光碗的灯体1只(带3M胶),Hella原厂线束1套,线卡2只(不需要剥剪线路及包绝缘胶布的),3M玻璃清洁剂1包,OSRAM 5W灯光4只,德文安装手册1份(带示意图)。

安装工具有单面刀片、镊子、打火机、绝缘胶布、20 cm钢直尺、水彩笔等。

安装步骤如图4-51所示。

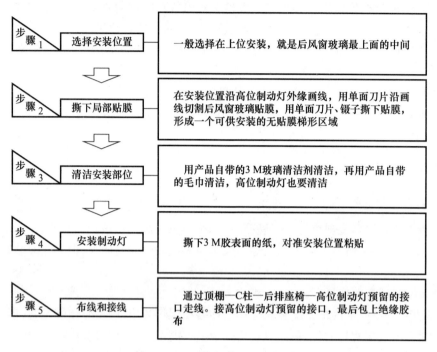

图4-51 高位制动灯安装步骤

2. 加装车头示宽灯

车头示宽灯(2个)是对称安装在汽车头部两侧，具有示宽和装饰作用的车灯，如图4-52所示。

车头示宽灯安装比较简单，先撕下灯底部的双面胶保护纸，然后粘贴在车头合适的位置并压紧，再将导线连接在小灯线上即可，如图4-53所示。

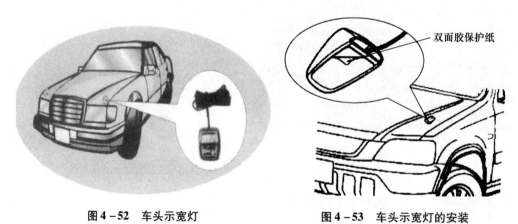

图4-52 车头示宽灯　　　　图4-53 车头示宽灯的安装

三、装饰灯的改装

各种造型精美、灯光各异的装饰灯，可使车辆在夜间更加光彩夺目，不仅可突出车辆个性，而且可使车增添几分神秘感。

1. 加装汽车霓虹灯

汽车霓虹灯可形成按一定规律不断明灭的灯光。经常见到的广告及建筑装饰中的霓虹灯是在真空玻璃管内充入氖或氩等惰性气体，两端安装电极，以在通电后发出红、蓝、绿、黄等不同颜色的光。汽车霓虹灯的发光体是晶体霓虹发光片，这种高科技超薄平面型光源厚度仅为 0.3 mm 左右，相当于名片厚度，如图 4-54 所示。

（1）汽车霓虹灯的组成。

汽车霓虹灯主要由电源、驱动器、发光体及信号线等组成，如图 4-55 所示。电源可由汽车蓄电池供电，也可由干电池供电；驱动器可控制画面中的灯光按一定规律明灭，发光体为晶体霓虹发光片，具有质量轻、利用空间小等特点。

图 4-54 汽车霓虹灯

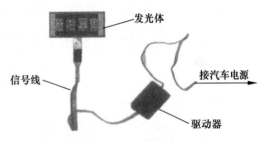

图 4-55 汽车霓虹灯的组成

（2）汽车霓虹灯的特点。

1）发光片可产生蓝、蓝绿、绿、橙、白、紫、粉红、红等色光，色彩丰富，更显酷车本色。

2）平面超薄的发光片，亮度均匀、无明暗区、完全不闪烁，给人以宁静、祥和之感。

3）整体发光，所有区域均能保持一致的光强，其亮度稳定、柔和，更为逼真地反映出画面的清晰层次。

4）超薄晶体霓虹发光片对烟、雾穿透力强，能见度高，不产生有害射线。

5）发光片工作时不发热，避免了与热量积累相关的一系列问题。

6）超薄晶体霓虹发光片的耗电量极低，用普通 9V 电池即可启动。

7）晶体霓虹发光片为软体结构，有较好的挠曲度，适应于弧形曲面体上的配合。

8）耐压、抗震，不会因为遭受外界冲击或挤压而损坏、失效。

9）在 -40℃~70℃ 的温度条件下均能正常工作。

10）使用寿命长，在良好的工作条件下，其寿命可超过 10 000 h。

（3）汽车霓虹灯的安装。

汽车霓虹灯的安装步骤与方法，如图 4-56 所示。

2. 加装汽车底盘灯

汽车底盘灯是安装在汽车底部，具有照明、警示、装饰等功效的车灯，其照射效果如图 4-57 所示。

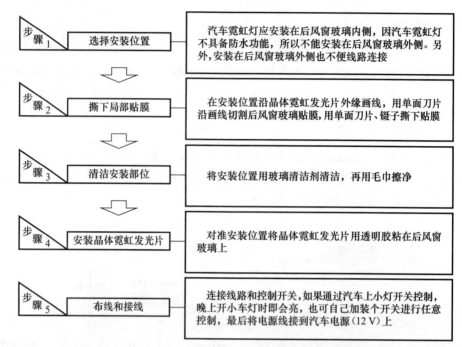

图4-56 汽车霓虹灯的安装步骤与方法

(1) 汽车底盘灯的作用。

汽车底盘灯集安全性、实用性、装饰性为一体。该灯不仅可用于照明,还可作为制动警示灯、转向灯及停车显示灯。比如打左转向灯,底盘灯左边也会跟着亮起;制动时,底盘灯会全亮;汽车停止时,则是一闪一闪,达到警示效果。在夜间、雾天、雨天以及能见度差的路上,它可以很好地为行人或者其他车辆提供自己车行驶或停车时的位置标志,以减少事故隐患。另外,当夜间检查汽车底盘或者查看更换轮胎时,底盘灯还能提供照明,同时还有非常好的装饰效果。

图4-57 汽车底盘灯的照射效果

(2) 汽车底盘灯的基本结构。

以超炫LED底盘灯为例,其基本结构是:外管采用了防水防震PVC管,中间有防震衬扣,里边灯管为节能超亮LED灯,如图4-58所示。另外,底盘灯自带安装支架及安装电源线,电源线以颜色区分正负极,安装非常方便。

图4-58 汽车底盘灯的基本结构

(3) 汽车底盘灯的特点。

1) 采用 LED 产生色光,颜色鲜艳亮丽、光线均匀。

2) 具有全亮、快速全闪、慢速全闪、顺向扫描、逆向扫描、快速顺向扫描、来回扫描、声控扫描等多种闪烁效果。

3) 具有良好的防水性能和抗冲击性能,且平时不用维护,不用擦洗。

4) 耗电量低,功率只相当于一个汽车大灯的功率,使用时不会给汽车蓄电池和发电机带来过多的负担。

5) 质地轻巧,便于安装,一次安装,长期使用。

(4) 汽车底盘灯的安装。

1) 安装步骤。

汽车底盘灯接 12V 车用电源,无须变压器可直接安于车上。其安装方法如下。

a. 将汽车放置升降台或者地沟上的合适位置。

b. 汽车底盘灯分别安装于汽车底盘的前、后、左、右四边底部,如图 4-59 所示。

c. 灯管安装有粘贴式和螺钉连接式两种。粘贴式安装是将灯管安装底座上的双面胶保护膜撕下,然后把灯管粘在要安装的位置即可。螺钉连接式安装应先根据底盘灯的两端安装支架的孔位置,在汽车底盘铁板上钻孔,然后用产品自带的螺钉拧紧即可。

d. 灯管采用专用的电源线并接,连接时将红线与红线相接,黑线与黑线相接。

e. 检查所有灯管工作状况,如果正常,则将灯管用螺钉予以固定。

2) 安装时应注意的事项。

a. 连接灯管的专用电源线如过长,应剪短至合适的长度。

b. 为防短路造成的危险,在线路上应安装熔断丝,并用带熔断丝的电源主线端接入汽车灯光电源。

3. 加装汽车外部顶灯

汽车外部顶灯是安装在汽车顶部,夜间发出高雅闪光的装饰性车灯,如图 4-60 所示。

图 4-59　汽车底盘灯的安装位置　　　图 4-60　汽车外部顶灯

(1) 汽车外部顶灯的结构。

汽车外部顶灯由发光体、电池安装处、底座及底座双面胶等组成,如图 4-61 所示。其中发光体包括光控电路、动态感应电路及发光电路。

(2) 汽车外部顶灯的安装。

汽车外部顶灯通过底座上的双面胶粘贴在汽车顶部,独立的电路设计,无须改动或连接汽车本身电路。夜间汽车开动时便会发出闪光,白天或停车时不闪光。

(3) 汽车外部顶灯电池更换。

汽车外部顶灯由两颗纽扣电池供电,电池装在底座内,底座上设有滑槽,当需要更换电池时,应顺着滑槽平推,先取下底座,然后便可轻易更换电池。

4. 加装车尾装饰灯

车尾装饰灯安装于汽车后备厢盖的两侧,形似飞翔的翅膀,夜间发出光亮,如图4-62所示。

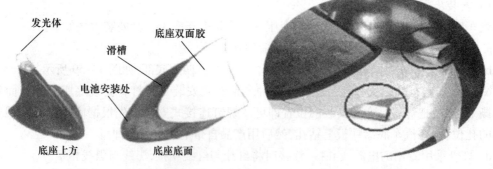

图4-61 汽车外部顶灯的结构　　图4-62 车尾装饰灯

(1) 车尾装饰灯的安装方法。

先将所附的软性海绵贴于本体底部,然后将本体底部的金属部位卡在汽车后备厢盖侧,从盖内用所配螺钉将灯体卡紧固定即可,如图4-63所示。导线如接于小灯可在夜间常亮,如接于制动灯可作为制动提示灯使用。

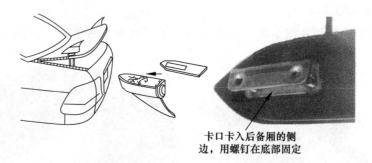

图4-63 车尾装饰灯的安装方法

(2) 安装时注意事项。

车尾装饰灯的导线应留有足够长度。由于后备厢盖在打开和关闭时,装在其上的车尾装饰灯也随之运动,若灯线过短,则在打开后备厢时,会造成导线过分拉紧,甚至拉断。为此,安装车尾装饰灯时,连接的导线不能过短。

5. 加装闪光水晶灯

闪光水晶灯是安装在汽车仪表台上,夜间汽车行驶中发出柔和漂亮七彩光的车内装饰灯,如图4-64所示。

图 4-64　闪光水晶灯

（1）闪光水晶灯的特点。

1）高雅美观。该灯采用精致的高透光度水晶，配以多种激光内雕图案，格调高雅、美观亮丽、发光柔和、变换无穷。

2）自动控制。只有在夜间汽车运动时，闪光水晶灯才会发光，无须人为操控。

3）节能设计。采用智能自动感光、感振设计，白天和车辆静止时不发光、不耗电，夜间汽车停车后两分钟，闪光水晶灯便自动熄灭。

4）安装方便。采用可更换的 7 号干电池供电，无须外接电源线。

（2）闪光水晶灯的安装。

1）接通电源。安装前先将闪光水晶灯底座的电池绝缘片拔掉，以便接通电源。

2）粘贴安装。将放置闪光水晶灯的仪表台表面位置清洁干净，再将闪光水晶灯底座的强力不干胶保护层撕掉，对准位置粘在仪表台上即可，如图 4-65 所示。

（3）闪光水晶灯电池更换。

水晶灯在使用中，当灯光暗淡时，只要将水晶灯底座的上下盖分开，取出旧电池，装上 3 节 7 号新电池即可。

6. 加装太阳能迷你闪光精灵灯

太阳能迷你闪光精灵灯是利用太阳能储能，安装于汽车前窗、后窗等位置，发射出超强闪光的车内装饰灯，如图 4-66 所示。

图 4-65　闪光水晶灯的安装

图 4-66　太阳能迷你闪光精灵灯

(1) 太阳能迷你闪光精灵灯的特点。

1) 自动储能。该灯设有内置光线感应器,会自动感应光线的强度,利用太阳光线充电,一个白天充的电能可供应 7 个晚上用电。在白天处于储能状态,不会发光。

2) 自动控制。该灯设有内置振动感应器,夜间汽车行驶时,4 个灯同时闪烁;夜间停车后,它会自动进入工作状态,4 个 LED 灯按顺序自动依次闪亮,黑暗处停放可以起到警示作用。

3) 手动调节。该灯设有强、弱、关 3 个挡位开关,可以自由手动调节。

4) 安装方便。内置太阳能电池,安装时无须配线和插头。

(2) 太阳能迷你闪光精灵灯的安装。

1) 安装位置。太阳能迷你闪光精灵灯可安装在前风窗玻璃右下角、后风窗玻璃内侧及车门内侧。当装在前风窗玻璃右下角时,能起到很好的装饰作用;当装在后风窗玻璃内侧时,可更好地提醒后面的车保持距离;当装在车门内侧时,可提示侧面的行人注意;当打开车门时,能提醒后车注意。

2) 安装方法。产品附带双面胶和固定支架,支架为一铁片,可任意弯曲,自己选择一个最佳角度,安装时通过双面胶将太阳能迷你闪光精灵灯粘贴在个人喜好的安装位置即可,如图 4-67 所示。

图 4-67　太阳能迷你闪光精灵灯的安装

7. 加装闪光排挡头

闪光排挡头是安装在变速手柄头部,具有闪烁彩光的车内装饰品,如图 4-68 所示。

图 4-68　汽车闪光排挡头

(1) 闪光排挡头的特点。

1) 不锈钢与高透亚克力材质,更显豪华。

2) 可调多种不同闪烁方式,具有丰富的表现力。轻按排挡头顶部,就会有发光变化,每按一次都会有不同的发光效果,红、黄、绿色不断渐变,有时闪烁多种彩光,每一次闪光都不同,奇妙之极,极富个性,如图4-69所示。

3)自动控制,白天可自动关闭闪灯功能。

4)内装两颗长寿纽扣电池,LED高亮低耗能发光。

5)体积小,寿命长。

6)安装简易,车主可自己动手安装。

(2)闪光排挡头的安装。

1)当闪光排挡头与原装排挡头口径一样时,只要卸下车上原装排挡头,拧开闪光排挡头下端螺帽,把排挡头的孔插入汽车排挡杆即可。

2)闪光排挡头与原装排挡头口径不一样时,可使用闪光排挡头产品附件中配备的配件和小工具(图4-70),用这些配件和小工具可以保证每台车都能正常安装。

图4-69　闪光排挡头发光效果　　　　图4-70　闪光排挡头配件和小工具

8. 加装车内声控灯

车内声控灯是一种灯光可随音乐闪烁的车内装饰灯。

(1)车内声控灯的种类。

车内声控灯的种类较多,常见的主要有以下几种。

1)四功能声控LED霓彩七彩灯。该灯具有霓彩照明、音乐声控、七彩灯快闪及七彩慢闪四大功能,可安装在车内任何地方或直接替代原车上的车顶灯,如图4-71所示。

2)声控声乐闪灯。声控声乐闪灯安装于车内,直接从汽车点烟器获取12 V电源。该灯可随着车内音乐的节拍,发出强劲的闪光。12个超亮蓝灯同时闪亮,形成一条耀眼的光柱。音量灵敏度可调,满足不同需要,如图4-72所示。

图4-71　四功能声控LED霓彩七彩灯　　　　图4-72　声控声乐闪灯

3) 声控音乐灯。如图 4-73 所示,受到声音振动后,能够发出七彩光并播放音乐。
4) 声控大炮。声控大炮是一种可随音乐闪烁的车内装饰灯,该灯有多种颜色组合,分 3 个一组、6 个一组等,如图 4-74 所示。

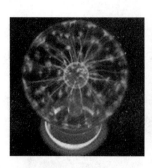 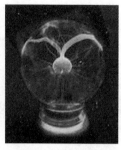 

图 4-73 声控音乐灯　　　　　　　　　　图 4-74 声控大炮

5) 声控飞碟。声控飞碟是一种多层面车内声控装饰灯。上部有来电闪、振动闪、声控闪,中间是振动闪,下部是来电闪,如图 4-75 所示。

图 4-75 声控飞碟

(2) 车内声控灯的安装。
车内声控灯有带电池和不带电池两种,均是通过粘贴方式安装的。只要撕掉底座上的不干胶保护纸,在车上合适的位置粘贴上即可。对于不带电池的,还要将导线接入电源线路中(或将插头插入点烟器孔)。

第三节　汽车仪表改装

一、汽车仪表改装种类

改装仪表板已成为改装族必改的项目,不光因为它的美观,更因为它的实用性。车内仪表板能够监督车内各个部件的工作状况,是车内必不可少的重要仪表。
一般汽车的常用仪表有车速里程表、转速表、机油压力表、冷却液温度表、燃油表、充电表等,如图 4-76 所示。大部分仪表显示的依据来自传感器,传感器根据被监测对象的状态变化改变其输出信号,通过仪表表述出来。

仪表板的改装一般主要就是改装其照明形式。当然也有些车主将原隐藏式仪表故意改装为外置式,以显示其个性化,通常改装后的效果如图4-77所示。

图4-76 车内仪表板　　　　　　　图4-77 改为外置式仪表的效果

常见的汽车仪表板主要有4种照明形式。

(1)灯泡直射式。照明效果一般,也不够美观,色彩单调,很容易使驾驶员产生疲劳感,所以在国外基本已被淘汰,但国内仍有使用。

(2)背光式照明。由于成本适中,光线柔和,对仪表数据的照明效果理想,因此被国内外众多汽车厂商所采用。

(3)液晶显示仪表板。由于成本偏高所以多在高档车上使用。

(4)OLED仪表板照明系统。具有180°的可视角度,对比明显,非常清晰,更突破了传统的在汽车上布孔安线的手段,但目前全世界只有极少款车装备了这一系统,如阿斯顿马丁的DB9、大切诺基和雪弗兰的科尔维特等。

二、汽车仪表改装实例

冷光仪表板改造简易,花费少,可以自己动手改装,既能减少视觉疲劳又能提升美观实用性,如图4-78所示。这里就介绍一种非常简单但却实用的冷光仪表板改造方案。下面以2003款捷达轿车为例,介绍冷光仪表板改造方案的具体步骤。

所需工具:大十字螺钉旋具(俗称十字改锥)一把,小十字螺钉旋具一把,小一字螺钉旋具一把,偏口钳子一把,小强力磁铁一块,装螺钉的小盒一个。

(1)为了安装方便,先用打火机烧一下插头的热缩管套,烧热后向下轻轻弯折小于90°,保持这个角度几秒并用嘴吹气冷却,热缩管套形状便固定住了。

(2)拆卸仪表板时,先把仪表的4颗螺钉拆掉。

(3)将4颗螺丝拆下来后,拿掉仪表外框。

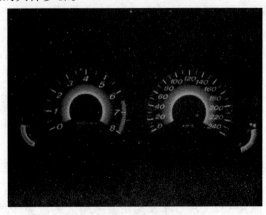

图4-78 冷光仪表板

（4）继续拆卸仪表玻璃罩两侧的小十字螺钉，拿下仪表玻璃罩。注意这两个十字螺钉是卡在玻璃罩外框的卡子里面的，不能强硬抠出。

（5）拿掉玻璃罩后，就可以拆卸仪表固定螺钉了。要注意这颗螺钉，由于承载着仪表盘上半部分的重量，单独使用磁性螺钉旋具吸很容易掉进仪表台内部。这时候，刚才准备的磁铁就派上用场了，需要把磁铁吸在螺钉旋具头侧面，加大吸力，防止螺钉坠落。

（6）可以直接把表针拧下来，把原来的铝片表盘拿掉，直接装冷光仪表板就行，驱动器接前照灯开关后面的引线。不要硬拔表针，否则很容易使表针折断，需要将其拧到卡住的时候接着拧，边拧边拔。

（7）拿掉表针后，开始拆卸仪表板的 6 颗固定螺钉。

（8）拆下旧仪表板后开始拧背光板的固定螺钉。注意螺钉不要拧紧，拧到头后需要回转半圈到一圈。

（9）线路改造。取下前照灯开关，将两根线轻轻剥开一小段线皮，与新的显示表盘接好后用胶布包好。需要提示的是：驱动器是电子振荡升压元件，和其他的简单线圈电器不同，接的时候千万别接反，也别反接试试不亮再正接，最好之前用万用表测试好正负极再接线。

（10）全部步骤完成，把表针装回，调好指示刻度。和类似刚才拆表针的方法差不多，先轻轻按进去，转到卡住，再轻轻转动，调整到零刻度。

第四节　车载电器改装

一、加装车载冰箱

车载冰箱是放置在车内的一种冷藏保温装置，用于放置饮料和食物，为驾乘人员旅途饮食提供便利。车载冰箱不仅具有无噪声、无污染、环保、节能轻便等特点，而且造型精美、色彩绚丽、小巧玲珑，使车内更显尊贵典雅，如图 4-79 所示。

1. 车载冰箱的种类

（1）车载冰箱按功能可分为储能型冰箱、冷热型冰箱和车家两用型冰箱。

1）储能型冰箱。此种冰箱的外壳由保温材料制成，利用储能盒（袋）在其他处制冷或加热后放入箱内，来保持物品温度，俗称保温箱，如图 4-80 所示。储能型冰箱的优点是不耗车上电能（车上的电都是燃油转化来的），价格也比较低廉；缺点是不能长时间保温，而且空间较小。

2）冷热型冰箱。冷热型冰箱是既能制冷又能制热的冰箱。只要将电源插头连接到汽车点烟器插座上，就能直接实现制冷或加热功能。制冷可低于环境温度 20 ℃，制热可达 65 ℃，如图 4-81 所示。

3）车家两用型冰箱。此种冰箱有两种电源连接方式，即可连接汽车上的 12 V 直流电，又能连接家庭中的 220 V 交流电。从而保证了既能放在汽车上使用，也可放在家中使用，如图 4-82所示。车家两用型冰箱大多数为冷热型冰箱。在车内使用时，可置于车内座位或车尾箱，直接连接车内点烟器的 12 V 直流电源。在酷热的夏日，它能提供清凉透心的冷饮；在寒风刺骨的严冬，它能提供温暖的食品。无论是郊游、观光旅游、野餐、露营、垂钓、长途行车，还是在塞车的途中,它都能提供适温舒心的饮料和食品。迷你的外观设计,卓越的实用功能,令爱车更增几分亮丽,生活更添几分色彩。在室内使用时,接室内 220 V 交流电源,可以用来存放饮料、食品。

图 4-79　车载冰箱

图 4-80　储能型冰箱

图 4-81　冷热型冰箱

图 4-82　车家两用型冰箱

(2) 车载冰箱按制冷方式不同可分为电子制冷冰箱和压缩机制冷冰箱。

1) 电子制冷冰箱。电子制冷冰箱以先进半导体技术实现电子制冷加热,如图 4-83 所示。半导体制冷技术基于 1834 年发现的帕耳帖效应,即在两种不同的金属结合点通电,根据极性的不同,两种金属会分别出现冷热效应。电子制冷冰箱利用这一点,将批量的金属结合点聚合,增加冷热效应,再将金属表面的冷或热源通过散热铝片和风扇使其流动,这样可以形成冷热的效果。

电子芯片的温度在这种条件下可达到 -5 ℃,但是经过传导后反射到冰箱壁,再由冰箱壁

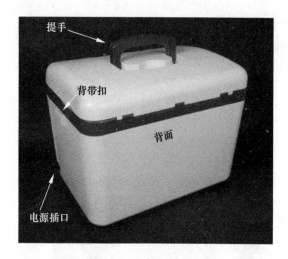

图 4-83 电子制冷冰箱

传导到箱体内部，温度会衰减到 5 ℃，这只是比较理想状况下的温度。还有一个重要的指数是这种冷热箱的温度与周围环境的温度只能够达到温差 20 ℃。

现在国内有的工厂在冰箱内安装两组芯片，声称能够达到 -5 ℃~6 ℃。实际上，这种冰箱的能耗极大，很容易烧毁汽车蓄电池，是比较危险的。另外，其宣扬的温度值也是芯片周围的温度值，这是在误导消费者。

电子制冷冰箱的优点是既能制冷又能制热，环保、无污染，体积小，成本较低，工作时没有振动、无噪声、寿命长。缺点是制冷效率不高，容量较小。

2) 压缩机制冷冰箱。压缩机制冷冰箱以压缩机、变频器为依托，利用汽车 12 V 直流电源实现制冷，如图 4-84 所示。压缩机制冷冰箱采用无氟全封闭压缩机，其利用的是冷热交换的原理，当蒸发板中的制冷剂从液态转为汽态时，热量就会被吸走。压缩机将制冷剂压缩收集后传送到冷凝器中，并将吸收到的热量排放到大气，制冷剂重新回到液态状态回流到冷凝板中，开始新一轮的制冷循环。压缩机是冰箱的传统技术，制冷温度低，可达 -18 ℃；制冷效率高，体积大，是未来车载冰箱发展的主流方向。缺点是比较重，耗电量大，价格较高。

(3) 按结构类型可分为立式车载冰箱、卧式车载冰箱及扶手式车载水箱，如图 4-85 所示。

图 4-84 压缩机制冷冰箱

图 4-85 车载冰箱结构类型
(a) 立式车载冰箱；(b) 卧式车载冰箱；(c) 扶手式车载冰箱

2. 车载冰箱的选购

（1）看功能。目前市面上车载冰箱的种类比较齐全，购买时应根据车主的实际需要确定其功能。如果是短时间内储藏食物，购买储能型冰箱就可以了，这种冰箱不用电，且价格便宜；如车主是单身、临时住租用的房屋，购买车家两用型冰箱是不错的选择，平时把冰箱放在家里，旅行时提到车上即可。如车主想要制冷效果比较好的冰箱，那么就选择压缩机制冷冰箱；如车主对制冷效果要求不高，那么就选择电子制冷冰箱。

（2）看结构。车载冰箱的结构形式主要有立式、卧式和扶手式，购买时应根据车内空间大小合理选择。如车内空间较小，最好选择扶手式车载冰箱，把它放在主座与副座之间，或放在后排座椅中间，既不占车内空间，又美观，且使用方便；如汽车行李舱空间较大，选择立式或卧式车载冰箱均可。另外，车载冰箱的颜色及款式要与车内的装潢相协调。

（3）看质量。考察一个车载冰箱的质量，主要看它的制冷及保温效果。衡量冰箱质量的好与坏，从一个细节就能轻松判断出来，用户只需打开冰箱盖，试一下密封条的手感，如果它缺乏韧性和严整性，则实际密封效果不会好。很好理解，一个有密封不严的车载冰箱，其他方面也不会好到哪里去。

3. 车载冰箱的安装与使用

（1）储能型冰箱的安装与使用。

储能型冰箱无须安装，只要放入车内即可。使用方法是：当需要冷藏时，先把储能盒（袋）平放在家用电冰箱或电冰柜中，冷冻 10 h 后放入储能型冰箱中，置于食品、饮料、水果等物品的上部或侧部，盖严上盖即可。箱温可稳定在 15℃ 以下长达 20 h。当需加热时，先把储能盒（袋）平放在微波炉中加热 2 min，温度升到 60℃~70℃ 后平放入储能型冰箱，置于食品、饮料等的底部或侧部，盖严上盖即可。箱温可稳定在 40℃ 以上长达 4 h。

（2）冷热型冰箱的安装与使用。

冷热型冰箱的安装非常简单，只要将冰箱固定在车内合适位置，然后把电源插头插入点烟器插座即可。使用方法是：当需要制冷时，将冷/热开关拨至制冷挡；当需要加热时，将冷/热开关拨至加热挡。

（3）车家两用型冰箱的安装与使用。

以 ST244 型车载冰箱为例，其安装与使用方法如下。

1）在车内安装与使用的方法。

a. 在车内使用时，需将箱体固定在车内合适位置，并保持良好的通风。

b. 把"交流、直流"开关置于直流挡；选择"冷/热"开关挡位，对应指示灯亮，则该机开始工作。

c. 把直流电源线的一端插入冰箱上的直流插孔，另一端插入车内 12 V 点烟器插座，电流应大于 5 A。

d. 把"制冷、制热"开关置于关挡，或是把"交流、直流"开关置于关挡，该机即可停止工作。

e. 在加热中，当箱内温度升至 (70 ± 5)℃ 时，电源会自动切断，当温度低于 (60 ± 5)℃ 时，电源会自动接通继续加温。

2）在家庭安装与使用的方法。

a. 把交流电源线的一端插入冰箱上的交流插孔,另一端插入 220 V 交流电源插座。

b. 把"交流、直流"开关拨置交流挡;选择"冷/热"开关挡位,对应指示灯亮,该机开始工作。

c. 把"制冷、制热"选择开关置于关挡,或把"交流、直流"转换开关置于关挡,该机即可停止工作。

d. 在加热中,当箱内温度升至 (70 ± 5) ℃时,电源自动切断;当温度低于 (60 ± 5) ℃时,电源自动接通继续加热。

(4) 车载冰箱安装与使用注意事项。

a. 车载冰箱在汽车上使用时,只能用 12 V 直流电。

b. 通风口与散热孔要保持畅通。

c. 制热工作状态下,箱内适合放加热过的食品,不太适合放冷冻食品。

d. 当从制热功能转换时,应关掉电源,5 min 后再启动。

二、加装车载饮水机

车载饮水机是汽车上配备的用于装载饮用水并可制冷和加热的电器产品。使用车载饮水机,驾乘人员夏天可以喝到冰凉的冷水,冬天可以喝到热乎的热水,既满足了一般驾乘人员的饮水需要,也为喜爱泡茶、冲咖啡的朋友提供了方便。

1. 车载饮水机的种类

车载饮水机按适用车型分为轿车专用型饮水机、客车专用型饮水机和货车专用型饮水机。

(1) 轿车专用型饮水机。

轿车专用型饮水机外形精美,设计合理,装在汽车前排座位中间,既是扶手箱,又是饮水机;电源插入点烟器插孔内,加水时可提出车外,自动保温,无打孔安装,是广大车主朋友的必备品,如图 4-86 所示。

(2) 客车专用型饮水机。

客车专用型饮水机采用新型低压高效电子加热元件,不怕干烧,使用寿命长,并且采用电动顶开式出水嘴,乘客在旅行中可一手扶扶手,一手接水,有效防止在接水时摔倒,如图 4-87 所示。

图 4-86 轿车专用型饮水机

图 4-87 客车专用型饮水机

(3) 货车专用型饮水机。

货车专用型饮水机是针对货车及各种工程车辆日夜奔波,解决驾乘人员途中冲茶、泡方便面,及时补充人体所需要的水分,提高工作效率而专门研制的一种新型车载饮水设备。该饮水机采用超薄型设计,可壁挂安装,占用空间小,水桶可随意放置,机器自动吸水,适合于货车,也可用于空间比较小的商务车、小中巴、卧铺客车等,如图4-88所示。

2. 车载饮水机安装与使用

(1) 轿车专用型饮水机的安装与使用。

轿车生产厂直接匹配的专用型饮水机一般安装在仪表板下方,如图4-89(a)所示;加装的饮水机(或部分原厂型饮水)装在前排两座椅之间,如图4-89(b)所示。有些机型随机配备有可调节长、宽、高的无打孔安装支架。安装时,先根据自己车型的安装位置将支架长短、宽窄、高低调整好,然后将支架安装在车上,再将饮水机放在支架上即可。

图4-88 货车专用型饮水机

使用方法:首先将饮水机注水口盖打开,向机内加满水;然后将电源插头插入汽车点烟器插孔内,轻触开关,机器即开始工作;当达到最高温度后机器自动停机,保温指示灯亮,此时即可按出水键接水饮用。

(a)　　　　　　　　　　　　　　(b)

图4-89 轿车专用型饮水机的安装位置

(a) 装于仪表板下方的饮水机;(b) 装于前排两座椅间的饮水机

(2) 大中型客车专用型饮水机的安装与使用。

客车专用型饮水机一般安装在车内前方位置,直接固定在车底板上,然后将两根电源线分别连接在汽车电源的正、负极即可。

不同型号的客车饮水机其使用方法不尽相同,现以PYK-24系列客车专用饮水机为例,其使用方法是:电源打开后,机内电泵便开始自动吸水,此时可听到机内有轻微"嗒嗒"的响声,约2 min后吸水停止。若想饮用热水,可打开加热开关,机器便可自动进入加热状态,红色指示灯亮,待绿色灯亮时说明水沸腾,即可饮用。若想饮用冷水,加热开关可不打开,此时机器不耗电,处于待机状态。当水瓶内没有水时,机器会有蜂鸣报警声,提醒该换瓶了。

(3) 货车专用型饮水机的安装与使用。

图 4-90 货车专用型饮水机的安装位置

有些机型的货车专用型饮水机(如 PY-24 型)随机配有可延伸式安装支架,安装时,先用自攻螺钉在车内合适位置将支架装好,然后将饮水机挂在支架上,接上车身电源,并在下方用小锁片固定即可。货车饮水机置通安装于驾驶员座椅旁边,如图 4-90 所示。

PY-24 型货车专用饮水机的使用方法:打开注水口盖,向饮水机水箱加水,水位可通过外壳上的提示查看。打开电源开关后,机器上的红色加热指示灯亮,便开始加热,待转为绿色时,表明水已烧开至沸,即可饮用。当熄火停车(即当电压低时)时,红色保护灯亮,此时机器会自动停止工作。如需要继续烧水,则可将电源开关重新开启一次。

三、加装车载微波炉

车载微波炉是安装在车内通过微波烹制食品的车载装置,如图 4-91 所示。该装置具有结构简单、体积小巧、携带方便、使用可靠等特点。

1. 车载微波炉的工作原理

车载微波炉首先将车载蓄电池 12 V(或 24 V)的低压电经高频直接升压至 4 000 V,然后驱动磁控管发射微波烹制食品。微波是一种电磁波,这种电磁波的能量不仅比通常的无线电波大得多,而且微波一碰到金属就发生反射,金属根本没有办法吸收或传导它;微波可以穿过玻璃、陶瓷、塑料等绝缘材料,但不会消耗

图 4-91 车载微波炉

能量;而含有水分的食物,微波不但不能透过,而且其能量会被吸收,微波炉正是利用微波的这些特性制作的。

微波炉的外壳用不锈钢等金属材料制成,可以阻挡微波从炉内逃出,以免影响人们的身体健康。装食物的容器则用绝缘材料制成。微波炉的心脏是磁控管,这个叫磁控管的电子管是个微波发生器,它能产生每秒钟振动频率为 24.5 亿次的微波。这种肉眼看不见的微波能穿透食物达 5 cm 深,并使食物中的水分子也随之运动,剧烈的运动产生了大量的热能,于是食物就被"煮"熟了。这就是微波炉加热的原理。用普通炉灶煮食物时,热量总是从食物外部逐渐进入食物内部的,而用微波炉烹饪,热量则是直接深入食物内部,所以烹饪速度比其他炉灶快 4~10 倍,热效率高达 80% 以上。目前,其他各种炉灶的热效率均无法与之相比。

2. 车载微波炉的安装与使用

(1) 安装与操作。

车载微波炉安装非常简单,只要将其放置在车内合适位置,然后将插头插入点烟器插孔即

可。车载微波炉分为"HICH""M. HICH""M. LOW"三种控制模式。"HICH"代表"快速烹调",此时微波炉的功率最大,烹调食物最快;"M. HICH"代表"烹调少量食物和水";"M. LOW"代表"解冻",对冷冻食品通常在烹调前需要先解冻,即使用此设置。

(2) 使用注意事项。

车载微波炉在使用中应注意以下事项。

1) 车载微波炉不要放置在汽车音响附近,否则汽车音响中的磁性材料会降低微波炉的工作效率,车载微波炉也会使汽车音响产生噪声而影响收听效果。

炉内未放烹饪食品时,不要通电工作,不可使微波炉空载运行,否则会损坏磁控管。为防止一时疏忽而造成空载运行,可在炉腔内置一盛水的玻璃杯。

2) 凡金属的餐具,竹器、塑料、漆器等不耐热的容器,有凹凸状的玻璃制品,均不宜在微波炉中使用。瓷制碗碟不能镶有金、银花边。盛装食品的容器一定要放在微波炉专用的盘子中,不能直接放在炉腔内。

3) 微波炉的加热时间要视材料及用量而定,还和食物新鲜程度、含水量有关。由于各种食物加热时间不一,故在不能肯定食物所需加热时间时,应以较短时间为宜,加热后可视食物的生熟程度再追加加热时间。否则,会使食物变得发硬,失去香、色、味。按照食物的种类和烹饪要求,调节定时及功率(温度)旋钮,可以仔细阅读说明书,加以了解。

4) 带壳的鸡蛋、带密封包装的食品不能直接烹调,以免发生爆炸。

5) 一定要关好炉门,确保连锁开关和安全开关闭合。微波炉关掉后,不宜立即取出食物,因此时炉内尚有余热,食物还可继续烹调,应过 1 min 后再取出。

6) 炉内应经常保持清洁。在断开电源后,使用湿布与中性洗涤剂擦拭,不要冲洗,勿让水流入炉内电器中。

7) 定期检查炉门四周和门锁,如有损坏、闭合不良,应停止使用,以防微波泄漏。不宜把脸贴近微波炉观察窗,以防止眼睛因微波辐射而受损伤;也不宜长时间受到微波照射,以防引起头晕、目眩、乏力、消瘦、脱发等症状,使人体受损。

8) 防止车载微波炉微波泄漏。由于车内空间狭小,人员相对微波炉距离较近,如微波炉微波泄漏,微波辐射将会给驾乘人员身体健康带来不利影响。人体受到过量的微波辐射将会出现头昏、睡眠障碍、记忆力减退、心动过缓、血压下降等症状。研究发现,当人眼靠近微波炉泄漏处约 30 cm、微波泄漏能量达 1 mW/cm^2 时,会突然感到眼花,眼底检查时会发现视网膜黄斑部上方有点状出血。

为防止车载微波炉微波泄漏,在使用中应注意以下事项。

1) 使用车载微波炉必须按照说明书的规定正确操作。

2) 不要碰撞、扭曲炉门。

3) 当车载微波炉使用一段时间后,应当经常检查炉门有无机械性损伤,若开启不正常,则应及时送到专业部门维修。

车载微波炉微波泄漏的检测方法是:先准备一根短小的荧光灯管(如 6 W、8 W 或应急灯管),在夜间关闭所有车灯,使检测环境处于黑暗中。在微波炉处于工作状态后,将灯管靠近炉门缓慢地移动,如灯管不亮,则说明微波炉没有微波泄漏,或者泄漏量在安全标准范围内;若灯管发亮或微亮,则说明灯管所在的相应位置有微波泄漏,应立即停止使用,进行修理。

四、加装车载净湿器

图 4-92 车载净湿器

车载净湿器是一种集空气净化和加湿于一身的车用产品，其作用是营造健康、舒适的车内环境，如图 4-92 所示。

1. 车载净湿器的功能

（1）净化。能附着空气中的灰尘及各种有害物质，起到净化车内空气的作用。另外，车载净湿器配备的抗菌净水过滤器，其滤芯具有良好的导水性及过滤性，以彻底滤去水中的杂质，令车内空气清新滋润。

（2）加湿。车载净湿器采用冷雾加湿，可显著改善冬季车内空调热风引发的热燥状况，也可大大缓解夏季车内空调冷风造成的乏力现象，更可使肌肤彻底告别因空气干燥引发的过敏等不适症状。

（3）美容。车载净湿器产生的超精细冷雾颗粒，可防止皮肤产生粗糙、干裂等症状，令肌肤更娇嫩，更健康，常葆青春姿色，特别适合天生爱美的女性车主。

2. 车载净湿器的性能特点

以沃尔仕车载净湿器（图 4-93）为例，其具有以下性能特点。

1）高频振荡芯片由航天特种材料制成，频率高达 420 万次/秒（普通加湿器超声波振荡元件振荡频率为 23 000 次/秒），产生的超精细冷雾颗粒仅为普通加湿器雾化颗粒的 1/200。

2）车载净湿器的滤芯为欧美国家政府实验室专用的高科技产品，具有极强的导水性和过滤性。

3）专用水特别添加了美国专利技术的营养原液，对车内的甲苯、甲醛、二甲苯等有害气体有明显的抑制效果。

沃尔仕车载净湿器技术参数，见表 4-10。

图 4-93 沃尔仕车载净湿器

表 4-10 沃尔仕车载净湿器技术参数

项 目	参 数	项 目	参 数
型号	W800	使用温度	0℃~45℃
毛重	1.5 kg	定时装置	4 h
额定功率	AC220V DC12V	适用范围	车载室内两用
喷雾液容量	140 mL	机器尺寸	76 mm×79 mm×127 mm
喷雾能力	30 mL/h	外箱尺寸	345 mm×205 mm×100 mm

3. 车载净湿器的安装与使用

车载净湿器的安装与使用非常简单，汽车专用净湿器一般放置在控制台上方，使用时将插头插入点烟器即可。车家两用净湿器配备有家用电源转换器，使用时通过该转换器连接电源即可。

车载净湿器使用中应注意以下事项。

（1）在车内相对湿度小于80%时使用。

（2）使用温度低于40℃的清洁水。

（3）不要在无水状态下开机。

（1）改装汽车音响分为比赛、展示、实用三种类型。

（2）大多数车主都会选择实用型音响改装。实用型音响改装就是尽量使用原车位置，少改动原车的内饰风格，少占用车内空间。而且实用型音响改装可在不减少原车重要功能的情况下将音响的音质提高到最佳状态。

（3）现在大多数汽车出厂时就已经配置了CD机，如原车配置的是卡带机，则可更换为CD机。

（4）车载MP3有其独特的优点，所以很多车主还是愿意加装车载MP3。

（5）目前，汽车音响的配置方式通常有主机+4个扬声器、主机+1个四声道功放+4个扬声器和主机+1个四声道功放+1个二声道功放+4个扬声器+超低音BASS三种。

（6）汽车音响配置应遵循系统的平衡性原则、大功率输出原则和音质自然重放原则。

（7）选购主机应重点考虑规格、音质、功能和性能等指标。

（8）选购功放时应考虑功放的品牌、功放的功率、功放的技术指标、功放与扬声器的搭配等因素。

（9）选购扬声器时应注意与系统协调、与主机匹配、品牌质量及升级配置等因素。

（10）汽车音响系统应选用高抗氧化、高导电率，外皮包有PVC、PE、PP等材料的线材。

（11）车门、后窗台和底盘对音响效果影响较大，应进行必要的隔音处理。

（12）汽车音响调音常用方法有：主机+同轴扬声器的调音方法，主机+套装扬声器的调音方法，主机+功率放大器+扬声器的调音方法和主机+电子分频器+功率放大器+扬声器+超低音的调音方法。

（13）车主感觉原车配备的灯光亮度、美观以及功能等方面不足或缺乏个性化时，往往提出车灯的改装要求。

（14）汽车前照灯的改装项目主要有：更换大功率灯泡，加装大灯增亮线，加装大灯增亮器和改装氙气灯。

（15）装饰灯的改装项目有：加装汽车霓虹灯，加装汽车底盘灯，加装汽车外部顶灯，加装车尾装饰灯，加装闪光水晶灯，加装太阳能迷你闪光精灵灯，加装闪光排挡头，加装车内声控灯等。

（16）仪表板的改装一般主要就是改装其照明形式。当然也有些车主将原隐藏式仪表故意改装为外置式，以显示其个性化。

（17）车载冰箱是放置在车内的一种冷藏保温装置，用于放置饮料和食物，为驾乘人员旅途饮食提供便利。

（18）车载饮水机按适用车型分为轿车专用型饮水机、客车专用型饮水机和货车专用型饮水机。

（19）车载微波炉是安装于车内通过微波烹制食品的车载装置。该装置具有结构简单、体积小巧、携带方便、使用可靠等特点。

（20）车载净湿器是一种集空气净化和加湿于一身的车用产品，其作用是营造健康、舒适的车内环境。

思考与练习

1. 汽车音响改装有哪些种类？
2. 对汽车音响改装有哪些要求？
3. 为什么有些汽车改装音响更换主机后，收音效果大不如前了？为此应采取哪些措施？
4. 有些 CD 机在改机后播放 CD 有声音而播放 VCD 没有声音，原因出在哪里？如何解除这一故障？
5. 车载 MP3 有哪些功能？
6. 汽车音响配置有哪些原则？
7. 选购音响的依据有哪些？
8. 为什么现时汽车音响系统里采用单台功放专门推动超低音？
9. 在进行汽车音响改装前，首先要进行的检查和准备工作有哪些？
10. 如何对高档车的原车主机防盗密码进行解锁？
11. 汽车音响电源布线时，应注意哪些事项？
12. 选择收放机的安装位置时，应注意哪些事项？
13. CD 机的安装应注意哪些事项？
14. 调试汽车音响时，如果只有一路声道有声音，应如何处理？
15. 什么是氙气灯？它是如何发光的？
16. 什么是大灯增亮线？它为什么能增加前大灯的亮度？
17. 什么是大灯增亮器？它为什么能增加前大灯的亮度？
18. 选购氙气灯应注意哪些事项？
19. 汽车高位制动灯有哪些作用？
20. 车载微波炉在使用中应注意哪些事项？

第五章

汽车安全装置改装

1. 汽车转向盘锁的种类及使用方法。
2. 变速杆锁的种类及使用方法。
3. 车轮锁的结构原理和安装使用方法。
4. 电子防盗器的种类、结构原理、安装及使用方法。
5. 指纹防盗器的组成、原理、功能、特点及安装方法。
6. 网络防盗器的组成、原理、功能及安装方法。
7. 倒车雷达的组成、原理、种类、选购及安装方法。
8. 汽车安全预警系统的组成、原理及安装方法。
9. 车载电子狗的种类、选购及安装方法。

第一节 汽车防盗装置加装

汽车防盗器就是一种安装在车上,用来增加盗车难度、延长盗车时间的装置。

一、机械式防盗锁

机械式防盗装置通过锁定转向盘、制动器踏板、变速杆等主要操纵件使窃贼无法将汽车开走。机械式防盗装置主要有转向盘锁、变速杆锁、离合器锁、车轮锁和踏板锁等。

1. 转向盘锁

转向盘锁的结构形式多种多样,较常见的主要有直杆锁、拐杖锁和钜甲锁三种。

(1)直杆锁。

直杆锁主要由锁杆、锁栓和锁组成,如图 5-1 所示。两个锁栓分别固定在转向盘的径向两相对端,锁杆的另一头插在车内任意地方固定,以防止窃贼转动转向盘。

(2)拐杖锁。

图 5-1 直杆锁

拐杖锁是一种形似拐杖的转向盘锁,如图5-2所示。该锁的两端手柄长度可调整,一端挂在转向盘上,另一端挂在离合器踏板上,装有自动变速器的汽车则挂在制动踏板上,一旦锁定,则转向盘不能转动。

(3) 钜甲锁。

钜甲锁是一种锁在转向盘的横幅上,用前后钢甲保护转向盘,使车贼无法用锯锯断转向盘而将其卸下的防盗锁,如图5-3所示。钜甲锁的关键部件上焊接有经热处理的加强钢板,使锁体防锯防剪。锁芯是双排12弹子月牙型锁,万能匙打不开。钢盒包罩着锁芯,只留有一小孔缝,钻、撬、敲等都无法打开锁。前侧钢甲不仅能够防止从仪表台方向处锯转向盘,而且盖住了安全气囊固定螺孔,使盗贼无法用拆换转向盘的方法将车开走。加长钢甲既可从正面保护转向盘,又可以使人在非法开锁时触动汽车喇叭鸣叫报警。钜甲锁的使用方法见表5-1和表5-2。

图5-2 拐杖锁

图5-3 钜甲锁

表5-1 钜甲锁的初次使用方法

步骤	使用方法	图 示
步骤一	打开皮套带	
步骤二	从里面取出一块5cm厚黑色的弹力胶,然后把皮套贴合回来即可	
	如果钜甲锁顶柄没有贴着仪表台,或者尾甲没有顶着转向盘,都可以通过调节尾甲的角度,以取得最佳效果。	
步骤三	取出尾甲的皮套	

续表

步骤	使用方法	图示
步骤四	用十字螺丝刀旋出螺栓	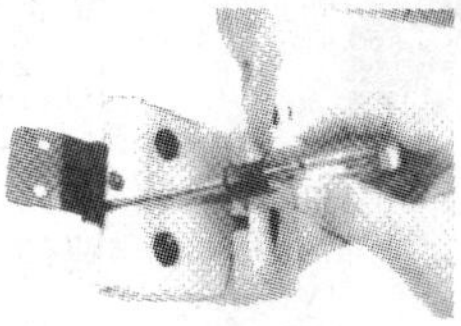
步骤五	把尾甲反过来或倒转过来,再把螺栓拧紧则可,总共可变化4个角度	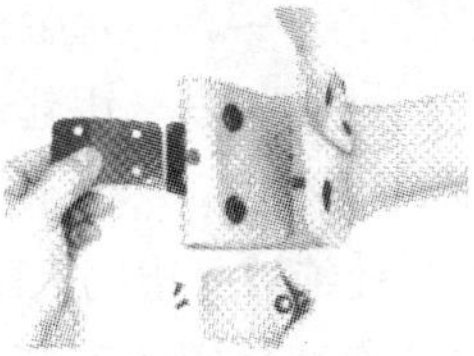

表 5-2 钜甲锁的日常使用方法

步骤	使用方法	图示
步骤一	停车时,转向盘连接柱转动到垂直向上位置	
步骤二	将钜甲锁放在转向盘上,背对着连接柱,然后将锁戟插入锁孔	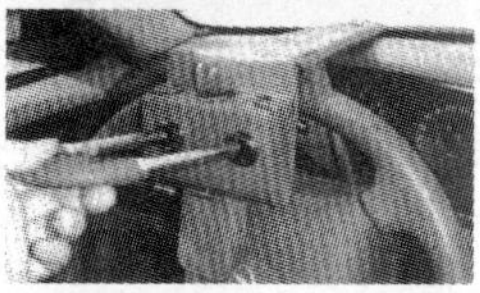
步骤三	转动钥匙将锁戟锁住,钜甲锁就牢牢地锁在转向盘上了	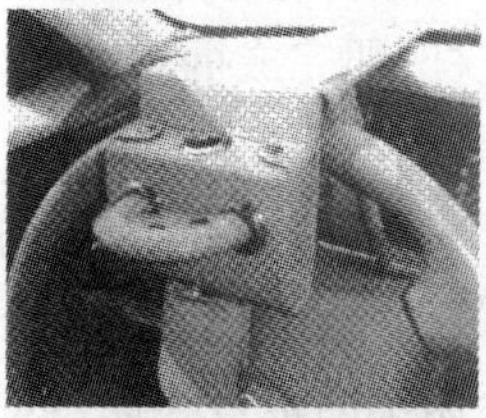
步骤四	不用时,将钜甲锁放置在座椅底下,不占空间,又安全(当急刹车时,座椅前后调节横杆使钜甲锁不会向前滑动)	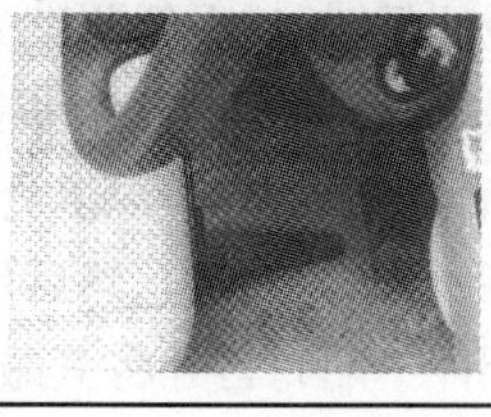

2. 变速杆锁

变速杆锁俗称排挡锁,是一种用于锁止变速杆,使其无法操作,从而达到防盗目的的防盗锁。常见的变速杆锁有内置变速杆锁、外置变速杆锁及变速杆驻车制动杆一体锁三种。

(1)内置变速杆锁。

图 5-4 内置变速杆锁

内置变速杆锁是用高硬度合金钢制成,位于变速杆手柄内,用于锁止变速杆的防盗锁,如图 5-4 所示。安装时只需将原厂变速杆手柄拆下,装上内置变速杆锁即可,不用钻孔,也不破坏车身结构,能起到防锯、防钻的作用,破坏锁芯开锁的概率很低。

1) 内置变速杆锁的防盗机理。内置变速杆锁安装在变速杆手柄部位,锁定变速杆,使变速杆不能移动,即使起动发动机,想开走汽车也是比较困难的。这种防盗装置简便而又坚固,材质采用特殊高硬度合金钢制造,防撬、防钻、防锯,且采用独特的同材质镍银合金锁芯和钥匙,没有原厂配备的钥匙极难打开;如果钥匙丢失,可用原厂电脑密码卡复制钥匙。由于排挡锁的钥匙需用原厂的密码卡回厂进行电脑配置,故可有效杜绝被身边的人配钥匙偷车的可能性。

2) 内置式变速杆锁的安装(以金鹰品牌系列排挡锁为例)。

a. 安装准备。

工具准备。4 mm 内六角匙、3 mm 内六角匙、尖嘴钳、螺钉旋具等工具。

零配件检查。打开包装,对照零配件清单检查零配件数量:钥匙 2 把、铜封钉 1 个、胶塞 3 个、白色小包装盒 1 个、售后服务指南 1 本、金鹰排挡锁 1 只、安装说明 1 张。

变速杆锁检测。从包装盒里取出排挡锁,先目测外观,看有没有刮花现象,然后反复上锁、开锁几次,看锁芯是否工作正常(注意:所配的 2 把钥匙都需试开)。

b. 拆卸原车排挡头。

安装前,必须先拉紧驻车制动杆,用脚踩住制动踏板,把点火钥匙拧到使车通电的位置(注:此时发动机没有起动,预防在安装过程中误挂排挡时,车辆起步)。

先测试原车排挡是否无误、排挡顺畅,如无问题,则将挡位换至一挡(注:将挡位换至一挡时,主要是为拆装变速杆手柄时扩大空间,方便拆装)。

用十字螺丝刀将原车变速杆手柄前端表面两颗螺钉拧松并将变速杆手柄顺势往上拉,使其脱离变速杆,即完成拆卸动作。

c. 安装变速杆锁。

将原车变速杆手柄拆下后,将变速杆锁套入原车变速杆,并校正好位置、方向,用手压紧后固定一颗螺钉。

检测变速换挡是否顺畅(如果不能正常变速或部分变速不正常,则应松开螺钉,用手将变速杆锁尽量压低,然后重复测试)。

如果从 P 挡到 R 挡、D 挡不按按键亦可变速或钥匙拔不出来,应松开螺钉,将变速杆锁向上调整,然后重复测试;若以上处理无法解决问题,则应联系厂家或当地经销商。

依次将所有螺钉紧固,然后用同样方法检查,确认螺钉已经足够紧,请车主试车。

拿出配件中的封钉并将其敲入中间的螺钉孔,然后轻轻将其折断(注意:用力过猛容易刮伤锁体)。

将配件中的胶塞装入螺钉孔中。

(2) 外置变速杆锁。

1) 防盗原理。外置变速杆锁是一种在外部固定变速杆,使其不能移动的防盗锁,如图 5-5 所示。该锁采用特殊高硬度合金钢配合双重子母镍银锁钉及电脑排列组合锁芯制造而成,具有防钻、防敲、防锯功能,每把锁都有一张专属的电脑卡,若非原厂的钥匙胚与电脑卡配合则无法复制钥匙,设计安全。采用耐磨损的镍银合金材料制造锁钉和钥匙,有效地防止了因长时间的使用导致钥匙和锁钉的严重磨损而出现的原配钥匙打不开锁的现象。另外,镍银合金材料不会锈蚀,增加了锁的使用寿命和开启的舒适性。锁芯双重子母锁钉复杂多变的组合结构,能有效地防止技术性开锁(即非钥匙开锁)。

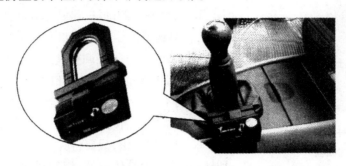

图 5-5　外置变速杆锁

2）安装方法(以昶恩大力士汽车排挡锁为例)。

a. 该锁安装由专业厂商完成,采用钢板与汽车底盘相连,锁定汽车的变速手柄,使非车主无法将汽车正常开走,以达到汽车防盗的效果。

b. 该锁独创个人随时可以改变机械锁密码的安全观念。以一把锁搭配 2 把绿珠、1 把黄珠、1 把红珠钥匙。当遇到安全顾虑时,只要用带另一颜色珠的钥匙轻轻一转立刻解决所担心的安全问题,无须重新更换新锁,既实惠又简单方便。

c. 使用中,首先使用带绿珠的钥匙,当绿珠钥匙不慎丢失或觉得有安全顾虑时,拿出带黄珠的钥匙转动锁芯,绿珠钥匙立刻失效无法再开锁。当使用红珠钥匙开锁后黄珠钥匙和绿珠钥匙都立刻失效。

d. 每把锁均附带有一张钥匙密码卡,凭卡上密码复制钥匙。如卡或钥匙遗失应及时更换新锁。

e. 在使用过程中,如果在锁芯内加入黏性的油会使子母弹珠黏合在一起导致钥匙打不开锁。长时间灰尘的集结会阻碍锁芯内的弹珠正常滑动,当其导致锁不能正常开启时,建议使用易挥发的润滑油(如:WD-40),向锁芯内适量喷入,来回拔插钥匙并用软布清洁钥匙,重复几次即可完成锁芯的清洁及润滑。

(3) 变速杆驻车制动杆一体锁。

变速杆驻车制动杆一体锁俗称手刹排挡锁,是一种将变速杆与驻车制动杆锁止在一起,使二者均无法移动的防盗锁,如图 5-6 所示。

1）结构。该锁由锁体、锁梁、锁芯、锁舌、套筒、铰链板及定位螺钉等组成,如图 5-7 所示。安装使用中无须拆换原车变速杆,无须破坏车辆的原装结构;灵活多变的调节范围,适用于大部分自动挡车型;全金属精工制造,采用优质精钢,防锯、防撬、坚固耐用,安全可靠;采用互开率低

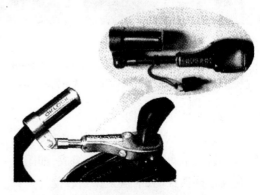

图 5-6　变速杆驻车制动杆一体锁

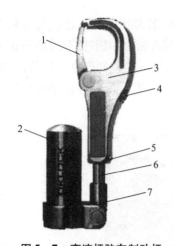

图 5-7 变速杆驻车制动杆
一体锁的结构

1—锁舌；2—驻车制动杆套筒；3—钩形锁体；
4—锁芯；5—定位螺钉；6—锁梁；7—铰链板

防复制的精密蛇形槽钥匙锁头，品质优良，加厚锁壁，更加牢固保护锁头。

2）变速杆驻车制动杆一体锁的安装与使用。

a. 首次使用时，用附送的六角扳手逆时针拧松定位螺钉，使钩形锁可灵活转动。

b. 拉紧驻车制动杆，将驻车制动杆套筒套入驻车制动杆，目测钩形锁体的 U 形口与变速杆的距离。

c. 旋转钩形锁体，调整其与变速杆之间的距离，使变速杆置于钩形锁体的 U 形口中。

d. 开合锁舌进行试锁，合适后拧紧定位螺钉，将钩形锁体固定在合适的位置，再次使用无须调节。

e. 日常使用中，只要将驻车制动杆套筒套住驻车制动杆，张开钩形锁体偏转，使钩形锁体的 U 形口扣住变速杆，顺手闭合锁舌即自动锁止。

3. 车轮锁

车轮锁是一种通过锁止车轮使汽车无法移动的防盗锁。

(1) 车轮锁的特点。

车轮锁具有轻便小巧、易于携带、防暴力、防技术开启、防复制钥匙等特点，采用最简洁、最直观、最有效也是最彻底的防盗原理，从而达到防盗的目的。该锁为车外锁，可以锁车辆的任意一个轮胎，锁得快且牢固，比车内锁具有更明显的震慑力。这种锁价格不高，一般人都能接受。车锁暴露在外面，目标很明显，贼不会在光天化日之下扛着撬棍或其他笨重工具来砸、撬、锯，从而有效防止车辆被盗。

车轮锁种类较多，常用的有夹式、三爪式和吸盘式，如图 5-8 所示。

(a)   (b)   (c)

图 5-8 车轮锁的种类

(a) 夹式车轮锁；(b) 三爪式车轮锁；(c) 吸盘式车轮锁

(2) 车轮锁的结构。

夹式和三爪式车轮锁的结构比较简单，在此不做说明。吸盘式车轮锁主要由左夹臂、右夹臂、动夹臂、卡盘、摇柄、手柄等组成，如图 5-9 所示。左夹臂和右夹臂用于夹住车轮，张开和闭合通过摇柄控制，卡盘紧扣轮毂盖。

(3) 车轮锁的安装与使用。

1）锁车。锁车步骤如图 5-10 所示。
2）解锁。解锁步骤如图 5-11 所示。

4. 离合器踏板锁

离合器踏板锁将离合器踏板锁住，因其无法踩踏，即不能实现换挡操作而起到防盗作用，如图 5-12 所示。

安装时，只要将离合器踏支杆卡入锁的 U 形口中，然后用钥匙锁上即可。

二、电子防盗器

电子防盗器是目前汽车市场上较为流行的防盗装置。启动防盗系统可将点火线圈或供油回路切断，只有在解锁钥匙的控制下才能正常解除防盗装置。这类方式品种繁多，

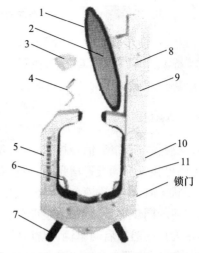

图 5-9 吸盘式车轮锁的结构

1—胶圈；2—卡盘；3—卡罩；4—摇柄；5—左夹臂；6—支脚；7—手柄；8—连接头；9—动夹臂；10—摇柄插孔；11—右夹臂

国内外大部分汽车在出厂时就配置了钥匙芯片防盗系统。利用钥匙中的无线电发射芯片与本车的 ECU 通信后才能启动汽车发动机。还有声光报警系统，汽车仪表盘上装有发光二极管，既可以让车主知道系统的工作状态，也可以对窥探车厢的偷车贼起到阻吓作用。当汽车由于外力发生震动，或车门、行李舱盖、前机舱盖被强行开启时，系统发出报警声，以阻吓盗车贼。

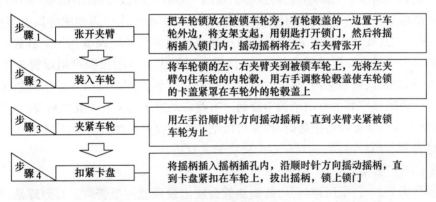

图 5-10 锁车步骤

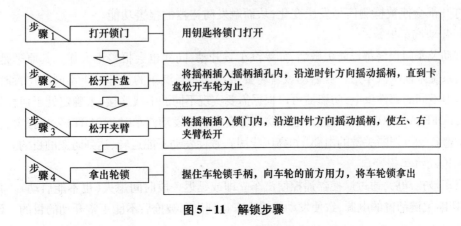

图 5-11 解锁步骤

图 5-12 离合器踏板锁

1. 电子防盗器的组成与种类

汽车电子防盗器通常由防盗器主机、震动感应器、天线、报警喇叭和遥控器等组成。

汽车防盗器分为单向防盗器和双向防盗器。单向防盗器主要是用遥控器向主机发出指令,控制设定和解除防盗、寻车、防抢等,附加有中央门锁自动化、车门未关警示等功能。单向防盗器在主机报警时,遥控器没有报警信号接收功能,不能同步报警。双向防盗器除具有单向防盗器的所有功能外,还可接收车辆报警信息,形成信息互通功能,用遥控器随时查寻当前车辆状态。当车辆在防盗状态时,受到碰撞、非法开门、启动,防盗器主机会立刻报警,同时遥控器液晶显示屏上会有相应的同步符号显示,车主即可根据报警显示内容及时了解车辆状态。启动型防盗器还能远距离预约遥控启动车辆,提前送冷暖风。

双向汽车防盗器又分为调幅式防盗器和调频式防盗器,调频式防盗器是调幅式防盗器的升级版。两者对比试验表明:调幅式双向防盗器的遥控距离是 110 m,回传距离是 200 m;而调频式双向防盗器遥控距离是 1 500 m,报警信息回传到遥控器的距离居然达到了 1 600 m。有些调频双向汽车防盗器还具有智能防抢功能,车主被抢时,安全弃车后可在 1 500 m 内控制车辆无法行驶。

2. 电子防盗器的功能与原理

(1) 车身震动报警。

在汽车受到撞击或强烈震动时,防盗器会发出一定时限的报警声。其原理是:防盗器主机接收到震动感应器发出的车身震动信号,使报警喇叭发出报警声。震动感应器上至少有一个调节旋钮,用以调节震动感应的灵敏度,可以根据自己的使用环境调节到一个最满意的位置。好一点的防盗器还具有双震动感应模式:轻微震动时发出短时的报警声用以警告接触者(受到无意的震动如雷电、强烈噪声,报警时不至于扰民);受到强烈震动时才发出强烈报警,通报事情的发生。震动感应器也有两个调节旋钮。有些震动感应器上有发光二极管指示震动的触发与否,方便调试。受震动后报警时,通常可以把防盗器设置为静音状态,较少扰民,但是防盗器还保持灯光警示(双蹦灯),这对于双向防盗器尤其适合。

(2) 非法开门报警。

在防盗状态下,一旦车门被打开,防盗器就会发出最强烈的报警声。其原理是:车门被非法打开时,车门的开关门传感器开关被触发。车门关闭时受车门的压力使开关触点断开,任意一个门打开都会使被检测信号发生变化,从而触发防盗器的报警功能。

(3) 开动汽车报警。

在震动及车门报警都设防失败后,如果汽车被开动,同样也会报警声大作。其原理是:从汽车的供电系统来侦测汽车是否被启动或者将要被启动。当汽车的钥匙处于不同的位置时,电池会对此车内不同的部件供电,防盗器可以根据需要实现不同的引线连接,来确定处于何种状态下发出报警(OFF、ACC、ON、START)。通常防盗器会在企图发动汽车时(START)发出报警,防盗器也会在防盗状态下切断关键的电路(如高压线圈),致使发动不能运转,达到防盗的目的。

(4) 抢劫汽车报警。

在汽车被抢劫后,通过遥控器遥控使汽车立即或延迟一段时间熄火(也不能启动)。其原理是:通过切断关键部位的电源,致使发动机熄火来达到汽车被抢后不能正常开动的目的。延迟功能则是利用防盗器中的延迟电路,使得在接收到遥控命令一段时间以后才起到切断电源的作用。

3. 电子防盗器的安装

电子防盗器的产品很多,不同的产品其安装方法也不尽相同,现以 PLC—2000 型防盗器为例,介绍其安装方法。

PLC—2000 型防盗器主要由防盗器主机、断电器、高音喇叭、遥控器及连接信号线组成,如图 5 – 13 所示。主机是系统的控制装置;断电器是发动机强制熄火装置,能有效防止汽车被抢;高音喇叭可在窃贼窃取车辆时发出高音声响,吓走窃贼;遥控器是提供给车主的控制防盗器的开关装置。

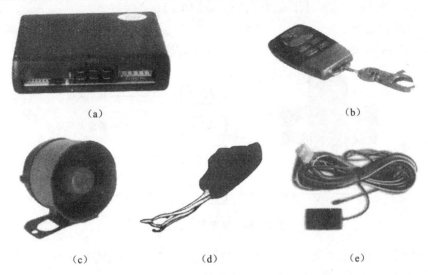

图 5 – 13　PLC—2000 型防盗器的组成
(a) 主机;(b) 遥控器;(c) 高音喇叭;(d) 断电器;(e) 连接信号线

(1) 主机的安装。

先将主机安装在车内转向器下方比较隐蔽的位置,然后将各连接线接好即可。如图 5 – 14 所示,自右向左,各连接线的接线方法如下。

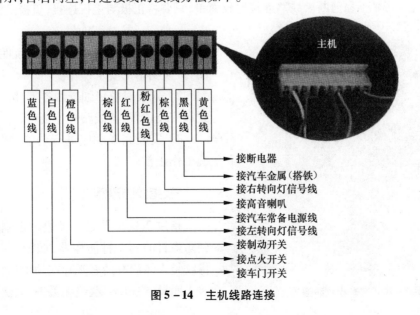

图 5 – 14　主机线路连接

1）第一根黄色线。与断电器相连，用于控制断电器的通断。

2）第三、六根棕色线。与汽车转向灯信号线相连，它可直接向转向灯提供分频信号，控制转向灯的闪烁。

3）第四根粉红色线。与高音喇叭的正极相连，喇叭的负极搭铁。

4）第五根红色线。这是主机的电源线，与汽车常备电源线相连。

5）第七根橙色线。这是制动开关的信号线，与制动开关相连。

6）第八根白色线。与汽车点火开关相连。

7）第九根蓝色线。与车门开关相连，用于监测车门是否关好。

（2）断电器的安装。

如图5-15所示，断电器上有4根连线，其连接方法如下。

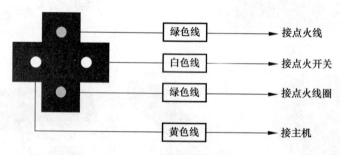

图5-15 断电器线路连接

1）两根绿色线连接在汽车点火线与点火线圈之间，安装时先将汽车点火线截断，然后将断电器的两根绿色线分别与截断的点火线两端相连。

2）白色线与主机引出的白色线相连后，与汽车点火开关连接。

3）黄色线与主机引出的黄色线相连。

（3）高音喇叭的安装。

高音喇叭必须安装在发动机靠近前风窗玻璃下面，控制电线应循着车边隐蔽固定，使汽车前盖正好压住，窃贼不易剪断。线路连接比较简单，只要将正极与主机连接，负极搭铁即可。

（4）安装注意事项。

1）安装前应详细阅读产品说明书和配线图，按说明书的要求操作。

2）安装时应仔细查看各零部件的接口方式和安装位置，各线路应连接可靠。

3）安装完毕后应进行功能检测，确保系统工作正常。

三、指纹防盗器

指纹防盗车器是一种通过识别指纹来达到防盗目的的一种防盗器，如图5-16所示。指纹是人体固有的客观存在的生物特征，具有因人而异、终身不变、绝无丢失、无法仿制等特

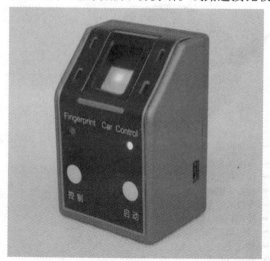

图5-16 汽车指纹防盗器

点。用其控制门锁的启动是绝对安全可靠的,绝不会被他人非法进入。

汽车指纹防盗器应用世界科技领先的生物认证指纹识别技术、计算机通信及微电子技术,是电子技术、光学技术和计算机通信的结晶。装有汽车指纹防盗器的汽车凭车主事先录入的指纹才能发动,而指纹具有唯一性,绝不会丢失,也无法复制,从而杜绝从技术上解密的可能性。指纹可由车主自由录入,所有操作均有语音提示,并可以输入多个,方便与家人朋友共同用车。

1. 汽车指纹防盗器的组成与原理

图 5-17 所示为常见汽车指纹防盗器的组成,它主要由主机、遥控器、指纹采集器、报警喇叭及连接线组成。汽车指纹防盗器的原理是:首先由指纹采集器通过光学成像或半导体感应对车主的指纹进行采集,提取特征值,再把用户指纹注册到主机的存储器模块上。

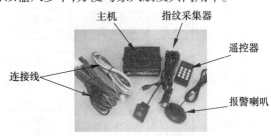

图 5-17 汽车指纹防盗器的组成

开启门锁时,只需把已注册的手指轻轻放在指纹传感器上,当采集到的指纹和存储器里的指纹模板比对通过后,门锁开启。若指纹对比没有通过,则继续对受控电路加锁,门锁是无法开启的。

2. 汽车指纹防盗器的功能与特点

(1) 功能。

常见汽车指纹防盗器主要有以下功能。

1) 活体指纹识别。使用活体指纹识别技术对原车防盗系统进行加密,杜绝原车防盗技术中存在可能被破密的缺陷及人情借车之烦恼。必须输入正确指纹,才能启动汽车。

2) 自动启动汽车(适用于自动挡车)。将车钥匙插入到汽车的点火开关并旋转到"ON"挡,然后输入正确指纹,汽车将解除报警并自动启动(安装完系统必须设置防盗后,才有此功能)。

3) 防盗报警设置。出厂时该产品已处于防盗设置状态,可使用随机配带的密码输入键盘输入密码,在语音提示下对该系统进行报警取消、报警设置等。

4) 高容量储存。可根据语音提示设置 3 组共 9 枚指纹(每一组可存放 3 枚不同指纹)和 1 个密码。

5) 快速报警。在激活防盗系统 60 s 内(时间可调)未输入正确指纹的情况下,直接用车钥匙启动汽车,系统将会发出声、光报警,阻止汽车启动。

6) 活体指纹识别防抢。该系统设定第 1 组第 3 枚指纹默认为防抢指纹,输入该指纹可在设定时间内切断油路、电路,控制汽车熄火,同时发出声、光报警来引起旁人注意。

7) 升级功能。该产品可以根据需要进行产品升级,安装新的功能。

(2) 特点。

指纹防盗器与其他防盗器相比有以下特点。

1) 控制门锁不再是原有的钥匙、无线信号、电子密码等,而是无法复制、破解和模拟的指纹。

2) 一般的电子防盗器干扰源很多,因为它们使用的电磁波频率会受到限制,只能是特定的频段,而这一频段的干扰源特别多,防不胜防。指纹防盗器就不受频率等限制,属无干扰产品。

3) 指纹高级智能防盗器具有独特的自我诊断功能、防拆除功能,即使知道产品防盗原理的小偷也很难开启门锁,因为他无法模拟用户的指纹。

3. 汽车指纹防盗器的安装

现以"君指通"汽车指纹防盗器为例，其安装步骤与方法如图5-18所示。

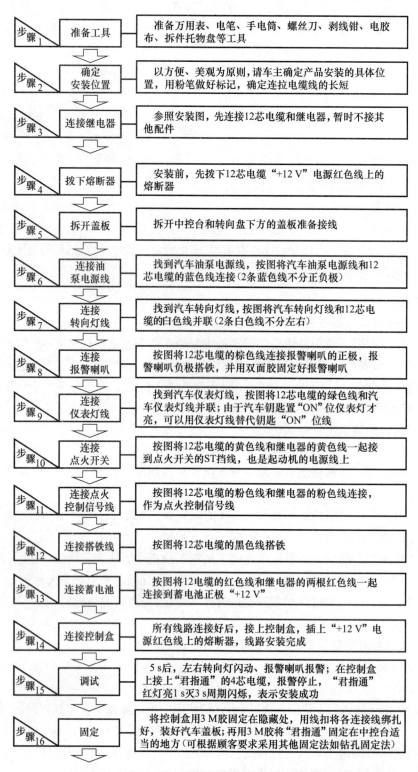

图5-18 "君指通"汽车指纹防盗器的安装步骤与方法

四、网络防盗器

汽车网络防盗是依靠社会的公共网络对汽车实施监控,达到防盗的目的。汽车网络防盗系统主要有 GPS 卫星定位防盗系统和 GSM 移动防盗系统。GPS 卫星定位防盗系统通过 GPS 卫星定位系统,确定汽车的位置,再通过 GSM 网将位置和报警信息传送到报警中心,报警中心通过 GSM 网控制汽车断电和断油。GSM 移动防盗系统依托 GSM 通信网络进行手机与汽车的智能联动防盗,具有防盗、监控、远程控制、远程报警、定位、反劫等多种功能,是维护社会治安、保护车主利益的有效手段。GPS 卫星定位防盗系统将在第六章介绍,本章着重介绍 GSM 防盗器。

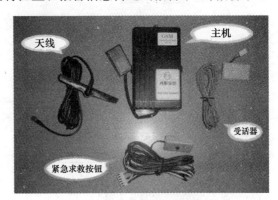

图 5-19 GSM 防盗器

1. GSM 防盗器的组成与原理

图 5-19 为某种型号的 GSM 防盗器,它的基本组成见表 5-3。

表 5-3 GSM 防盗器的基本组成

序号	组成	数量	序号	组成	数量
1	主机	1 部	8	手机拨号器	1 只
2	GSM 卫星天线	1 套	9	紧急按钮	1 只
3	震动感应器	1 部	10	LED 灯	1 只
4	报警喇叭	1 只	11	拾音器	1 只
5	语音喇叭	1 只	12	十二孔输出线	1 组
6	断电器	1 只	13	七孔输出线	1 组
7	遥控器	2 只			

GSM 防盗器的工作原理是:当汽车遇到外来侵犯时,检测及时启动,信号通过中央处理器进行智能处理,声光报警,同时拨通车主设定的电话报告警情,并通过智能人工会话提醒车主采取相应的动作,启动车内各种防盗措施,如将汽车电路锁死等达到防盗目的。

2. GSM 防盗器的功能

GSM 汽车防盗器是集 GSM 网络数字移动通信技术和汽车防盗技术于一体的高科技防盗产品,是继单向防盗器、双向防盗器后的新一代汽车防盗产品。该防盗器具有如下功能。

(1) 手机控制。可用手机代替遥控器在全球范围内控制汽车。

(2) 遥控器控制。可用遥控器在 100 m 内直接控制汽车。

(3) 短信控制。可用手机发送短信控制汽车。

(4) 短信定位。车主只需向汽车上的防盗器发送一条短信,防盗器将回传信息告诉车主汽车的大概位置。

(5) 远程监听。可用手机监听车内动静。

(6) 短信报警。有警情自动给车主发短信报警。

(7) 远程报警。有警情自动给车主手机打电话。

(8) 防抢报警。行驶中遇到抢匪劫持,车主可脚踏埋藏好的暗开关报警求救。

(9) 全程语音提示操作。

(10) 防万能解码器功能。用手机设防,关闭遥控器的控制功能,必须用手机才能解除。

(11) 具备单向汽车防盗器的基本功能。

3. GSM 防盗器的安装

以警王星 GSM – Q818 型汽车防盗器为例,安装连线如图 5 – 20 所示。

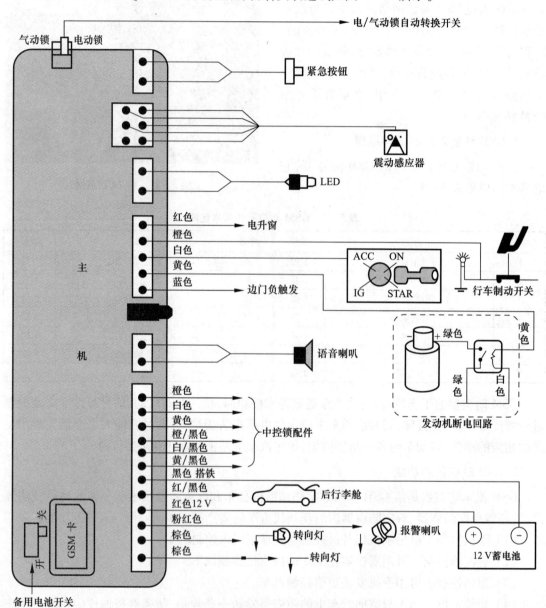

图 5 – 20　警王星 GSM – Q818 型汽车防盗器接线图

(1) 将连接电/气动锁自动转换开关、紧急按钮、震动感应器、LED 灯和语音喇叭与主机连接。

(2) 将 5 芯电缆蓝色线接边门负触发。

(3) 将 5 芯电缆黄色线接发动机断电回路。

(4) 将 5 芯电缆白色线接点火开关 ACC 接柱。

(5) 将 5 芯电缆橙色线接行车制动开关。

(6) 将 5 芯电缆红色线接电升窗。

(7) 将 12 芯电缆两根棕色线分别接左、右转向灯。

(8) 将 12 芯电缆粉红色线接报警喇叭正极。

(9) 将 12 芯电缆红/黑色线接后行李舱触发。

(10) 将 12 芯电缆橙/黑色、白/黑色、黄/黑色线接中控锁开锁。

(11) 将 12 芯电缆橙色、白色、黄色线接中控锁关锁。

(12) 将 12 芯电缆红色线接蓄电池正极。

(13) 将 12 芯电缆黑色线接蓄电池负极。

第二节 倒车雷达装置加装

倒车雷达(Parking Distance Control, PDC)是汽车泊车或倒车时的安全辅助装置,能以声音或更为直观地显示告知驾驶员周围障碍物的情况。加装倒车雷达可以解除驾驶员泊车、倒车和起动车辆时前后左右探视所引起的困扰,并帮助驾驶员扫除视野死角和视线模糊的缺陷,提高驾驶的安全性,如图 5-21 所示。

图 5-21 倒车雷达

一、倒车雷达的组成与原理

通常,倒车雷达由超声波传感器(俗称探头)、控制器和显示器(或蜂鸣器)等部分组成,如图 5-22 所示。现在市面上的倒车雷达大多采用超声波测距,其原理是:倒车时,驾驶员将汽车的挡位换入倒挡,在控制器的控制下,由装置于车尾保险杠上的探头发送超声波,遇到障碍物,产生回波信号,传感器接收到回波信号后经控制器进行数据处理,从而计算出车体与障碍物之间的距离,判断出障碍物的位置,再由显示器显示距离并发出警示信号,从而使驾驶员倒车时不至于撞上障碍物。整个过程,驾驶员无须回头便可知车后的情况,使停车和倒车更容易、更安全。

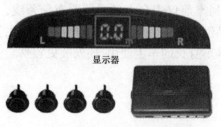

图 5-22 倒车雷达的组成

二、倒车雷达的种类

(1) 通过喇叭提醒的倒车雷达。

这是倒车雷达的第一代产品。倒车时,驾驶员换入倒挡,喇叭发出"倒车请注意",提醒过往行人和车辆。这种倒车雷达对驾驶员没有直接的帮助,不是真正的倒车雷达,基本属于淘汰产品。

(2) 通过不同蜂鸣声提醒的倒车雷达。

这是倒车雷达的第二代产品。倒车时,如果车后 1.5~1.8 m 处有障碍物,蜂鸣器就会开始工作。蜂鸣声越急,表示车辆离障碍物越近。但没有语音提示,也没有距离显示,虽然驾驶员知道有障碍物,但不能确定障碍物离车有多远,对驾驶员帮助不大。

(3) 通过数码和波段显示的倒车雷达。

这是倒车雷达的第三代产品。倒车时,可以显示车后障碍物离车体的距离。如果是物体,在 1.8 m 开始显示;如果是人,在 0.9 m 左右的距离开始显示。这一代产品有两种显示方式,数码显示产品显示距离数字,而波段显示产品由三种颜色来区别:绿色代表安全距离,黄色代表警告距离,红色代表危险距离,必须停止倒车。这种倒车雷达把数码和波段组合在一起,比较实用,但安装在车内不太美观。

(4) 通过液晶荧屏动态显示的倒车雷达。

这是倒车雷达的第四代产品。倒车时,只要发动汽车,显示器上就会出现汽车图案以及车辆周围障碍物的距离,色彩清晰漂亮,外表美观,可以直接粘贴在仪表盘上,安装很方便。液晶显示器外观虽精巧,但灵敏度过高,抗干扰能力不强,所以误报也较多。

(5) 通过魔幻镜显示的倒车雷达。

这是倒车雷达的第五代产品,它采用了最新仿生超声雷达技术,配以高速电脑控制,可全天候准确地测知 2 m 以内的障碍物,并以不同等级的声音提示和直观的显示提醒驾驶员。魔幻镜倒车雷达可以把后视镜、倒车雷达、免提电话、温度显示和车内空气污染显示等多项功能整合在一起,并设计了语音功能。因为其外形就是一块倒车镜,所以可以不占用车内空间,直接安装在车内后视镜的位置,而且颜色款式多样,可以按照个人需求和车内装饰选配。

(6) 整合影音系统的倒车雷达。

这是倒车雷达的第六代产品,它在第五代产品的基础上新增了很多功能,专门用于高档轿车。从外观上来看,这套系统比第五代产品更为精致典雅;从功能上来看,它除了具备第五代产品的所有功能之外,还整合了高档轿车具备的影音系统,可以在显示器上观看 DVD 影像。

(7) 无线液晶倒车雷达。

这是倒车雷达的第七代产品,它在第五代产品的基础上新增了很多功能,集无线连接、彩色液晶显示、BP 警示音于一体,还整合了高档轿车具备的影音系统,可以在显示器上观看 DVD 影像。由于普通倒车雷达安装时,从车后雷达主机到车前仪表台上显示器要布一条线,这样要拆装车内的装饰板、胶条等非常不方便。无线液晶倒车雷达一举解决了此问题,车后主机和显示器之间无线连接,方便快捷,更可在大巴、卡车等车身长的车上使用,使安装更容易。

三、倒车雷达的选购

选购倒车雷达时,应做到"八看"。

(1) 看探头。现在市面上的倒车雷达分别有 2 探头、3 探头、4 探头、6 探头及 8 探头等多种。2~4 探头的倒车雷达一般安装在汽车的后保险杠上面,6 探头和 8 探头的倒车雷达一般安装是前 2 后 4 或前 4 后 4。通常来说,探头的数量决定了倒车雷达的探测覆盖能力,数量越多,探测盲区越小。6 个以上探头的倒车雷达在倒车时,可探测前左、右角。选购时应根据不同需要选择探头的数量。如果是两厢车或紧凑型车,车身比较短小,一般装 2~4 个探头即可;

如果车头较长或车头倾斜较严重,则难以目测车前情况(如甲壳虫轿车),还是需要在车头多装几个探头;如果是中高级车,车身较大较长的,以安装6个探头最为合适;如果是轴距较长的跑车,过弯较猛,速度也快,转弯时角度比较大,需要安装全方位的8个探头,以便前后左右都不要擦碰到。

(2)看款式。倒车雷达的款式能直接体现车主爱车的档次。如专为某款车型设计的专用探头,就能与车紧密融合,十分协调。款式的选择不能仅考虑探头是否一定要小,应更多考虑安装后整车的效果。例如:对于一些后保险杠较宽的车型,适于安装较薄较大的探头,安装后整车效果相当美观,且显得更加大气。

(3)看功能。功能较齐全的倒车雷达应该有距离显示、声响报警、区域警示和方位指示,有些产品还具备开机自检功能。目前市场上还出现了具有语音报警功能的产品,该功能给人的感觉很直接,但存在的主要问题是报警滞后,使驾驶员制动滞后,并不实用。

(4)看性能。主要从探测范围、准确性、显示稳定性和捕捉目标速度来考虑。大多数产品的探测在 0.4~1.5 m,好的产品能达到 0.3~2.5 m。范围宽的倒车雷达倒车时总能提前测到目标,而过度地追求最小探测距离是没有意义的,因为实际使用时必须充分考虑汽车制动时的惯性因素。探测的准确性主要看两个方面:一是看显示的分辨率,一般产品为 10 cm,而好的产品能达到 1 cm;二是要看探测误差,即显示距离与实际距离之间的误差,可以用直径10 cm的管子,放在 1 m 左右的位置上进行比较,好产品的探测误差应低于 3 cm。显示稳定性是指在障碍物反射面不太好的情况下,能否始终捕捉到并稳定地显示出障碍物的距离。捕捉目标速度反映了倒车雷达对移动物体的捕捉能力,这对于避免类似儿童或骑车人从车后突然穿过而驾驶员视线不及引起的碰撞事故尤为重要。总之,倒车雷达在性能方面的要求是:测得准、测得稳、范围宽、捕捉速度快。

(5)看外观。作为汽车的内外装饰件,要考虑显示器和传感器安装后是否美观,与车是否协调。从传感器外形看,可以选择的有纽扣式和融合式两种,纽扣式的传感器表面是平的,融合式传感器表面是有造型变化的,追求与后保险杠的自然过渡。从尺寸上看,有超小型、中型和较大尺寸的,尺寸大的比较大气,小的比较隐蔽,主要取决于车后保险杠的大小和个人偏好。从颜色上看,应选择与汽车后杠相同或相近的颜色。显示器应根据驾驶员的倒车习惯选用前置式或后置式的,以清晰、美观为标准,有的产品可以同时使用两个显示器。

(6)看质量。包括产品的探测距离、是否存在盲区及工作是否正常等。一般的倒车雷达探测距离应为 0~1.5 m。有些倒车雷达因其敏感度不够,探测距离仅为 0.2~0.9 m,会给驾驶员的判断及采取措施带来一定的困难。如存在探测盲区,将使倒车雷达失去应有的作用。产品由待机状态转换为工作状态,是否有声音提示也比较重要,它可以提示驾驶员倒车雷达是否正常开始工作。另外,要对探头进行防水测试,这关系到在雨雪和较湿润的天气里雷达能否正常工作,探头有可能在暴雨过后因遭受破坏而影响准确度。

(7)看服务。质量好的产品提供的服务较好,承诺的包换期和包修期比较长,建议选择包修期限 2 年以上的产品。另外,安装技师的水平也很重要,应选择一些信誉好的商家进行安装。

(8)看价格。只有在满足倒车雷达功能和性能要求的前提下才去考虑比较产品的价格问题。一套配有 4 路传感器、性价比高的倒车雷达价格应该在 1 000 元左右,价格过高可能水分过大,而价格过低,则需要更多关注产品的品质和售后服务是否能满足基本要求。

四、倒车雷达的安装

倒车雷达有粘贴式和开孔式两种安装方式。

1. 粘贴式安装

粘贴式安装是指将探头粘贴在车尾合适位置的一种安装方式,此种安装仅限于具有粘贴式探头的报警器,其特点是不需要在车体上开孔,只要将探头粘贴在适当的位置即可。其安装方法如下。

(1) 确定探头的安装位置。

1) 车后探头安装水平间距如图 5-23 所示。

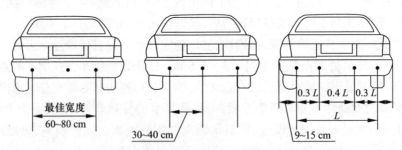

图 5-23 车后探头安装水平间距

2) 车前探头安装水平间距如图 5-24 所示。

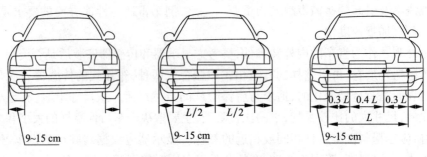

图 5-24 车前探头安装水平间距

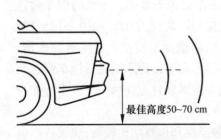

图 5-25 探头的安装高度

3) 探头的安装高度如图 5-25 所示。

(2) 用电吹风将探头上的双面贴加热,然后撕去面纸,贴到安装部位。

(3) 显示器应安装在仪表台易被驾驶员视线捕捉位置。

(4) 蜂鸣器一般安装在车内后风窗玻璃下方的平台上。

(5) 控制盒安装在安全、不热、不潮湿、不溅水的位置,通常将其安装在行李舱侧面。

(6) 线路连接。8 探头倒车雷达线路连接如图 5-26 所示。

2. 开孔式安装

开孔式安装是先在车尾合适部位钻孔,然后将探头装在孔内的一种安装方式。此种安装

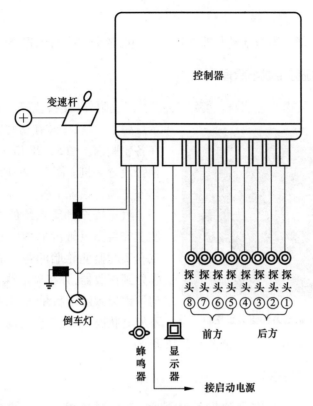

图 5-26 8 探头倒车雷达线路连接

适用于具有开孔式探头的报警器。其安装方法如下。

（1）在车尾保险杠确定探头的位置,然后用小尖锥钻点定位,以防电钻头滑位。

（2）用开孔钻头,对准已定位点钻出安装孔。

（3）去除安装孔周围毛刺,并将探头压入孔内,如图 5-27 所示。

（4）如探头与保险杠颜色不一致,应将探头喷涂成与保险杠相匹配的颜色。

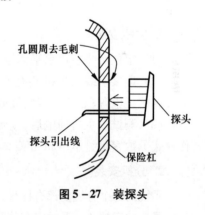

图 5-27 装探头

第三节 加装安全预警系统

一、安全预警系统功能

汽车安全预警系统(Safety Alarm System,SAS)是一种综合预警装置,其主要功能如下。

（1）轮胎异常预警功能。当轮胎出现漏气、温度升高、气压异常等不安全状况时,系统自动预警。

（2）引路导航及防追尾功能。视线不好的天气,开启可自动调光的强光警示灯,实现引路导航及防追尾功能。

（3）倒车测距预警功能。当倒车车尾距障碍物 0.3~2 m 时,会以语音、无线方式及时预警。

（4）防盗报警功能。当有活动物非法进入车内时该装置会自动报警。

二、安全预警系统的组成与原理

汽车安全预警系统由主机、分机、警示灯、传感器及附件（连接线等）组成。其中主机与警示灯融于一体，安装在驾驶室内，分机分别固定在各轮胎内。图5-28所示为单功能轮胎压力预警装置主机。图5-29所示为SAS-2A型汽车安全预警系统主机。

图5-28 单功能轮胎压力预警装置主机

汽车安全预警系统的原理是：在每一个轮胎上安装高灵敏度的传感器，对行车状态下的汽车实时监测轮胎的各种数据，通过无线方式发射到接收器，并在显示器上显示各种数据，任何原因导致的轮胎漏气、温度升高、气压异常等不安全状况，系统都会自动预警，并发出对应的语音、数字显示、灯光提示，使驾驶员及时获知警情。

三、安全预警系统的安装

现以SAS-2A型汽车安全预警系统为例，其安装方法如下。

1. 主机安装

（1）定位。将主机水平固定在汽车驾驶室后部。

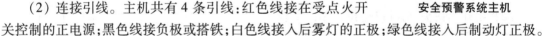

图5-29 SAS-2A型汽车安全预警系统主机

（2）连接引线。主机共有4条引线：红色线接在受点火开关控制的正电源；黑色线接负极或搭铁；白色线接入后雾灯的正极；绿色线接入后制动灯正极。

（3）测试。主机通电后，左侧蓝色汽车轮廓灯应发光，并发出"叮咚"提示声音，在中文工作模式下数字幕显示"Chi"，英文工作模式下数字幕显示"Eng"。

2. 分机安装

系统的每个分机上都有标号，每个号码都对应一个轮胎位置，出厂前预先编制的标号与轮胎的位置是对应的：NO.1对应右前胎；NO.2对应右后胎；NO.3对应左后胎；NO.4对应左前胎。

分机的安装程序与方法如下。

（1）拆轮胎。根据拆卸轮胎的标准程序，将轮胎从汽车上拆下，放气并拆掉橡胶胎。

（2）清洁轮毂。将轮毂和橡胶胎内部清洁干净，根据轮胎的位置找到对应的分机。

（3）安装分机。取出钢带，先穿过一个防滑胶套，然后穿过分机的两个安装扣，再穿过另一个防滑胶套。把钢带套在轮毂上，使分机带有"This side to the valve"字样的一侧朝向气嘴。

（4）固定分机。用螺丝刀把穿过钢带的紧固螺钉扣收紧到适当位置，把分机调节到靠近气嘴的地方，再将剩余的钢带穿入其中一个塑胶套管内，调节另一个防滑胶套的位置，使两套管成180°，收紧钢带，并保证钢带与轮毂边平行。

(5) 安装橡胶胎。装上橡胶胎，注意不要损坏分机。

(6) 做动平衡。充气后，进行动平衡试验。

(7) 在轮框贴上与车轮对应标号的标签，标明传感器的位置，粘贴前注意清洁轮框表面的污渍。

按照分机的标号与轮胎的对应关系，按上述步骤与方法将其他对应的分机分别装在各轮胎内。至此，SAS-2A型汽车安全预警安装完毕。

第四节　加装电子狗

电子狗又称为安全驾驶提醒仪、反测速雷达或雷达警示器，是一种提前告知驾驶员某处存在电子眼或测速雷达的装置，如图5-30所示。其作用是防止因超速或违规被罚款和扣分。

图5-30　车载电子狗

一、电子狗的种类

1. 预埋式电子狗

预埋式电子狗是按照无线发射及接收原理制成的反检测产品，这种电子狗准确地说只是无线信号接收机。通常厂商会将发射器预先埋设在固定式电子眼或测速雷达前300～1 000 m处，只要途经路段的车上装有电子狗，便可收到预警信号。

预埋式电子狗的缺点：一是对于流动式电子眼或测速雷达无法预警；二是预先埋设的发射器电池没电时无法预警，因此需要经常换电池；三是在新修道路上及新增电子眼或测速雷达路段，厂商尚未埋设发射器前无法预警。由于存在这些缺陷，预埋式电子狗已趋于淘汰，随之而来的新型电子狗不断涌现。

2. 雷达探测式电子狗

雷达探测式电子狗是一种提示驾驶员附近是否有电子眼或雷达测速仪的设备。为遏制汽车高速行驶，减少交通事故的发生，用于检测汽车是否超速的雷达测速仪已在城市道路和高速公路得到广泛运用。该设备根据接收到的反射波频移量而计算得出被测物体的运动速度。它分固定式和流动式两种，固定式的安装在桥梁或者十字路口，流动式的一般安装在巡逻车上。

雷达探测式电子狗安装在汽车内，通过接收雷达波，可以在一定距离内检测到周围是否有雷达测速仪。在汽车行驶过程中，当汽车靠近雷达测速仪时雷达探测式电子狗则会发出警告。

3. GPS单机式电子狗

GPS单机式电子狗是一种提示驾驶员附近是否有以压感线圈方式测速的设备。压感线圈方式测速是在路面上埋上感应线圈，通过计算车辆通过线圈的时间来计算车速。还有少量更先进的多车道连续拍摄测速方式，这些测速方式若不发射雷达波，雷达探测式电子狗也就无法探测到这种测速电子眼。

GPS单机式电子狗不是靠接收雷达波方式来提示超速的，它是运用GPS定位进行工作的。其原理是：预先保存有固定测速点或闯红灯照相的经纬度数据（可以升级更新，自己也可

以自建坐标),通过GPS定位,当接近目标点预定距离时触发报警;结合电子罗盘可计算并显示车辆车速与行进方向,不会有无法判别方向性的困扰,未超速时能自动静音。

4. GPS+雷达探测式电子狗

GPS+雷达探测式电子狗是将雷达探测式电子狗和GPS单机式电子狗的功能结合在一起的一种反测速设备。它既能对固定雷达测速仪进行准确预报,也能预报流动测速,全面解决了前两类产品的不足。这种电子狗可分为两种:一种是一体式的,性能比较稳定,安装比较简单,缺点是必须贴近风窗玻璃放置,室内机的体积较大;另一种是分体式的,车内主机与车前发动机盖下的雷达机之间无线连接,由于雷达机与GPS主机分开,室内机的体积能做得稍小,也可不必贴近风窗玻璃放置,隐蔽性好,有利于防盗,但是安装稍麻烦一点儿。

5. GPS+导航+雷达探测式电子狗

GPS+导航+雷达探测式电子狗将电子地图导航与反测速功能联系起来,实现一机多能。目前,大多导航地图公司在导航软件中也加入了大量测速点数据,因此现在普通导航仪也已具有GPS反测速雷达功能,从电子狗角度来说,便是GPS导航反测速雷达。现在,许多厂家将导航与全频反测速雷达组合在一起,实现导航+固定+流动三合一功能。

二、电子狗的选购

(1)预埋式电子狗价格为50~300元,使用时只要插入点烟器即可。

(2)雷达探测式电子狗大部分是进口的,价格一般在800~5 000元,性能高低不同,价格也差异较大。不同品牌型号的产品,可以接收到的雷达波的频段也不同。因为我国各城市道路的雷达测速设备有从不同的国家进口的也有我国自己生产的,使用的雷达频段不相同,同一个城市有时装了三四个不同频段的雷达测速仪。低端的雷达探测器往往只能感应一两个频段的雷达波,如日本的产品;而高端的雷达探测器,可以感应多个频段的雷达波,甚至还有激光感知器,同时还可以防备激光测速器,因此买一个全频的雷达探测式电子狗应该是最起码的要求。

高端的雷达探测式电子狗对于雷达测速仪(包括固定和流动)的侦察性能近乎完美,且对流动雷达测速点也能轻松应付。美国和加拿大是雷达探测式电子狗的发源地,其技术上的领先也是毋庸置疑的。现在主流的性价比高的雷达探测式电子狗有征服者208、征服者F18、征服者K108等型号;主流的高端雷达探测式电子狗有贝尔RX65、护航X50、贝尔STI等。

(3)GPS单机式电子狗只对固定的测速点或者电子眼进行报警,对流动测速点无法预警。在一些大城市里,流动测速点并不常见,绝大部分都是固定点的电子眼或雷达测速仪。所以,GPS单机式电子狗,对于经常在城市开车,只是偶尔跑趟高速的朋友来说,作用比较大。除了报警外,GPS单机式电子狗还可以预报加油站、高速出入口、停车场等信息。GPS单机式电子狗的外形一般都比较小巧,很适合预防不经意地闯红绿灯或者超速。

目前,GPS单机式电子狗最好的有先知611、征服者101。

(4)GPS+雷达探测式电子狗的优点是能防任何形式的电子眼(不单是雷达测速仪,还有闯红绿灯拍照),包括固定的和流动的雷达测速仪。随着雷达探测能力的不断升级和

GPS 卫星接收功能的愈发完善,这样的全功能产品越来越受到大家的喜欢。最关键的价格也由原来的 2 000 多元下降到 1 000 元出头,高品质加上良好的功能,已经成为购买电子狗的最佳选择。

常见的 GPS + 雷达探测式电子狗一体机的型号有征服者 898、征服者 368、先知 808;常见的 GPS + 雷达探测式电子狗分体机型号有征服者 2008、征服者 210、征服者 998 等。

(5) GPS + 导航 + 雷达探测式电子狗于 2008 年上市,主要型号有征服眼 A8、征服者 A98 和先知 XN—788。其中,征服眼 A8 将电子眼数据和导航数据进行分离存储,同步播报,独立升级数据,在电子狗领域具有很强的突破性,是 2008 年的一款具有里程碑性质的产品。征服眼 A8 具有正版城际通地图,数据完整性和升级都有很好的保障。

三、电子狗的安装

不同种类和型号的电子狗,其安装方法也不同。现以奥可视 T430b GPS + 雷达探测式电子狗为例,介绍电子狗的安装方法。该电子狗由 GPS 导航仪、测速雷达探测器、转接卡、背夹和吸盘等组成。

(1) 取下电子狗吸盘的转接卡,如图 5 - 31 所示。
(2) 将测速雷达探测器安装在吸盘上面,如图 5 - 32 所示。

图 5 - 31　取下转接卡

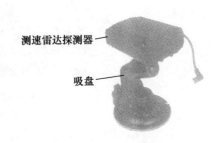

图 5 - 32　安装探测器

(3) 将转接卡安装在测速雷达探测器上面,如图 5 - 33 所示。
(4) 将背夹安装在转接卡上面,如图 5 - 34 所示。

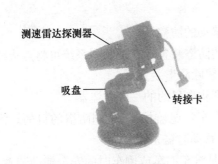

图 5 - 33　安装转接卡

图 5 - 34　安装背夹

(5) 将 GPS 导航仪安装在背夹上面,如图 5 - 35 所示。
(6) 连接电源线,如图 5 - 36 所示。

图 5-35 安装导航仪

图 5-36 连接电源线

（7）固定电子狗。将吸盘吸在风窗玻璃上，并将电源插头插入点烟器中，如图 5-37 所示。

图 5-37 固定电子狗

（1）机械式防盗装置是通过锁定转向盘、制动器踏板、变速杆等主要操纵件使窃贼无法将汽车开走。机械式防盗装置主要有转向盘锁、变速杆锁、车轮锁和离合器踏板锁等。

（2）变速杆锁俗称排挡锁，是一种锁止变速杆，使其无法操作，从而达到防盗目的的防盗锁。

（3）车轮锁是一种通过锁止车轮使汽车无法移动的防盗锁。

（4）电子防盗器是目前汽车市场上较为流行的防盗装置。启动防盗系统可将点火线圈或供油回路切断，只有在解锁钥匙的控制下才能正常解除防盗装置。

（5）指纹防盗车器是一种通过识别指纹来达到防盗目的的一种防盗器。

（6）汽车网络防盗是依靠社会的公共网络对汽车实施监控，以达到防盗的目的。汽车网络防盗系统主要有 GPS 卫星定位防盗系统和 GSM 移动防盗系统。

（7）倒车雷达（Parking Distance Control，PDC）是汽车泊车或倒车时的安全辅助装置，能以声音或更为直观地显示告知驾驶员周围障碍物的情况。

（8）倒车雷达有通过喇叭提醒的倒车雷达、通过不同蜂鸣声提醒的倒车雷达、通过数码和波段显示的倒车雷达、通过液晶荧屏动态显示的倒车雷达、通过魔幻镜显示的倒车雷达、整合影音系统的倒车雷达、无线液晶倒车雷达等种类。

（9）倒车雷达有粘贴式和开孔式两种安装方式。

（10）汽车安全预警系统（Safety Alarm System,SAS）是一种综合预警装置，其主要功能有：防盗报警功能，引路导航及防追尾功能，倒车测距预警功能和轮胎异常预警功能等。

（11）电子狗又称为安全驾驶提醒仪、反测速雷达或雷达警示器，是一种提前告知驾驶员某处存在电子眼或测速雷达的装置。

（12）车载电子狗有：预埋式、雷达探测式、GPS 单机式、GPS + 导航 + 雷达探测式和 GPS + 雷达探测式等种类。

思考与练习

1. 钜甲锁有什么特点？初次使用钜甲锁时如何操作？
2. 什么是变速杆锁？它有哪些类型？
3. 什么是车轮锁？它有哪些类型？
4. 电子防盗器有哪些功能？
5. 电子防盗器的抢劫汽车报警功能原理是什么？
6. 汽车指纹防盗器有哪些功能？
7. 汽车指纹防盗器是根据什么原理工作的？
8. GSM 防盗器是根据什么原理工作的？
9. GSM 汽车防盗器有哪些功能？
10. 倒车雷达是根据什么原理工作的？
11. 倒车雷达有哪些种类？
12. 如何选购倒车雷达？
13. 汽车安全预警系统有哪些功能？
14. 汽车安全预警系统是根据什么原理工作的？
15. 什么是电子狗？它有哪些种类？

第六章

汽车信息系统改装

本章知识点

1. 有线式车载免提系统的组成、安装方法及使用注意事项。
2. 无线式车载免提系统的组成、结构、安装方法及其使用方法。
3. 蓝牙车载免提系统的功能、组成与使用方法。
4. 车载对讲机的结构、工作原理、主要性能指标及使用方法。
5. 车载 GPS 的功能、组成、工作原理、选购方法及安装与设置方法。
6. 汽车黑匣子的作用、组成、功能及安装方法。

第一节 车载免提系统加装

车载免提是一种在通话时不必手持话筒的通话装置,如图 6-1 所示。该装置的功能主要是:自动辨识移动电话,不需要电缆或电话托架便可与手机联机;使用者不需要触碰手机(双手保持在转向盘上)便可进行控制,用语音指令控制接听或拨打电话。使用者可以通过车上的音响或蓝牙无线耳麦进行通话。若选择通过车上的音响进行通话,则当有来电或拨打电话时,车上音响会自动静音,通过音响的扬声器/麦克风进行话音传输。若选择蓝牙无线耳麦进行通话,则只要耳麦处于开机状态,当有来电时按下接听按钮就可以实现通话。

车载免提系统是专为行车安全和舒适性而设计的。该装置具有以下特点。

(1) 安全。来自权威机构的研究表明,驾车时如果以手持方式使用移动电话,会明显增

图 6-1 车载免提电话

加交通肇事概率,给驾乘人员和其他车辆与行人带来危害,驾驶员在行车中手持手机拨打或接听电话,发生交通事故的概率高达 27.3%,与酒后驾车相当,是正常行车风险的 4 倍,使用车载免提则可在开车时通话无牵挂,让驾驶员专心驾车。

(2) 健康。使用车载免提可远离辐射,身体不受伤害。

(3) 时尚。车载免提外形美观大方,是现代高品质生活的完美体现。

(4) 实用。使用车载免提,音质清晰,且音量大小可调节。

(5) 便利。车载免提安装简便、牢固,一般只需把底座粘在仪表盘上,电源线连接至汽车点烟器上即可。

车载免提系统按其组成部件的结构特点及功能可分为有线车载免提系统、无线车载免提系统及蓝牙车载免提系统。

一、有线式车载免提系统

1. 组成

有线车载免提系统由主机、手机座、扩音器、麦克风及耳塞等部件组成。BC-278型豪华多功能有线车载免提系统的组成如图6-2所示。

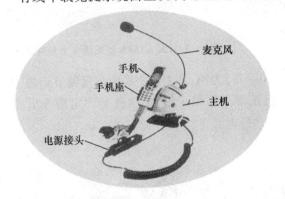

图6-2 BC-278型豪华多功能有线车载免提系统的组成

(1) 主机。主机用于接听来电,把手机听筒的声音通过扬声器播放出来。有些型号的主机把扬声器与放置手机的机座做成一体,此类主机结构较紧凑,也减少了连线。主机通过电源接头与车内点烟器相接,指示灯亮表示电源已接通,音量则可以随意调节。

(2) 手机座。手机座用于放置手机,它通过支架固定在车内合适位置,也有些机座可直接安装。

(3) 扩音器。扩音器位于主机内,与手机的听筒相连接,用于接听手机。有些型号的产品是通过信号线与手机直接相连。

(4) 麦克风和耳塞。麦克风用于进行通话,如果不想让同车的人听到谈话内容,可使用耳塞接听来电,一般的耳塞有无线和有线两种连接方式。

2. 安装方法

以BC-278型豪华多功能车载免提系统为例,其安装方法如下。

(1) 把支架对准机座背面卡紧后,再将机座挂靠在汽车通风孔上或固定在车内其他任何方便的地方。

(2) 把电源接头直接插入车上点烟器插孔,指示灯亮表示电源已接通,音量则可以随意调节。

(3) 将手机放入机座中固定。

(4) 主机上的扩音器连接夹夹在手机的听话孔上。

3. 使用注意事项

(1) 最好是把手机音量调至最大,这样可以使通话更清晰。

(2) 使用中,如果产生回音、啸叫声,则应将喇叭音量开关调小些,以减少回音及啸叫声。

(3) 最好将手机座与喇叭分开放置相距至少20 cm以上,这样能够避免声音失真及回音。

(4) 注意防渗水、受潮,固定在车内时一定要牢靠,不要用猛力碰撞。

二、无线车载免提系统

无线车载免提系统是靠调频来工作的,即接收到手机的语音后,通过调频无线发射接收系统实现免提通话。一般是使用车载的音响或收音机系统,把接收到的语音通过音响或收音机的扬声器传出。不同厂家的产品使用的频率是不同的。图6-3所示为LK-168A型无线车载免提系统,此系统由主机、手机座、拾音器、耳机及麦克风等部件组成。主机自带电源接头,直接与点烟器连接,适合所有车型,具有方便、安全、稳定等特点;手机座宽度可自由调节,适用任何一款手机;超小型无线耳机同汽车收音机之间实现无噪声自动切换,方便快捷、通话稳定。

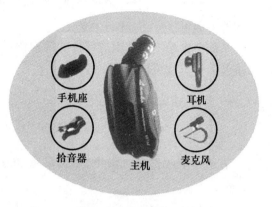

图6-3 LK-168A型无线车载免提系统

1. 无线车载免提主机的结构

以"行者通"新型通用车载免提装置(T8000-Ⅲ)为例,其主机主要由音量调节旋钮、雪茄头、雪茄臂、方向调节螺栓、耳机插孔、麦克风、正常工作指示灯、手机外套固定槽等组成,如图6-4所示。

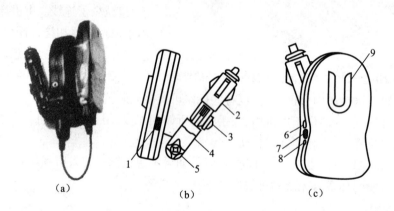

图6-4 无线车载免提主机的结构
(a)立体图;(b)主机(侧视图);(c)主机(斜视图)
1—音量调节旋钮;2—雪茄头;3—左右方向调节螺栓;4—雪茄臂;5—上下方向调节螺栓;
6—耳机插孔;7—麦克风;8—正常工作指示灯;9—手机外套固定槽

2. 无线车载免提系统的安装

(1)安装步骤与方法。

LK-168A型无线车载免提系统的安装步骤与方法如图6-5所示。

(2)安装车载免提系统注意事项。

1)因不同产品具有不同的安装要求,所以安装前应认真阅读产品说明书;

2)禁止将车载免提插入其他电源上;

3)禁止将未装手机的车载免提插入汽车点烟器内。

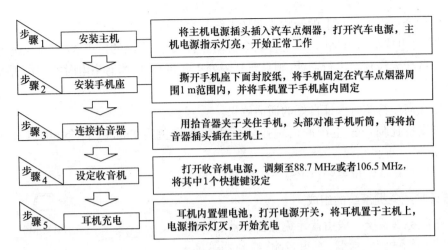

图6-5 LK-168A型无线车载免提系统的安装步骤与方法

3. 无线车载免提系统的使用

LK-168A型无线车载免提系统有两种使用方式。

（1）无线耳机接听。当听到来电信号后,将无线耳机拿起,放在耳朵上,再按手机接听键即可接听;如果手机已经设置自动接听,则无须按手机接听键就可以直接接听。音量可以通过免提的主机或手机本身调节。

（2）汽车音响系统接听。当听到来电信号后,打开设定的收音机快捷键,按手机接听键即可接听;如果手机已经设置自动接听,则无须按手机接听键就可以直接接听。可以通过免提的主机、手机本身、收音机实现音量调节。

（3）使用注意事项。

1）耳机第一次使用时应先将其充电2.5 h。

2）耳机长时间不使用,应关闭其电源。

3）勿将主机、耳机等与信用卡等磁卡放在一起。

4）勿用金属短接充电针。

三、蓝牙车载免提系统

蓝牙（Blue tooth）是一项适用于小范围无线通信标准,蓝牙技术是目前国际上最先进的短距离无线通信技术,可以使任何相互兼容的便携式和固定式通信设备之间在10 m范围内进行无线连接。此技术以提供语音和数据信息快速可靠传输的无线电链路为基础,不需要看得见的连线来实现通信。蓝牙无线技术采用了全球范围内均可使用的频率范围（2.4G）,从而可以确保世界各地的通信兼容性。

蓝牙车载免提系统专为行车安全和舒适性而设计,驾驶员可在双手不必离开转向盘、眼睛不必离开前方的情况下轻松接听电话。

1. 蓝牙车载免提系统的性能特点

（1）自动辨识移动电话不需要电缆或电话托架便可与手机联机。

（2）使用者不需要触碰手机（双手保持在转向盘上）便可控制手机,用语音指令控制接听或拨打电话。

（3）使用者可以通过车上的音响或蓝牙无线耳麦进行通话。若选择通过车上的音响进行通话，则当有来电或拨打电话时，车上音响会自动静音，通过音响的扬声器/麦克风进行话音传输。若选择蓝牙无线耳麦进行通话，则只要耳麦处于开机状态，当有来电时按下接听按钮就可以实现通话。

（4）可在高速行车时保证良好的通话效果。

（5）可支持任何厂家生产的内置蓝牙模块和蓝牙免提 Profile（符合 SIGV1.1 规范）的手机。

（6）可以与全球定位系统（GPS）终端捆绑，以降低成本。

2. 蓝牙车载免提系统的组成

蓝牙车载免提系统一般由蓝牙免提控制器、蓝牙无线耳机、蓝牙手机、显示器、汽车音响、控制器等部件组成，如图 6-6 所示。

3. 蓝牙车载免提系统与手机的匹配

以"悦尔行"蓝牙车载免提系统与诺基亚手机匹配为例介绍其配合方法。

首先使蓝牙车载免提系统进入匹配模式，悦尔行蓝牙车载免提系统在出厂时设为待机模式，此时绿色指示灯每 3 s 闪一下，为了让它进入匹配模式，应先使之进入 OFF 模式（按住 3 s），再按住按钮 6 s 左右，直到绿色指示灯长亮为止。

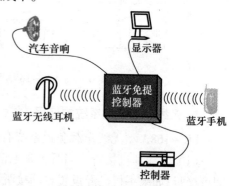

图 6-6 蓝牙车载免提系统的组成

系统进入匹配模式后，按下列操作完成与手机的匹配。

（1）打开手机端的蓝牙功能并搜索设备，例如：NKl 8910 翻阅功能键至蓝牙功能—选择—蓝牙开/关（置于开）—搜寻音频套件—选择。

（2）话机开始搜寻蓝牙车载装置，搜寻完毕后屏幕显示出搜寻装置名"Carht"（或根据客户要求出厂前设定），按确认键选择要与话机匹配。

（3）在手机端输入蓝牙无线车载识别码"9999"（或根据客户要求出厂前设定），并按确认匹配完成（匹配的不同可能会因为手机的不同而有所不同，具体参看该手机的说明书）。当匹配完成后，蓝牙车载进入连接模式，其绿色指示灯每 3 s 会闪一下。

（4）如果想取消匹配状态，则可按住控制按钮 3 s，直到绿灯熄灭，此时会听到一声短促的声音。

（5）如果将蓝牙车载免提用于手机通信，则手机必须内置蓝牙功能，或已连接了蓝牙适配器。

4. 手机与蓝牙车载免提系统的连接及断开

（1）连接。当手机与蓝牙车载免提系统匹配成功，车载免提系统会自动进入连接模式，可是当手机与蓝牙车载免提系统断开连接后无法自动连接时，可按下述方法连接。

1）蓝牙车载免提系统主动与手机连接。在免提系统待机状态下，短按功能键，免提系统会主动与手机连接，手机会显示是否接受连接，此时直接选择接受即可连接上。当免提系统断电后，会断开与手机的连接，但此免提系统加电后会自动与手机连接。具体连接方法同上。

2）手机与蓝牙车载免提系统连接。例如，NKl 8910 翻阅功能键至蓝牙功能—查看已匹配设备—选择需连接设备—选择连接设备，当手机与免提系统连接后，手机会自动进入连接模式。

（2）断开。蓝牙车载免提系统与手机处于连接状态需要断开时，必须通过已连接手机来断开手机与蓝牙车载免提系统的连接。例如，NKl 8910 翻阅功能键至蓝牙功能—查看已接连设备—选择连接设备—选择断开连接设备，当手机与免提系统断开连接后，免提系统会自动进入待机（可连接）模式。

5. 蓝牙车载免提系统的使用

蓝牙车载免提系统进入连接模式后，绿色指示灯每 3 s 闪一下，只要免提系统距离手机在一定范围内，都能使用蓝牙车载免提系统进行拨叫或接听电话。

（1）操作方法。

1）接听电话。当听到来电话的信号时（免提上有振铃声响），按下控制按钮便可通话（若手机端已设定为自动应答模式，不必按任何键即可接听）。通话中，绿色指示灯每 1 s 闪一下。

2）不接听电话。当听到来电话的信号时，不想接通此电话，则可按下控制按钮 3 s，免提上的振铃声响随即消失。

3）拨打电话。拨打电话应先通过手机拨号，自动连接到免提系统后便可通话。通话中，绿色指示灯每 1 s 闪一下。

4）重拨电话。如果手机具有重拨功能，则可通过免提系统进行重拨。其方法是：在待机状态下，短按两下控制按钮免提系统会自动重拨手机最后一次所拨的号码。

5）音量调整。通过免提系统上的电位器左右推移控制按钮来调节音量的大小。

（2）使用注意事项。

1）不要将车载免提暴露在温度极高或极低的环境中。

2）不要将车载免提置于液体环境或湿度较高的环境中。

3）不能摔打、抛掷或弯曲车载免提。

4）非专业人员不可拆卸和维修车载免提。

第二节 车载对讲机加装

车载对讲机是一种安装在汽车上使用，可与一个或一组人通话的通信设备，如图 6-7 所示。使用对讲机通话的优点有：一是不受公用通信网络限制，可在网络未覆盖的地区进行无线通话；二是没有通话费用，是一种无成本通话方式；三是可提供一对多的通话方式，方便集群联络。对讲机的不足之处是通信有效距离受限，一般为 3~5 km，最长不超过 20 km。

图 6-7 车载对讲机

一、对讲机的基本结构

一般对讲机主要由主机、充电器及耳机等部件组成，如图 6-8 所示。

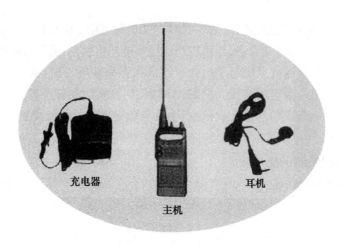

图6-8 对讲机的组成

（1）主机。主机包括机体、天线及电池。

1）机体。机体一般由外壳、PTT按键和电源插孔塞、PCB组件、LCD部分、音量/开关钮、编码旋钮、指示灯、MIC等组成。PTT按键起发射开关的作用，一般在侧面。指示灯指示工作状态，一般在顶部。对讲机的顶部还有音量/开关钮、编码旋钮和选择频道按钮。LCD部分直观显示对讲机的工作状态。PCB组件是对讲机的核心部分，重要的器件在PCB上，非专业人士不许拆卸。

2）天线。天线分为天线外套和天线芯两部分。天线外套一般用TPU材料制成，天线芯一般采用螺纹结构与主机相连，拆卸方便。

3）电池。电池分Ni-Cd、Ni-MH电池，容量有600 mAh、800 mAh、1 100 mAh、1 300 mAh、1 500 mAh等。电池面、底壳采用超声波焊接，牢固、可靠。

（2）充电器。充电器与火牛（交流电转换器的俗称）共用，对电池或整机进行充电。充电器一般由DC插座、充电弹片、指示灯、按键等组成。DC插座与火牛相连，充电弹片与电池极片相连，按键起放电作用。

（3）耳机。耳机通过信号线与主机相连，放在耳朵上，可使对讲机免提。

二、对讲机的工作原理

对讲机系统由发射部分、接收部分、调制信号及调制电路、信令处理等组成。各部分的工作原理如下。

1. 发射部分

射频载波信号首先由锁相环和压控振荡器（VCO）产生并发射，再经过缓冲放大、激励放大和功率放大，产生额定的射频功率，经过天线低通滤波器，抑制谐波成分，然后通过天线发射出去。

2. 接收部分

接收部分为二次变频超外差方式，从天线输入的信号经过收发转换电路和带通滤波器后进行射频放大，再经过带通滤波器进入一混频，将来自射频的放大信号与来自锁相环频率合成器电路的第一本振信号在第一混频器处混频并生成第一中频信号。第一中频信号通过晶体滤波器进一步消除邻道的杂波信号。滤波后的第一中频信号进入中频处理芯片,与第二本振信号再次混频生成第二中频信号,第二中频信号通过一个陶瓷滤波器滤除无用杂散信号后,被放大和鉴频,产生音频信号。音频信号通过放大、带通滤波器、预加重等电路,进入音量控制电路和功率放大器放大,驱动扬声器,得到人们所需的信息。

3. 调制信号及调制电路

人的话音通过麦克风转换成音频的电信号,音频信号通过放大电路、预加重电路及带通滤波器进入压控振荡器直接进行调制。

4. 信令处理

CPU 产生 CTCSS/DTCSS 信号经过放大调整,进入压控振荡器进行调制。接收鉴频后得到的低频信号,一部分经过放大和亚音频的带通滤波器进行滤波整形,进入 CPU,与预设值进行比较,按其结果控制音频功放和扬声器的输出。即如果与预置值相同,则打开扬声器,若不同,则关闭扬声器。

三、对讲机的性能指标

对讲机有如下一些主要的性能指标。

(1) 输出载波功率。在未加调制的情况下,一个射频周期内发射机架给予传输线的平均功率。

(2) 邻道功率。在按信道划分的系统中工作的发射机,规定的调制条件下总输出功率中落在任何一个相邻信道的规定带宽内的那一部分功率。

(3) 频率误差。未调制载波频率与指配频率之差。

(4) 音频失真。除去其基波分量的失真正弦信号的均方根值与全信号均方根值之比,用百分数表示,这一失真的正弦信号包括谐波分量、电源纹波和非谐波分量。

(5) 额定音频输出功率。当接收机在规定的工作条件下其输出端连接规定负载时可得到的功率。

(6) 杂散射频分量。除了载波及其发射带宽附近处的调制分量外,在离散频率上或在窄频带内有一显著分量的信号,包括谐波和非谐波以及寄生分量。

(7) 调制限制。发射机音频电路防止调制超过最大允许偏移的能力。

(8) 选择性。表征接收机有用输入信号抗拒无用输入信号的能力。通过测量邻信号选择性、共信道抑制、阻塞、杂散响应、互调抗扰性等性能加以评定。

(9) 参考灵敏度。又称为最大可用灵敏度,在规定的频率和调制下,使接收输出端产生准信噪比的输入信号电平。

四、对讲机的使用

对讲机在使用中应注意以下事项。

(1) 当对讲机正在发射时,应保持对讲机处于垂直位置,并保持话筒与嘴部 2.5~5 cm 的距离,发射时,对讲机距离头部或身体至少 2.5 cm,以尽量减少对人体的辐射。

(2) 使用过程中不要进行多次开机关机的动作,同时把音量调整到适合听觉的音量。

(3) 对讲机每次使用时间不宜过长,一般发射 1 min,接收 4 min,长时间发射或在高功率模式下连续使用将造成对讲机背面发热。

（4）天线只能使用原配或认可的，使用未经认可的、改装的或增添了附件的天线会损坏对讲机或违反信息产业部无线电管理局的规定。

（5）使用中，不要用手触及天线，以免灼伤皮肤。

（6）对讲机天线不能随意拧下，否则在发射时容易将功率管（功放）烧坏。

（7）不要使用损坏的天线，以免在发射时损坏的天线灼伤皮肤。

（8）电池充电应在5 ℃~40 ℃的环境温度中进行，否则会导致充不满额定容量，且影响电池寿命。

（9）电池第一次充电时间应超过8 h，否则会影响日后的充电效率以及电池的寿命。

（10）放置电池的地方应无造成使电池短路的物品，如钥匙、金属链条等。

（11）不要将对讲机放在气囊展开时可能涉及的范围内，以防气囊迅速展开时对讲机随着极大的冲击力伤及车内的人员。

（12）在加油站等易燃易爆场合，应关闭对讲机，且不能更换电池或对电池充电，因安装和拆卸电池时可能会引起接触电火花而导致爆炸。

第三节　车载GPS的加装

GPS 是 Global Positioning System 的缩写，意思为全球定位系统。车载 GPS 是汽车上安装的，具有 GPS 导航、定位、防盗、监控等功能的设备，如图6-9所示。

一、车载GPS的功能

目前功能齐全的车载 GPS 结合了 GPS 全球卫星定位系统、GIS 地理信息系统、GSM

图6-9　车载GPS

全球移动通信系统和计算机网络技术，能实现定位、导航、防盗、防劫、监控、报警等多项功能。

（1）导航功能。车主只要输入起点和终点，该系统便可立即指出两地之间的最佳捷径，车主还可通过车辆的监控中心查询行走路线。另外，它还有修改功能，假如车主因为不小心错过路口，没有走车载 GPS 导航系统推荐的最佳线路，车辆位置偏离最佳线路轨迹 200 m 以上，车载 GPS 导航系统会根据车辆所处的新位置，重新为车主设计一条回到主航线路线，或是为车主设计一条从新位置到终点的最佳线路。

（2）定位功能。GPS 通过接收卫星信号，可以准确地定出其所在的位置，位置误差小于 10 m。如果机器里带地图，则可以在地图上相应的位置用一个记号标记出来。同时，GPS 还可以取代传统的指南针，显示方向；取代传统的高度计，显示海拔高度等信息。

（3）转向语音提示功能。车辆只要遇到前方路口或者转弯，车载 GPS 语音系统就会提示用户转向，这样可以避免车主走弯路。它能够提供全程语音提示，车主无须观察显示界面就能实现导航的全过程，使得行车更加安全舒适。

（4）显示航迹功能。如果去一个陌生的地方，去的时候有人带路，回来时怎么办？不用担心,GPS 带有航迹记录功能,可以记录下车辆行驶经过的路线,精度小于 10 m,甚至能显示两个车道的区别。回来时,车主可以启动它的返程功能,让它领着你顺着来时的路线顺利回家。

(5) 防盗功能。当车主离开车辆,车辆处于安全设防状态时,如果有人非法开启车门或发动车辆,车辆会自动报警,此时车主手机、车辆监控中心同时会收到报警电话,监控中心的值班人员会立即联系 110 报警,且车辆自动启动断油、断电程序。

(6) 报警功能。车载 GPS 除防盗报警外,还具有紧急报警、碰撞报警和偏航报警等功能。紧急报警是在紧急情况下,如汽车遇抢劫、急救、故障、交通事故等,车上人员可按车载 GPS 系统的紧急报警按钮,向监控中心求援,同时监控中心可启动监听录音装置(此功能只能在报警状态下才能启动);碰撞报警是当汽车在行驶状态下发生碰撞时,感应器会立即将碰撞情况传向监控中心;偏航报警是监控中心对指定车辆设置行车路线后,当车辆偏离行车路线时,车载终端自动向监控中心发出偏航报警信息。

(7) 通信功能。具有移动电话的所有功能。

(8) 监控功能。监控中心通过下发监控指令对指定车辆实行实时监控,终端根据监控中心指令的不同,回传车辆当前定位信息到监控中心。

(9) 调度功能。配置调度显示屏,可由监控中心和手机向车载终端发送中文调度信息,显示在车载终端的调度显示屏上。

(10) 服务功能。监控中心工作人员 24 h 值班,不管在什么时候,只需拨打一个电话便可为车主提供全方位商务信息服务(除了 24 小时实时定位、跟踪外,还可代订酒店房间、火车票、飞机票,代客送鲜花、礼品,代办汽车年审、汽车保险,以及提供股票信息、天气预报等)。

二、车载 GPS 系统终端的组成

车载 GPS 系统终端通常由 GPS 模块、无线通信模块、报警控制模块、语音控制模块、显示模块和车载 PC 等几个部分组成,如图 6-10 所示。

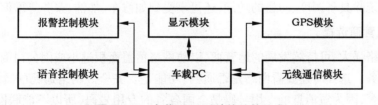

图 6-10 车载 GPS 系统终端的组成

(1) GPS 模块。安装到车辆上的小型装置,是 GPS 车载单元的一部分,用来接收卫星所传递的信息。

(2) 无线通信模块。通常采用车载无线电话、电台或移动数据终端(MDT)以完成信息交互功能。

(3) 报警控制模块。向监控中心网络发出报警信号,通报车辆异常信息。

(4) 语音控制模块。完成声音控制及服务等功能。

(5) 显示模块。用来显示位置、路况等视频图像信息,可选用 LCD、CRT 或 TV 显示。

（6）车载PC。整合处理各功能模块，配合相应的软件，完成指定功能，如进行数据处理，计算出所在位置的经度、纬度、海拔、速度和时间等。

GPS系统使用环境复杂多变，因此作为系统核心的车载PC必须具有体积小、稳定性强、集成度高、功耗低、处理能力强、操作简单便捷的特点，方可满足车辆使用的频繁性以及道路复杂性的要求。目前，嵌入式系统已成为车载PC的首选。软件操作系统多采用WINDOWSCE或嵌入式LINUX，嵌入式工业主板则以其超小体积、超强稳定、易扩展、兼容性强而成为GPS系统的安全可靠硬件平台。

三、车载GPS的工作原理

汽车上的GPS接收机接收卫星发来的不同卫星信号，可根据卫星信号到达接收机的时间差算出接收机到卫星的距离及接收机海拔高度。另外，卫星的位置是已知的，接收机可精确地定出汽车的经纬度（位置）。有的接收信息与信息处理都放在一个较小的匣内，即可对汽车定位、导航。

如图6-11所示，车载GPS设备接收卫星每秒钟发来的定位数据，并根据从3颗以上的不同卫星传来的数据计算出自身所在的位置坐标，将坐标等数据经无线调制解调器从无线电台发射给主控中心，主控中心接收信息后，通过无线调制解调器将车载GPS设备发回的坐标数据等信息还原，并进行各种数据处理。最后在主控中心计算机系统的电子地图上把汽车的正确位置，即经纬度、海拔高度等参数显示出来，以便主控中心人员调度指挥、防盗、反劫。

四、车载GPS产品的选购

目前有许多GPS车用产品已进入市场，各种产品的功能不同，应用范围也不一样，应该因车而异进行选购。

1. 系统种类选择

如果车主想自己监测爱车，可选择单用户系统。从市场反应看，选择多用户系统的车主居多。多用户系统除具备调度、防盗的功能，还可享受到如修车、加油、票务等增值服务。

2. 网络运营商选择

要选择网络强大、可持续发展的运营商，以防网络覆盖面积过小或因公司倒闭而不能得到可靠的后续服务。选择时还要看网络是否通畅、功能是否齐全。网络通畅的具体表现是短消息与语音的兼容，因为短消息的专用号码是全国各省的专用号码，所以不能联网，有时还会因网络繁忙发生堵塞和信息丢失的情况。能够兼容的定位系统，使用了公众熟悉的语音通道，并实现了全国联网。例如，使用110报警语音通道后，某地的车开到外地发生了被盗事件，当驾驶员拨打110时，定位系统就会自动转接到其当时所在城市的110报警台，而不是车辆的原籍，这样可以避免报警延误。

3. 产品功能选择

好的产品有全免提车用电话，可以遥控拨号，有保密电话、反窃码解码技术、智能语音对话、车主自主监控、车主遥控监听（无时限）、遥控熄火、遥控汽车充电、遥控启动空调、与原厂防盗器兼容等多项功能，其服务费也低廉。有的厂家还对产品投了保，这样汽车就有了双保险。

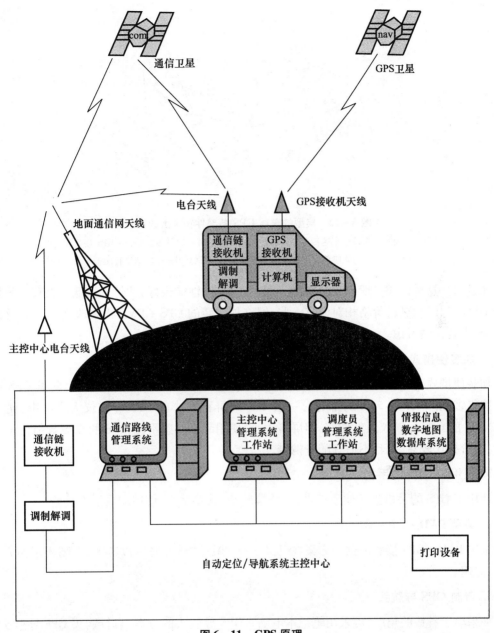

图 6-11 GPS 原理

4. 产品性能选择

要选择抗电磁干扰强、性能稳定的 GPS 产品。车辆颠簸、温度高、有电磁干扰等车内环境比较差的状况,会影响 GPS 的运作,所以对产品的稳定性要特别强调。

五、车载 GPS 的安装方案

图 6-12 所示为典型的车载 GPS 各部件在车上的布置。加装方案有以下五种。

1. 加装标准车载 GPS(含 DVD 影视功能,7in 液晶显示器)

标准车载 GPS 模式是车载导航系统的最高模式,可以替代汽车的 CD 音响,有些还兼具倒

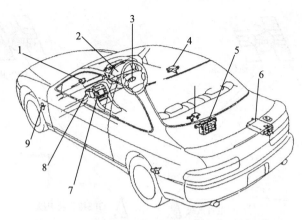

图 6-12 典型的车载 GPS 各部件在车上的布置
1—GPS 天线接收；2—车速传感器；3—转向角传感器；4—地磁传感器；5—GPS 接收器；
6—CD-ROM 唱机；7—LCD 显示板；8—导航 ECU；9—车轮速度传感器

车影像显示。这种模式一般出现在各种高配置车型中，性能最好，性价比最低。也有一些是后装的 DVD 车载导航仪，价格相对便宜一些，但这种后装的 GPS+DVD 需要改变原车的设备才能安装，需要谨慎考虑。

2. 加装便携式 GPS 导航仪

加装便携式 GPS 导航仪是目前采用最多的，灵活性好，性价比高。市场上此类 GPS 导航仪品牌很多，屏幕 2.7~7 in 的都有。一般 4.3 in 屏幕大小的 GPS 导航仪大小适中，便于携带；3.5 in 的 GPS 导航仪虽然便宜，但屏幕太小，使用起来略感不便；7 in GPS 导航仪虽然屏幕大，但价格比较高，而且不适宜随身携带。

3. 使用带 GPS 的手机

使用带 GPS 的手机虽然便于携带，但屏幕较小，软件单一，使用的灵活性较差。

4. 采用 PAD+GPS 接收头

采用 PAD+GPS 接收头这种方案在已经装有 PAD 的情况时可以考虑，否则还不如方案 2 专业、好用。

5. 自制 GPS 导航头

如果出于省钱的角度，可采用笔记本电脑+GPS 导航头的方案，自行购买 GPS 导航头，通过蓝牙或线缆与笔记本电脑或者掌上电脑连接，组成 GPS 系统，配合电子地图，效果也非常好，并且价格便宜。

六、车载 GPS 的安装与设置

1. 车载 GPS 安装与设置

车载 GPS 一般都是额外加装的，通常按下述方法进行安装与设置。

（1）在驾驶员视线好的中控台上或前风窗玻璃的合适位置上安放好车载 GPS 支架。

（2）对车载 GPS 进行系统参数的设定，检索目的地后，进行模拟导航。

（3）根据系统计算的路线，并根据驾驶员的要求输入回避地点和途经的地点，最终确定行车路线。

(4) 把 GPS 牢固地加装在支架上就可以使用了,如图 6-13 所示。

图 6-13 车载 GPS 的安装

2. 加装 GPS 的注意事项

(1) 选择质量好的硬件设备,包括 AV 部分、机械部分、屏幕显示部件及光红色兼容性等。

(2) 选择理想的导航软件。

(3) 注意装饰边框的配套性及边框的制作、安装工艺,这是一个影响美观的重要因素。

(4) 尽量不要改装与车速脉冲相关的装置。

(5) 要注意喇叭与 GPS 的配套性,看是否需要加装功率放大器。

(6) 注意 GPS 天线的安装位置,贴了膜的汽车可能需要将天线安装在车外。

(7) 导航图存储设备放在易于维护的地方,以方便日后升级。

第四节 汽车黑匣子的加装

汽车黑匣子是汽车行驶记录仪的俗称,是一种对车辆行驶速度、时间、里程以及有关车辆行驶的其他状态信息进行记录、存储,并可通过接口实现数据输出的数字式电子记录装置,如图 6-14 所示。黑匣子能够实时地记录车辆运行和驾驶员驾驶活动的有关信息,可在遏止疲劳驾驶、车辆超速等严重交通违章,约束驾驶员的不良驾驶行为,预防道路交通事故,保障车辆行驶安全,提高营运管理水平等

图 6-14 汽车黑匣子

诸多方面发挥重要的作用,并将为事故分析鉴定提供原始数据。《道路交通安全法实施条例》第十四条规定:"用于公路营运的载客汽车、重型载货汽车、半挂牵引车应当安装、使用符合国家标准的黑匣子。交通警察可以对机动车行驶速度、连续驾驶时间以及其他行驶状态信息进行检查。"

一、汽车黑匣子的作用

汽车黑匣子有以下三个作用:

1. 有利于加强运输企业管理

通过对汽车黑匣子记录数据的分析和运用,企业管理部门可对驾驶员和车辆进行有效动态管理,从而提高企业管理水平,降低运营成本,提高经济效益和企业竞争力。汽车安装了汽车黑匣子后,运输企业可通过其配套的管理软件,建立起其所有车辆、驾驶员以及车队的运行情况数据库,从而企业管理者可以利用这些数据对其车辆进行更为有效的管理。管理者可按选定的车辆或按选定的驾驶员给出任意时间段内其工作情况的统计数据以及各种违规情况的

统计报表；还可以利用计算机管理软件，对整个车队的运行情况进行统计和分析；也可进行车与车、驾驶员与驾驶员之间工作情况的自动比较；自动统计车辆和驾驶员的安全行驶里程等；并可以利用这些数据建立驾驶员安全行车档案，为驾驶员的考核、评比、奖罚提供科学依据。利用这个工具，管理者除了可以管好交通安全外，还可以十分有效地管好企业车辆的运行情况，杜绝诸如开飞车、公车私用、偷燃油等不良现象。

2. 有利于加强道路交通管理

汽车黑匣子能够自动、连续、真实地记录几十小时内驾驶员的行驶速度和连续行车情况，相当于在车上长期配备了一名交通警察，对驾驶员的安全行车情况进行全面的、长期不间断的实时监控，有利于培养驾驶员开安全车、中速车的良好习惯，从而有效地预防驾驶员疲劳驾驶。除此以外，汽车黑匣子还有语音安全提示功能，当行驶车辆超过预设速度时，汽车黑匣子便会发出语音安全提示，督促驾驶员采取减速措施，预防事故发生。因此，汽车黑匣子可以有效地纠正驾驶员超速违法行为，并且从很大程度上杜绝了驾驶员的疲劳驾驶，达到了减少违法行为和预防事故的目的。

3. 有利于正确处理交通事故

当汽车发生交通事故时，汽车黑匣子能够客观、精确地记录车辆事故发生的时间、事故发生前后的速度、减速制动情况及驾驶员的操作行为，从而可以为交通事故的处理提供定量、准确的数据。该数据用于配合交通事故的现场勘查取证，用科学、定量的数据公正客观地判断事故原因和责任。对正确处理交通事故、保障驾驶员的合法权益、提高交通管理部门的工作效率都具有重要作用。

二、汽车黑匣子的功能

汽车黑匣子有以下功能

（1）记录功能。汽车黑匣子能够监测并记录车辆行驶的速度、制动、鸣笛、转向、倒车、停车、灯光使用、行驶里程、工作时间等多项数据。

（2）储存功能。汽车黑匣子可储存车辆、驾驶员及主管单位的基本信息，并可将监测和记录的数据进行储存。

（3）显示功能。汽车黑匣子配备的显示器可将储存和记录的数据进行显示，并可适时显示当前车速及时间。

（4）提示功能。汽车黑匣子可通过声光信号提示汽车超速、驾驶员疲劳等信息。

（5）打印功能。有些汽车黑匣子配有掌上打印机，可随时打印所需信息。

（6）传输功能。汽车黑匣子配有 USB 接口，可通过 U 盘将信息传输到 PC 机或手提电脑上。

（7）报警功能。当汽车发生事故时，有些汽车黑匣子可立即通过无线电通知与黑匣子相连接的中心传播系统。另外，有些汽车黑匣子里还附加了一套全球定位系统，该系统会在汽车出事后，立即找出离出事地点最近的救急号码并自动拨打，随后又将出事汽车的信息立即通过传输器传送给医院或者外伤中心，以方便医生在前来抢救的过程中了解伤者的伤势。

（8）防盗功能。有些汽车黑匣子还具有反劫防盗功能，汽车装上这种汽车黑匣子后，除了车主和车主委托的人外,其他人即便有了车钥匙也无法起动汽车,甚至是拆除汽车黑匣子也还是无法起动汽车。

三、汽车黑匣子的组成

汽车黑匣子由硬件和软件两部分组成。硬件主要包括传感器、记录器、显示器和数据采集器,现代汽车黑匣子通常将各组成部分组合为一个整体,如图 6-15 所示。软件为 PC 机处理软件系统。

1. 传感器

传感器是向记录器传递其感知到的汽车各种工作状态的物理器件。传感器与主机上的标准接口连接。

2. 记录器

记录器是汽车黑匣子的主体部分。记录器能在汽车行驶过程中客观、精确地记录下多种工作状况,如:前进、加减速、匀速、转弯、倒车、爬坡、怠速、超速时的参数。记录器具有防水、抗震、防火、抗燃烧、抗电子干扰等性能,其工作状态稳定,工作温度适用的范围较宽(-25 ℃ ~65 ℃),且具有数据储存功能,当遇到不测或被切断电源后,原先记录下的数据仍被保留下来。

图 6-15 汽车黑匣子的组成

3. 显示器

显示器是用于显示汽车行驶时各动态数据的器件。具体的显示内容包括时间(月、日、时、分)、行驶中的瞬时车速、本次里程等。其中,瞬时车速可以反映出停车前 1 min 和 10 min 内 2 个行程的最高车速。显示器位于仪表板上,供驾驶员随时了解车辆行驶状况,以便及时修正和控制车辆运行。

4. 数据采集器

数据采集器可使用数据采集处理卡或 USB 可移动存储器。数据采集处理卡是一种便携式数据采集、存储、显示、存档和报警受话的磁卡,将其插入记录器便显示并记录下该汽车的牌号、驾驶证号、采集的时间及各种状态和工作数据,也可把采集到的若干数据传输到 PC 计算机存档,进行图像处理、事故再现分析等。

5. PC 机处理软件系统

PC 机处理软件系统可直接采集、设置记录器中的汽车参数时间、限速范围和一切改写的参数,也可采集从数据采集器中得到的数据,供事故分析和存档。该系统还可以图像形式再现发生事故的汽车行驶轨迹,如图 6-16 所示。

四、汽车黑匣子的安装

以交航 JH106 型汽车黑匣子为例,其接线方法,见表 6-1,安装步骤如图 6-17 所示。

图6-16　PC机处理软件系统

表6-1　汽车黑匣子接线方法

连接位置	连线颜色	连接位置	连线颜色
电源	红(+)	刹车	棕
搭铁	黑(-)	右转灯	黄
速度	绿	左转灯	紫
车门	灰	传感器电源DC 12V	黑白(-)
远灯	白		红白(+)

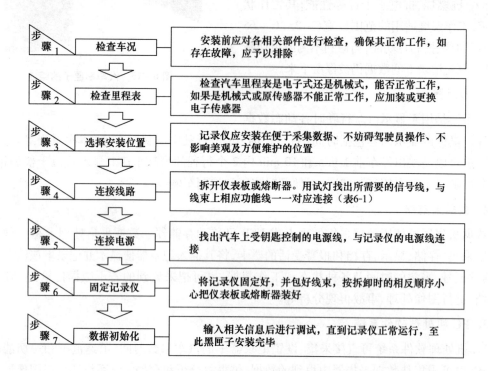

图6-17　汽车黑匣子安装步骤

安装汽车黑匣子应注意以下事项。

(1) 安装位置不能阻碍驾驶员的正常操作。

(2) 电源线一定不能接错,以免影响汽车及记录仪正常工作。

（3）各线路连接点都要用电工胶布包好，严防短路故障。

（1）车载免提是一种在通话时不必手持话筒的通话装置。

（2）无线车载免提系统是靠调频来工作的，即接收到手机的语音后，通过调频无线发射接收系统实现免提通话。一般是使用车载的音响或收音机系统，把接收到的语音通过音响或收音机的扬声器传出。

（3）蓝牙车载免提系统专为行车安全和舒适性而设计，驾驶员可在双手不必离开转向盘、眼睛不必离开前方的情况下轻松接听电话。

（4）车载对讲机是一种安装在汽车上使用，可与一个或一组人通话的通信设备。使用对讲机通话的优点有：一是不受公用通信网络限制，可在网络未覆盖的地区进行无线通话；二是没有通话费用，是一种无成本通话方式；三是可提供一对多的通话方式，方便集群联络。

（5）GPS 是 Global Positioning System 的缩写，意思为全球定位系统。车载 GPS 是汽车上安装的，具有 GPS 导航、定位、防盗、监控等功能的设备。

（6）汽车上的 GPS 接收机接收卫星发来的不同卫星信号，可根据卫星信号到达接收机的时间差算出接收机到卫星的距离及接收机海拔高度。另外，卫星的位置是已知的，接收机可精确地定出汽车的经纬度（位置）。有的接收信息与信息处理都放在一个较小的匣内，即可对汽车定位、导航。

（7）目前有许多 GPS 车用产品已进入市场，各种产品的功能不同，应用范围也不一样，应该因车而异进行选购。选购时要注意系统种类、网络运营商、产品性能及产品功能等。

（8）加装 GPS 方案有自制 GPS 导航头、加装便携式 GPS 导航仪、使用带 GPS 的手机、装用 PAD + GPS 接收头、加装标准车载 GPS（含 DVD 影视功能，7 in 液晶显示器）五种。其中加装便携式 GPS 导航仪目前应用最多。

（9）汽车黑匣子是汽车行驶记录仪的俗称，是一种对车辆行驶速度、时间、里程以及有关车辆行驶的其他状态信息进行记录、存储，并可通过接口实现数据输出的数字式电子记录装置。

1. 车载免提系统有哪些功能？
2. 无线车载免提系统有哪些使用注意事项？
3. 蓝牙车载免提系统有哪些性能特点？
4. 如何进行蓝牙车载免提系统与手机的匹配？
5. 蓝牙车载免提系统有哪些使用注意事项？
6. 车载 GPS 有哪些功能？
7. 选购车载 GPS 时应注意哪些事项？
8. 加装车载 GPS 时有哪些注意事项？
9. 车载 GPS 有哪些功能？

10. 车载 GPS 是根据什么原理工作的？
11. 车载 GPS 有哪些安装方案？
12. 什么是汽车黑匣子？它有什么功能？
13. 安装汽车黑匣子时，应注意哪些事项？

第七章

汽车越野性改装

1. 加装越野车防护杠。
2. 加装越野车防滚架。
3. 改装越野车轮胎。
4. 改装越野车车灯。
5. 加装越野车绞盘。

第一节 越野车防护杠改装

一、越野车防护杠的种类

加装汽车防护杠是越野车最基本的改装项目。防护杠一方面能够在事故当中缓冲撞击力、保护车身,另一方面还使车辆具备鲜明的个性。

防护杠从结构上可以分为前杠、侧杠和后杠(或称侧踏板)三类,有时也将汽车尾梯归入到护杠类型中。

1. 前杠

前杠有一体前防护杠和竞技杠两种。一体前防护杠在越野场地可以翻越石头、泥土、树苗、杂草这类的障碍物,还可以保护车身和底盘;都市行驶的时候,它兼顾装饰性与实用性。竞技杠的结构简洁,杠体接近角大,可安装各类绞盘,杠体质量轻,适合于比赛使用。缺点是不能承受侧面的撞击。

前杠目前大致分为U形前杠和护灯前杠两种。

(1) U形前杠。

U形前杠的结构简单,可以保持车型原有的面貌,几乎什么车都可以用,但它只能防御正面撞击,不能抵挡来自斜前方的撞击。装上U形前杠,在越野场地可以翻越石头、泥土、树苗、杂草等障碍物,还可以保车身与底盘。都市行驶的时候。U形前杠的装饰性就大于实用性了,如图7-1所示。

(2) 护灯前杠。

护灯前杠可以全方位地保护前脸,抵挡来自正面和斜前的撞击。车主在转弯过程当中如果判断错误,转弯角度不够而导致车辆撞击障碍物,护灯前杠可以有效地保护车身。护灯前杠如图 7-2 所示。

图 7-1　U 形前杠

图 7-2　护灯前杠

前杠的材料常用工程塑料、高级不锈钢等。

2. 侧杠

侧杠也称边杠,是用螺栓固定在车两侧车门下方的长管,如图 7-3 所示。其直接功能是方便驾乘人员上下车,当车主需要放置东西到车顶的时候,它还可以充当垫高物。同时侧杠可以起到轻微的防侧撞保护作用,越野车在山地行驶时,侧杠可以顶住一部分山石对车辆的破坏。在越野比赛中车辆极度倾斜时,可让人员踩在车高一面以防止车辆翻车,起到保持车辆平衡的作用。此外,侧杠还能起到挡泥和装饰车身的作用。侧杠有粗、细以及越野车专用和微型车专用之分。越野车的底盘高,而且底盘实,可以安装粗管;微型车底盘低,轮距短,只适合安装细管。安装时要注意的是,侧杠不要低于车架,否则会影响车辆的通过性。

3. 后杠

后杠安装在车尾部,它一方面起到防护作用,另一方面可以通过杠体中央的拖车方口安装一个拖车钩,为同行者提供救援保障,如图 7-4 所示。很多车主喜欢在后杠加装反光片,以在夜间行驶时提示后方车辆。

图 7-3　侧杠

图 7-4　后杠

后杠可分为单管式和双管式。后杠的材料与前杠相同,具有极强的硬度和极好的韧性。

4. 尾梯

尾梯同样可以缓解来自后方的冲击,款式大多以实用为主。尾梯的材料可以分为不锈钢和铝合金两种,前者防腐性能强,光泽度高,承重能力高,所以在实际应用当中最为普及,如图 7-5 所示。

二、汽车防护杠的选用

选用防护杠时应考虑以下因素。

图 7-5 尾梯

(1) 款式。防护杠有美式、韩式、澳式等多种款式,选择时,主要根据车主爱好,同时还要考虑与车身外观是否协调。

(2) 材料。防护杠的主体材料一般为不锈钢,为了实用和美观,另外用塑料件或铝管装饰。劣质防护杠大多是铸铁质地,外面镀一层仿不锈钢的材料,时间长了容易从里面锈蚀,塑料件也容易变颜色、掉漆。还有一些钢管制作的劣质防护杠,在里弯处会起裙皱。此类劣质防护杠不要选用。

(3) 品牌。国产防护杠的品牌比较杂,大多数出自广东不锈钢生产基地。某些厂家由于同时也为丰田、三菱、JEEP 等一些品牌的越野车提供防护杠等不锈钢配套产品,因此产品质量较好,但在选购的时候也需多加注意。进口防护杠采用高水平烤漆工艺,产品表面平滑光亮,立体感强,耐化学品腐蚀性强,后续维修成本低。

(4) 外观。正规厂家加工出来的防护杠,不管弯度多大,钢管都很平整。有些防护杠经过静电喷涂工艺处理,其特点是工艺简单,附着力好;缺点是表面质量粗糙,有橘皮、针孔缺陷。静电喷涂工艺加工成本低,但后续维修成本高且不方便。

三、越野车防护杠的安装

越野车防护杠安装步骤如图 7-6 所示。

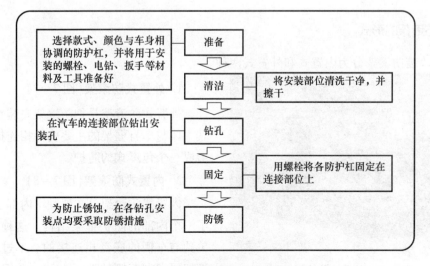

图 7-6 越野车防护杠安装步骤

第二节 越野车防滚架改装

一、防滚架的组成与技术要求

车辆在野外行驶的时候,由于地形复杂多变,翻车的事故时有发生。当发生翻车事故时,防滚架的作用就体现出来了。它可以抵御翻车时地面对车厢外层结构的冲击,最大限度地保持车厢外壳的形状;在外壳受压变形的时候撑起车厢内部的空间,使驾乘人员避免由于车厢外壳受压变形所带来的冲击,确保驾乘人员在翻车事故发生时的安全。

防滚架由主防滚栏、前防滚栏、横侧面防滚栏、后支撑杠、斜支撑杠、固定钢板、底座及加固板组成。防滚架各组成部分的结构与技术要求见表7-1。

表7-1 防滚架各组成部分的结构与技术要求

序号	组成	结构与技术要求
1	主防滚栏	必须是整体结构(无连接点),位于驾驶室内前座背后,护栏两端与车厢底板连接并向上延伸横穿车顶
2	前防滚栏	形状与主防滚护栏相同,位于驾驶员的前方,两端与车厢底板连接,上方至风窗玻璃顶端
3	横侧面防滚栏	其前端固定点与前防滚栏相同,向上至风窗玻璃顶端,再向后延伸至主防滚栏的拐角处并与其连接。横侧面防滚栏共有两根,需用一根位于前风窗玻璃顶端的直杠将它们连接
4	后支撑杠	必须有两根直的后支撑杠。一端固定在主防滚栏的拐角处;另一端向后下方倾斜,固定在一个最佳受力点的位置。后支撑杠与主防滚栏的垂直面夹角应大于30°,并尽可能地靠近车厢内壁
5	斜支撑杠	斜支撑杠对防滚架有加强的作用。其一端固定在主防滚栏的拐角与一根后支撑杠的连接点上,另一端与第二根后支撑杠的下方安装点连接,或与主防滚栏在车内另一侧的安装点连接
6	固定钢板	分为护栏(或支撑杠)底座和加固板
7	底座	一块面积不小于120 cm^2、厚度不小于3 mm 的钢板,焊接在防滚栏(或支撑杠)与车体连接端的端面上
8	加固板	一块面积不小于120 cm^2、厚度不小于3 mm 的钢板,安装在防滚栏(或支撑杠)与车体的固定点上

二、防滚架的形式

目前改装防滚架分为内置式和外置式两种。

图7-7 外置式防滚架

1. 外置式防滚架(图7-7)

外置式防滚架是把防滚架安装在车身外,其主体与车身框架的主要构件相连接,对车辆形成一个包裹式的防护。

2. 内置式防滚架(图7-8)

内置式防滚架是在驾驶室内部安装,形成了一个内部的防护框架结构。这种防滚架是单独与车辆的底盘相连接的。不过内置式防滚架要求在车辆的地板上钻一个钢管粗细的

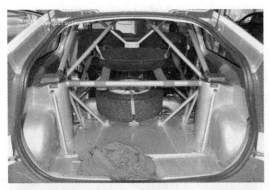

洞,以便钢管可以从车厢内钻出去与底盘相焊接。这种防滚架的保护性能非常好。

三、防滚架的安装

防滚架安装在车内,并应尽可能靠近车体,但不可因此拆除车内的装饰部件。前防滚栏或横侧面防滚栏在靠近风窗玻璃框的部分如不能保持笔直,则必须顺应风窗玻璃框的弧度。横侧面防滚栏与主防滚栏只可在主防滚栏的拐角处连接。

安装防滚架时可以焊接固定,也可以采用螺栓固定,当然也可以混合使用这两种方法。防滚栏、支撑杠及允许选用的加强支撑杠与车体连接固定时,其固定点必须装有一块加固

图 7-8 内置式防滚架

板。这块加固板如用螺栓固定,则必须放在车体外,用至少 3 条直径为 8 mm 且质量较好的螺栓固定。

后支撑杠与选用的加强支撑杠的底座和加固板的面积至少是标准加固板面积的 2/3。如受固定点位置的限制,其面积至少也要有 60 cm^2。斜支撑杠与后支撑杠和主防滚栏如不是一个固定点,其距离也必须保持在 10 cm 以内。

第三节 越野车轮胎改装

一、越野车轮胎的种类

对于越野车而言,其动力再大,制动性能再好,越野能力再强,都要通过轮胎来表现,因此越野车轮胎是车辆越野性能最直接的展示者。

1. 越野轮胎的种类

越野轮胎分为六种:公路胎、全地形胎、泥地胎、雨林胎、雪地胎和沙漠胎。

(1) 公路胎。

公路胎如图 7-9 所示,俗称 HT 轮胎,轮胎的特点是胎壁柔软,胎面花纹细密,讲究的是在公路上行驶的舒适与安静,突出的是公路转向操控性和一定的湿地性能。同样尺寸的轮胎,HT 轮胎在沙地表现尚可,不易刨坑陷车,但是在非铺装路面则很脆弱,容易损坏。HT 轮胎是大多数越野车出厂的标配。

(2) 全地形胎。

全地形胎如图 7-10 所示,俗称 AT 轮胎,是越野爱好者使用最多的一种轮胎。AT 轮胎的设计形式比 HT 轮胎更加千变万化。相对于 HT 轮胎,AT 轮胎的胎纹略微粗犷,胎牙的间距比 HT 轮胎

图 7-9 公路胎

略大,这种设计的负面效果是公路性能下降,噪声增大,但是耐用性和在非铺装路面的附着力超过一般的 HT 轮胎,算是性能最全面的轮胎。在汽车越野爱好者眼中,这种轮胎的气质较好、有品位。

（3）泥地胎。

泥地胎如图 7-11 所示,俗称 MT 轮胎,只有越野发烧友和特殊路段工作者才会选用。与 AT 轮胎相比,MT 轮胎的胎壁更加坚强,胎牙更加夸张,胎牙之间的距离明显偏大,便于泥地行驶的时候慢速排泥或高速甩泥。另外,在一些恶劣的地面上(如凹凸不平的岩石)更容易增加附着力。在公路上行驶,MT 轮胎的噪声很大,时速 10 km 以下的时候甚至还能感觉到震动,刹车和转向性能都与 AT 轮胎相差甚远,下雨的铺装路面更容易失控。但是一到非铺装地面上,MT 轮胎就能给越野车带来超凡的抓地力,特别是在恶劣地形上不易损坏,给人很强的信心。

图 7-10　全地形胎

图 7-11　泥地胎

目前市面上可以选择的 MT 轮胎并不多,还经常断货或者型号不全。

（4）雨林胎。

雨林胎如图 7-12 所示,俗称蜈蚣胎,选用者大多用于各类有大量泥地的赛事。雨林胎最初为马来西亚雨林地带的农民所使用,后来改良为越野车用。雨林胎的胎牙很夸张,在泥地里它是当仁不让的高手,性能比普通的 MT 轮胎强不少。使用雨林胎的人较少,市场上少有现货。

（5）雪地胎。

雪地胎如图 7-13 所示。雪地胎的花纹很细小,有的还有防滑钉,标识一般为单独的"SNOW"字样;也有的标识为"M+S"字样,表示泥、雪地混合胎,"M"指泥地,"S"指雪地。此类轮胎一般都直接将"M+S"刻在轮胎的侧壁上,使人一目了然。雪地胎的胎面设计为带有许多细小沟槽的块状花纹,而且为了能够在冬季显示其优良的制动及操纵性能,花纹沟通常都是又深又宽。胎面橡胶是能够耐低温的特殊配方,在低

图 7-12　雨林胎

温条件下也能保持其柔软性和良好的摩擦力。

（6）沙漠胎。

沙漠胎如图7-14所示，油田里的沙漠车装的沙漠胎比一个成年人还高。沙漠胎的花纹与泥地胎主要的区别是轮胎的宽度特别大，且沙漠胎的价格也很高。塔里木油田的沙漠车，仅一个轮胎的价格就高达8万元人民币。

图7-13 雪地胎

图7-14 沙漠胎

如果车主的越野车主要作为市内代步工具或是城市间的快速移动手段，只是偶尔到乡村去，那么HT轮胎当然就是车主的必然选择。

如果车主时常开着车出去越野，跟随车队或独自上山下乡找些野趣，但又不回避市内常用的现实，则AT轮胎就非常适合。

如果车主是个超级越野迷，每次出动专找水洼泥坑考验一下自己的越野车性能，非要"洗"个泥浆浴不可的话，那么最好为它装配上MT轮胎。MT轮胎粗大的胎块就像螺旋桨打水般把泥巴甩开，带着车子轻松前进。而把它放到城市的水泥路上反倒是一场噩梦，它会在路面上留下一条条黑黑的、清晰的"足印"，将花纹很快地磨损掉。

2. 几种越野轮胎在各种路面上的区别

HT、AT、MT三种轮胎在不同的道路环境下的表现是不同的，现在进行以下比较，以供参考。

（1）沙土路绕桩的操控表现。

HT轮胎：操控极限最高，接近极限时(65~70 km/h)响声较小，动态反应较好，信心最足。

AT轮胎：接近极限时(约65 km/h)声音最尖，但极限比MT轮胎要高，甚至接近HT轮胎的水平，而动态反应差于HT轮胎。

MT轮胎：良好的渐进性，响声与抓地力成反比协调，但噪声不算大且声音低沉，极限最低，但也接近65 km/h，动态迟滞明显。

（2）泥泞路排泥性表现。

碾过泥路后是否能尽快把泥甩掉，是显示一套轮胎越野能力的重要表现。如果泥甩不掉，填满胎纹，轮胎难以保持应有的抓地力，则会失去继续前行的能力。

在测试中发现，在较干的泥地里，三款轮胎的排泥性相差无几，MT轮胎因为沟槽较大反而不易甩掉半干泥；而在湿泥里，HT轮胎的排泥性就明显很差了，沟槽里均匀分布着泥巴，边缘的排泥性更差。AT 轮胎的排泥性明显好很多,MT 轮胎更是几乎没有湿泥黏附。泥地是 MT 轮胎的主战场,果然是名副其实。

(3) 沼泽地通过性表现。

驾驶分别装用三款轮胎的四驱车通过一段长的沼泽泥泞路测试。发现 HT 轮胎的排泥性最差,严重制约了它的通过能力,车行一半就已被困住无法继续前行,而 AT 轮胎和 MT 轮胎都能在此测试中轻松地通过泥沼路;AT 轮胎在通过过程中还存在一些"滑脚"、不稳的现象,而 MT 轮胎则没有,这说明 MT 轮胎具有更强的附着力和通过性。在驶过泥沼路后,HT 轮胎完全被泥糊住,看不到胎块,而 AT 轮胎、MT 轮胎则渐次变好,这也充分说明三款轮胎的排泥性差异。

(4) 土路坡道攀爬力表现。

在 40°土坡的攀爬测试中,HT 轮胎明显力不从心,发动机转速一直攀升,车轮也跟着转快,但就是不见车子上行,最终车子只能停在半坡滑回坡底;AT 轮胎表现得轻松自如,只要慢速加油,轮胎带着轻微的打滑,车身就跟着积极地上爬到坡顶;MT 轮胎的表现更加出众,轮胎仅仅是偶尔打滑,就能顺利地上到坡顶,那种轻松前两者都无法相比,这体现了它在硬泥坡上超强的抓地力。

(5) 水泥坡道攀爬力表现。

泥路驾驶后进行了 40°水泥坡攀爬力测试。HT 轮胎:上坡初段 HT 轮胎因胎面糊满了泥巴几乎没有抓地力,出现了严重空转退回坡底的局面。但第二次尝试时,轮胎已甩掉部分泥巴,稳稳抓住路面爬上坡顶。AT 轮胎:AT 胎因为排泥性好,胎侧泥已甩得比较干净,很快就抓住地面,只是随后的力量就不如 HT 轮胎,捎带着一些打滑完成攀坡。MT 轮胎:MT 轮胎测试显示无论爬泥坡还是水泥坡都有很好的表现,它能很好地兼容两种路面的慢速攀爬力,确实让人信服。

(6) 宁静性表现。

宁静性是轮胎性能关键的一环,大多数人都不能接受自己的车变成跟拖拉机的噪声一样大,所以轮胎行驶时的胎噪是购胎时也应考虑的问题。测试表明 HT 轮胎、AT 轮胎、MT 轮胎的胎噪依次递增,特别是 MT 轮胎比 HT 轮胎高了 6 dB,这个数值不仅人耳能明显分辨,而且 MT 轮胎的噪声集中在中频,比 AT 轮胎的中高频更容易让人察觉。事实上,AT 轮胎与 HT 轮胎之间 1.5 dB 的差异几乎可以忽略不计,因为人耳是难以判断 3 dB 以内的音量变化的。如此说明 HT 轮胎在柏油路上最宁静;AT 轮胎次之,但非常接近;而 MT 轮胎则并不适合长途柏油路行驶。

(7) 制动性能表现。

刹车性能永远是最重要的轮胎选购标准,因为它直接关系到驾驶员的生命安全。测试表明,三款轮胎都有相当好的制动性能。特别是 HT 轮胎不愧为专供柏油路使用的轮胎,即使以最快的速度进行制动测试,依然能以最短的时间、距离和最大的制动加速度完全刹停(无 ABS 情况下)。而令人意外的是,AT 轮胎与 MT 轮胎的区别几乎为零。但 MT 轮胎由于胎齿较高导致其"柔弱",无 ABS 情况下,每次刹车后车身都不能保持直线停下,制动过程中车身动态不稳定,忽左忽右;若有 ABS,此情况将得到明显改善。这一结果表明柏油路的制动效能依次为 HT 轮胎、AT 轮胎、MT 轮胎。MT 轮胎紧急制动车身不稳,不适合长途柏油路行驶。

二、越野车轮胎的选用

选择哪一类型的越野车轮,既是一门学问,又能体现车主的品位和用车态度。选购越野轮胎时应注意以下问题。

1. 价格

越野轮胎比普通轮胎价格偏高。一般 MT 轮胎用的人较少,生产量也低,所以普遍价格较高;而 AT 轮胎因为产销量大,用的人多,所以价格最低。原装胎一般是普通 HT 轮胎,高速行驶性能仅属一般。而一些非原厂配的 HT 轮胎因更注重高速公路行驶,属于高端豪华轮胎,价格也相应的较高。一般原车悬架不经过升高不建议换大尺寸轮胎。如果车主的车底盘已经升高了,则需要换大轮胎配合。轮胎的尺寸越大就越贵,如同一品牌的 AT 轮胎,加大后要贵 50~100 元。

2. 尺寸搭配

如果已确定要改换轮胎尺寸,那么就应注意尺寸大小的问题。越野车的轮圈尺寸一般不建议改变,因为越野轮圈常用的只有 15 in、16 in 两种,改大改小意义不大,仅是增加轮胎的宽度和扁平率就够了。如 215/70R15 改成 235/70R15(仅改宽度),265/70R16 改成 265/75R16(仅改扁平率),265/70R16 改成 285/75R16(这种改动幅度较大,建议将车身升高后再进行)。现在越野车,特别是豪华越野车,像轿车那样换大轮圈薄轮胎已逐步成为潮流,尺寸 18~20 in 都是有的。不过 17 in 以下的轮胎在国内不易购买而且价格昂贵,若真要换那么大的轮圈,则要准备多一倍以上的钱,有的甚至无法在内地进行轮胎、轮圈的装嵌。

3. 其他问题

(1)慎买旧胎。二手轮胎虽然价格比新胎便宜 1/2~2/3,但它们大多使用时间超过两年,这种轮胎的胎壁、胎块发硬,不舒服也不好控制,而且胎面花纹很快就会被磨平。

还有一个是时间期限的问题,新轮胎的保用年限最好在两年以内,超过这个年限即使是从未用过的轮胎也不建议购买使用。

(2)轮毂。好轮胎须配好轮毂。从耐用和遵守相关法规的角度出发,大多数的越野车在出厂的时候都是配置偏位为正值的轮毂,如果想让自己的爱车轮胎外张(加宽轮距),换用负值轮毂是最好的选择。

目前市面上常见的负值轮毂有铝合金和锻铁两种,表面的处理更是多种多样。铝件售价稍高,没有铁毂易变形的缺点,越野之外也适合高速行驶;铁件价格便宜,国内常见负值一般为 -25,还可以定做特殊孔距,表面处理以黑色、白色、电镀居多。

第四节　越野车车灯的改装

一、越野车车灯的种类

越野车车顶灯有射灯、搜索灯、竞技灯等种类。

1. 射灯

射灯如图 7-15 所示,它能够把带有聚光效果的光线聚合在一个较小的范围内,而它的

图 7-15　射灯

光线射程是最远的,即使高速行驶时,也容易被其他道路使用者察觉。在丛林行驶时,越野车更可以利用射灯照射远处的物体,也可以在黑夜环境中用以探路、搜寻及营救。

2. 搜索灯

搜索灯如图7-16所示,它能提供强光全方位搜索、定点照射,且可以遥控;附带指南针功能;360°全方位任意旋转,上下90°任意控制;磁吸式安装,无须专业人员操作。

3. 竞技灯

竞技灯如图7-17所示,其亮度大、穿透力强、射程远,还可以作为装饰来扮靓汽车,同时能够扩宽视野,提高能见度,无论天气如何变化,车主都能轻松应对。

图7-16 搜索灯

二、越野车车顶灯的安装

越野车车顶灯的加装方式主要有三种:一是通过灯架进行加装,二是通过吸盘进行加装,三是安装在车顶行李架上。安装时应注意以下事项:

(1)车顶灯的上沿不能超过风窗玻璃的延长线,以免造成发动机罩的反光,甚至引起风窗玻璃反光,威胁到驾驶安全。

(2)避免与原车灯并用电路,必须另外铺设灯线,且要用套管包裹,并固定牢靠。

图7-17 竞技灯

(3)灯具需要有单独的保险装置,如果有条件,最好从原车的熔断器上通过,或单独设立熔断装置,放在可靠且明显的位置,且车主必须知晓。

(4)必须在开关前安装继电器以实现弱电控制强电,保证安全。

(5)避免与原车并用开关,有条件的应将电路与原车小灯控制器连接,从而实现车辆处于关闭状态时辅助灯光全部断电,以消除因忘记关灯导致蓄电池过分放电的隐患。

(6)灯具与灯线之间最好采用插头连接,这样可以方便灯具维修。

第五节 越野车绞盘的加装

一、绞盘的种类

绞盘(图7-18)是越野车自我保护以及牵引的装置,可在雪地、沼泽、沙地、海滩、泥泞山路等恶劣环境中进行车辆自救,并可能在其他条件下进行清障、拖拉物品、安装设施等作业。

图7-18 绞盘

常见的绞盘按绞盘动力不同分为机械绞盘、电动绞盘、液压绞盘和车轮绞盘四种。

1. 机械绞盘

机械绞盘以分动箱输出动力为动力源。其优点是：能持续提供较大的拉力，单次使用时间长（不存在发热问题），可以提供多方向拉力（前后甚至左右），是高性能越野车的最佳选择。其缺点是：必须使用发动机动力，在发动机无法使用以及分动箱失去绞盘方向驱动力时无法使用。

2. 电动绞盘

电动绞盘依靠车辆自身的电力系统驱动。其优点是：可以在车辆熄火情况下基本正常使用，尤其在水多地区有较大优势。安装简单，可以实现多位置安装和迅速移位，是越野车最常用的一种绞盘。其缺点是：不能维持长时间使用（电力系统的局限性以及发热的原因），大部分电动绞盘提供的驱动力不大，只能向一个方向施加拉力（安装在前部只能向前拉，安装在后部只能向后拉）。

3. 液压绞盘

液压绞盘以车辆的动力/助力转向系统为动力源，使用助力转向泵提供原动力。其优点是：安装方便，由于其外部固定部分基本实现了通用化，甚至在野外也可以实现互换，驱动力介于机械绞盘和电动绞盘之间，发生高温的概率极少。其缺点是：和机械绞盘一样，必须使用发动机驱动力，即必须保证发动机运转。

4. 车轮绞盘

车轮绞盘由车轮轴提供驱动力，原理是使用大部分越野车车轮的 6 颗螺钉中的 4 颗来固定绞盘。这是一种比较新的绞盘系统，安装和拆卸极其简便，质量极小（比其他绞盘轻），价格便宜，可以提供前后双向拉力。但由于其力量点是轮轴，位置太低，造成部分条件下无法使用，而且必须使用发动机动力。

二、绞盘的结构与工作原理

1. 绞盘的结构

不同种类的绞盘，其结构也不完全相同。现以越野车上最常用的电动绞盘为例，它主要由电动机、钢缆、绞盘鼓轮、导缆器、传动机构、制动系统、离合器、控制匣和控制器组成。电动机由车辆的蓄电池带动，它将动力传递给机械传动装置再带动绞盘鼓轮转动缠绕缆线。钢缆最初的设计承载能力决定它的直径大小和长度，钢缆缠绕在绞盘鼓轮上并穿过导缆器，其末端打成环状以连接锚钩。绞盘鼓轮是一个缠绕钢缆的圆柱形装置，它由电动机驱动，绞盘圆筒可以在遥控器的控制下改变转动方向。当使用绞盘有一定角度时，导缆器将引导钢缆绕上绞盘鼓轮，它将减少钢缆回收时可能对绞盘支架或保险杠产生的危险，往往固定安装在绞盘支架或保险杠外。传动机构由三组行星齿轮构成，它将电动机产生的能量转化为强大的牵引力（传动系统的设计使得绞盘变得轻便、紧凑）。制动系统的作用是当电动机停止工作且钢缆有负重时自动锁紧鼓轮，防止钢缆松脱滑落，并将汽车拽在原地。离合器可以用手操作，改变鼓轮与传动系统的脱离和锁止状态，从而改变鼓轮空转或与传动系统锁死的状态。控制匣将汽车蓄电池的电力通过电磁线圈转化为动能，使操作者能够改变绞盘鼓轮的旋转方向。有的绞盘把控制匣固化于绞盘结构内,有的则可独立一体,按需要安装在适当位置。电动绞盘在高负荷下运转,因此控制匣使用了高负荷控制系统以应付强大的电流。控制器插在绞盘控制匣上,自由控制绞盘鼓轮的旋转方向。它可以使操作者在操作绞盘时远离钢缆,避免产生危险。

2. 绞盘的工作原理

电动绞盘是从汽车蓄电池获得电力来驱动电机的,然后电动机带动鼓轮转动,鼓轮又带动主动轴,主动轴再带动行星齿轮,进而产生强大的扭力。随后,扭力被传回到鼓轮,鼓轮便带动绞盘。电动机和减速器之间有一个离合器,能通过一个把手来开关。制动单元在鼓轮内,当绞索绷紧时,鼓轮就会自动锁住。

电动绞盘电动机的功率很小,只有 3~4 kW。这么小功率的电动绞盘如何拖动一辆沉重的陷入泥坑的汽车呢?其主要是绞盘上的减速器在起作用,即便电动机只能发出较小的力,但通过减速器却能将其转变为强大的力。大部分绞盘都是使用行星齿轮做减速器的,它的优点是体积较小而产生的减速比相对较大,而且齿轮的接触点较多,使用寿命较长。绞盘通常都安装在较狭小的空间内,因此越小、越轻就越好。行星齿轮既能达到这一要求,同时又能产生较大的减速比。

绞盘的拖拉力量与绞盘拉出的长度有直接关系。在绞盘刚拉时的力量最大,其后绞盘每转一圈,拉力便减小一些。绞索拉得越长,拉力越弱。

在实际运用中,有些辅助物品是安全顺利使用绞盘时必不可少的,如手套能安全保护手部。此外,如果要把绞盘固定在一棵树上,还需要一条带子、一个 U 形吊耳以及一个紧线滑轮。带子是用来固定支点的,其理想长度为 1.5~2.0 m;U 形吊耳能将钩子与带子及绞盘连接起来,所以最好多准备几种尺寸的吊耳;用双线或三线,改变拖拉方向时,则需要一个紧线滑轮。绞盘操作可分为三个步骤,即安装、固定支点和拖拉。

三、绞盘的选购

选购越野车绞盘时应考虑以下因素。

(1) 拉力。绞盘型号中的阿拉伯数字表示最大拉力,如 RUNVA 的 GEW 9000 指的是其最大拉力为 9 000 磅。选购绞盘的原则一般是以车辆自重的 1.5 倍拉力为宜。如切诺基的自重是 1 600 kg,那么绞盘的拉力应不低于 (2 000/0.45) × 1.5(1b) = 5 333(磅),建议使用 8 000 磅及以上的绞盘。因为绞盘型号上标称的是最大拉力,但实际使用中这是个极限。如果车辆长时间在发动机的极限下使用,必然会影响寿命。在极限状态下,绞盘还会发生钢缆拉断、电动机烧毁的事故,严重的会造成旁观者受害,车辆也可能因此失控。绞盘可能在工作中承受的拉力是随机且不可预测的,因此尽可能安装大拉力的绞盘是越野爱好者无止境的追求。

(2) 电动机。同样是电动绞盘,其动力部分(即电动机)也有两种,即永磁电动机和串励电动机。前者有动作快、功率大、适合长时间卷拉和造价高等特点;而后者则是电流小、古典、结构简单和造价低的传统形式。早期的 RAMSEY 绞盘曾使用永磁电动机。现在车辆的蓄电池能力都大,所以目前主流的越野车绞盘的大功率电动机多使用串励电动机。判断一个绞盘用的是永磁电动机还是串励电动机,只要看一眼控制盒输出到电动机部分的线路条数就可以明白,两条线是永磁电动机,而三条线是串励电动机。

(3) 品牌。国际上比较有名的绞盘品牌有 RAMSEY、WARN、SPERWINCH。美国的 RAMSEY 早在第二次世界大战时就开始制造绞盘了,但越野车绞盘只是它专业绞盘设备的一小部分。WARN 也是美国品牌,创建于 1948 年,当时它的半轴离合器使第二次世界大战剩余下来的吉普车能够轻松地在路上行驶,后来 WARN 才把绞盘加入其专业附件中,其产品主要作为 ARB 品牌越野车附件销售。SUPERWINCH 的历史只有 30 年,是一家小而全的绞盘厂。

在国内,金润品牌占据了绝大部分绞盘市场,更作为马来西国际赛事的赞助商而成为占据国际市场的品牌。实际上,RUNVA 绞盘及其公司的 JULONG 五金和 TIGER 绞盘一样,占据了日本、德国、美国、加拿大、东南亚等国际热点市场。公司通过 ISO 9002 质量保证体系认证,多款绞盘具有专利权属,产品均通过 CE 认证。其他如 T – MAX、东风、联达、天顺等厂家跟进,分享东南亚、俄罗斯及中东市场,并针对我国市场少量供货。

(4) 价格。在国内,进口绞盘的零售价基本上是 1 元/1b,也就是说要给大切诺基配一部绞盘,就得花 9 500 元,大约占车价的 1/40,基本上还可以接受。然而那些铁杆车迷要给 BJ2020 配绞盘可就显得比例失调了:一部二手 BJ2020 价格不到万元,这意味着进口绞盘的价格几乎相当于车钱。

国内品牌绞盘在价格上具有明显的优势。例如 RUNVA 牌绞盘在保证性能同比的情况下,价格只有进口绞盘的 1/3,最新改进型串励电动机 GEW 或 NEW 系列绞盘价格也只有进口绞盘的 1/2。更多绞盘的实际优惠销售价已经上网,明码实价低价销售。

另外,一个不可不考虑的因素就是绞盘的维护和维修。使用国产绞盘时,这部分成本可以有效地控制到最低,进口绞盘由于配件获得渠道极少、造价很高、周期长,故其毫无优势可言。

四、绞盘的安装

同级别的绞盘,其安装尺寸是一样的,托盘等附件可以通用。绞盘的安装形式一般有外置式、隐藏式和快装式三种。

1. 外置式绞盘

外置式绞盘(图 7 – 19)是将绞盘直接安装在保险杠外部,像牧马人和 BJ2020 这样的纯种越野车,由于前保险杠突出车身,所以有较自由的安装空间,只要把托盘固定在保险杠上,就可以在托盘上直接固定绞盘了。该安装方式让绞盘暴露,使汽车看起来充满阳刚之气。

2. 隐藏式绞盘

隐藏式绞盘(图 7 – 20)是将绞盘安装在保险杠内侧,像大切诺基这样的豪华 SUV,需要协调外形,越野车的附件厂即为它设计了专用保险杠,绞盘可以安装在里面,由于专用保险杠的外形也很漂亮,所以这种隐藏式的安装更增加了 SUV 的雄浑气势。

图 7 – 19 外置式绞盘

3. 快装式绞盘

快装式绞盘,(也称为便携式,图7-21)中配备了快装机构,可以实现绞盘在不同车辆上的快速安装与互换,使车队可以尽量少带绞盘,这就是快装式绞盘的应用。这个通用接口的另外一个用途是插接拖车。

图7-20 隐藏式绞盘

图7-21 快装式绞盘

五、绞盘的使用

绞盘的操作步骤与方法如图7-22所示。

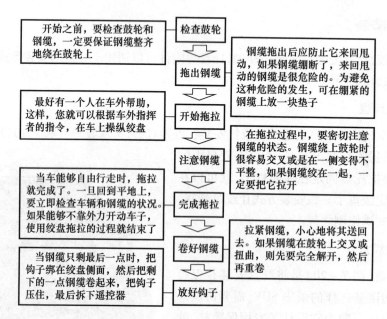

图7-22 绞盘的操作步骤与方法

绞盘在使用时,应注意下列事项。

(1)最好保证牵引车辆和被牵引车辆处于一条直线上,带角度牵引一是会抵消牵引力量,二是会使绞盘的钢缆缠绕在一端。如果无法调整角度,则可以使用定向滑轮。

(2)在使用绞盘牵引重物或车辆时,要时刻关注电瓶的电压,如果电瓶电压过低,则应立刻停止操作,并通过提高发动机转速强制发电机充电来提高电瓶电压。因为绞盘发电机的功率是定额的,故电压越低,击穿电瓶和控制继电器的电流越大,低电压强行使用容易更快地减少电瓶和控制盒内继电器的寿命。电压低的情况下,收绳速度也会变慢。

(3)在拖曳难以拖动的重物或车辆时,可以使用滑轮组形成回路来增加牵引力。

(4)在拖曳过程中应采用合理的方法固定牵引点,如轮胎打眼,固定车身,熟练使用抱树带和地矛等工具,确保离合器开关的可靠性,避免在救援时出现危险。

(5)操作绞盘钢缆时需要戴手套,并在钢缆上放置胶垫等物品,以防止绞盘钢缆断裂后破坏性地反弹。

(6)如果时间紧迫无法保证收绳的工整,也需要在条件许可的情况下重新放开绳栏,将绳栏工整地重新缠绕在卷轴上(避免绳栏长时间杂乱地缠绕)。

(7)在牵引物体时,如果需要放松钢缆,应谨慎使用松绳按钮,否则,容易造成钢缆在卷轴上打结、缠绕。可以配合离合器将钢缆尽量绷直后再使用。

(8)车队出行、越野、探险最好配备2台绞盘以对应脱困或危险情况。

(9)绞盘要与车体最牢固可靠的地方进行硬性连接,避免拖曳时造成与车体分离或其他危险。

(10)还要一个备用电瓶。绞盘是电老虎,可以很快把电瓶的电耗光,双电瓶是必要的,而且第二个电瓶可以准备得大一些。

(1)护杠从结构上可以分为前杠、侧杠和后杠(或称侧踏板)三类。

(2)防滚架由主防滚栏、前防滚栏、横侧面防滚栏、后支撑杠、斜支撑杠、固定钢板、底座及加固板组成。

(3)改装防滚架分为内置式和外置式两种。

(4)用于越野车改装的轮胎主要有公路胎、全地形胎、泥地胎和雨林胎、雪地胎和沙漠胎。

(5)绞盘是越野车自我保护以及牵引的装置,可在雪地、沼泽、沙地、海滩、泥泞山路等恶劣环境中进行车辆自救,并可在其他条件下进行清障、拖拉物品、安装设施等作业。

1. 越野车防护杠有哪几类?
2. 安装侧杠有哪些注意事项?
3. 如何选用汽车防护杠?
4. 越野车防滚架的作用有哪些?
5. 简述越野车防滚架的安装方法。
6. 越野车防滚架由哪几部分组成?
7. 越野车轮胎的种类有哪些?
8. AT轮胎的特点是什么?

9. MT 轮胎的特点是什么？
10. 越野车搜索灯有什么功能？
11. 如何安装越野车绞盘？
12. 越野车绞盘的工作原理是什么？
13. 如何选购越野车绞盘？
14. 如何使用越野车绞盘？

第八章

汽车装饰性改装

1. 车身大包围的加装方法。
2. 汽车尾翼的加装方法。
3. 汽车导流板和扰流板的加装方法。
4. 汽车天窗的改装方法。
5. 车身美观性和保护性贴饰的粘贴方法。
6. 汽车木质内饰的改装目的与原则。
7. 汽车后视镜的选择。

第一节 汽车外饰改装

一、加装车身大包围

大包围即汽车车身外部扰流器,源自赛车运动,主要作用是减少汽车行驶时所产生的逆向气流,同时增加汽车的下压力,使汽车高速行驶时更加平稳。而引用到家用车上的大包围不再那么看重功能性,更强调的是外形的美观协调和个性化。在越来越追求个性的今天,外观上变化繁多、安装方便又最容易被看见的汽车改装件——大包围渐渐成为车主首选的产品。

大包围具体加装的部件主要有前头唇、裙脚、后尾唇、高位扰流板和前脸等,如图8-1所示。前头唇和后尾唇应分别加装在前、后保险杠上,能起到阻挡气流、稳定车身的作用;裙脚是在车身左右两侧底部加装的导流板,可降低风阻系数;高位扰流板,也称尾翼,在汽车高速行驶时能增大车轮的附着力。

1. 大包围的种类

大包围的安装款式主要有加装款和保险杠款两类。

(1) 加装款。

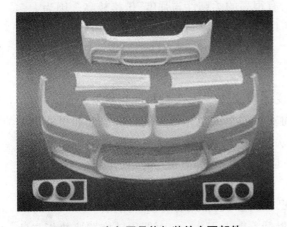

图8-1 大包围具体加装的主要部件

此类产品不需要改动原车,是在原来的保险杠上加装半截下唇,如图8-2所示。此款大包围安装技术要求不高,两名熟练工人半个小时即可装好一台车。由于采用的是胶加扣件的安装方式,若想再次拆下大包围也很容易。

(2)保险杠款。

此类产品是将原来的前后保险杠整个拆下,然后再装上另一款保险杠,如图8-3所示。此类大包围可以大幅度地改变外观,更具个性化。

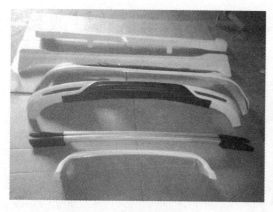

图8-2 加装款大包围　　图8-3 保险杠款大包围

2. 大包围常用材料

现在比较流行的大包围套件的主要材料有玻璃纤维材料、ABS塑料、合成树脂材料和聚酯塑料四种。

(1)玻璃纤维材料。此类产品最常见,款式多,选择多,价格较便宜,但质量大,韧性不好,若发生擦碰,容易断裂。

(2)ABS塑料。此类产品因为是以真空吸塑成型,厚度较薄,所以此类材料不能制作保险杠款的大包围,只能制作唇款的大包围。

(3)合成树脂材料。此类材料收缩性较小,韧性较好,耐热不变形,所以制作出的产品表面光滑,价格相对较高。

(4)聚酯塑料。此类产品是高压注塑成型,有很高的柔韧性与强度,价格较高。因为大多数汽车的原装保险杠也是采用聚酯塑料制造,所以相同的材料与车身的密合度也是最佳的,寿命也较长。

3. 大包围组件的选择

(1)发动机罩。质量轻、强度好,同时能承受高温,最好能将发动机的热量带走。

(2)头唇。头唇是最能突出外形个性的,而安装的车主也是最多的。基本上如果外形不是呈尖锐状都可安装,但不应选择一些过低的款式。否则,在日常行驶时也会为自己带来不便,如在通过突起减速路障时就有可能通不过。应保证有一定的接近角。而尾唇也不应太低,应保证有一定的离去角。

(3)前脸包围件。尽量避免尖锐形状和太凸出的款式,否则容易伤害路人。

(4)裙边。装上包围后的车高与地面距离最低不能少于9 cm,而催化转换器遮热板与地面距离不能低于5 cm。

(5) 大包围材料选择。目前在国内大包围套件的材料主要有两种:一是玻璃钢,二是碳纤维。玻璃钢价格低,便于成型和加工,又有质量轻、抗撞性好等优点,是汽车改装的首选材料。碳纤维的性能较玻璃钢更好一些,就是价格较高。

4. 大包围改装实例

(1) 准备好大包围件(头唇、后尾唇等),如图 8-4 所示。

(2) 拆下原车身需更换的包围件。

(3) 将所选的大包围件与车身试装,反复调整至合适,必要时可能需要更换所选件,如图 8-5 所示。

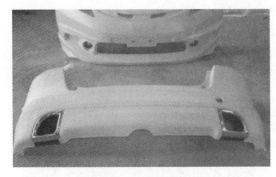

图 8-4　新大包围件　　　　　　图 8-5　试装

(4) 做好位置标记后,拆下新件。

(5) 将新件按涂装工艺要求喷涂油漆,如图 8-6 所示。

(6) 将干燥后的新件按做好的标记装在车身上,如图 8-7 所示。最好做一次整车抛光。

图 8-6　喷漆后的新件　　　　　　图 8-7　新件安装

二、加装尾翼

轿车在其尾部行李箱盖外端安装的装置叫尾翼。其作用主要是减少车辆尾部的升力,如果车尾的升力比车头的升力大,就容易导致车辆过度转向、后轮抓地力减小以及高速稳定性变差。多见于运动型轿车和跑车上,而一些普通轿车上加装尾翼多半是出于美观的目的。

尾翼虽然形式多样,但它们却有着相同的特点:表面狭窄、水平面离开车身安装(这与扰流板不同)。尾翼的主要作用是增加下压力,所以尾翼的外形必须像倒置的机翼才行,这样的设计会使流经尾翼下端的气流的速度较流经尾翼上端来得高,从而产生下压力。还有一种产生下压力的方法是将尾翼前端微微向下倾斜,虽然这种设计会比水平式的尾翼产生更大的空气拉力,但是在调节下压力大小的方面却较有弹性。

1. 汽车常用尾翼分类

尾翼是一种根据空气动力学原理研制的产品,它最先被用于赛车上,由于赛车行驶速度快,会产生一定的升力,使轮胎向上抬起造成车辆发飘,影响行驶安全,所以添加了尾翼把车身压向地面,增加轮胎与地面的接触力。随着轿车速度的提高,尾翼在轿车上的应用也越来越广。目前它的样式可从下列几方面分类。

(1) 按构造分类。

尾翼从构造上可分为无尾灯型、半尾灯型和全尾灯型三种。

1) 无尾灯型就是单一部件而没有尾灯,如图8-8所示。

2) 半尾灯型就是在尾翼后面内置一排小灯泡,由一根导线与制动电路相连接,当踩下制动踏板时,尾翼尾灯会与车身尾灯同步亮起,这和高位制动灯功能近似,如图8-9所示。

图8-8　无尾灯型尾翼　　　　图8-9　半尾灯型尾翼

3) 全尾灯型尾翼的内部伸出4条导线与制动、小灯和转向灯电路接通。虽说是整体的,但两侧是转向灯、中间是小灯,制动灯也有自己的位置,而且通过轿车上继电器控制,转向灯也会一闪一闪的,与车身上的转向灯一样。

(2) 按颜色分类。

根据尾翼的颜色,有灰、黑色不带油漆的,也有本身已喷上各种油漆的。前者可根据需要自己选喷喜欢的颜色,这种方式不太常见,仅用于配合特殊颜色的车漆;后者适用于不同色彩的轿车。因为现在都已采用电子技术控制调漆,所以可与车身浑然一体,看不出有什么差别,拿来就能直接安装。

(3) 按材质分类。

尾翼按其材质可分为塑料制和玻璃钢制两种。后者比前者要结实、美观,但价格也高。目前市场上多为我国台湾地区生产的产品,喷漆考究,做工精细;也有广东、浙江等地生产的尾翼产品,多是塑料制造,表面喷漆也较暗淡,无金属光泽。有时从油漆色泽和做工上就可鉴别出尾翼的好坏。

(4) 按与车身的连接方式分类。

尾翼按其与车身的连接方式可分为有夹子固定和螺钉固定两种。夹子固定的国内较少见,是用专用夹子把尾翼夹在行李箱盖上,优点是拆卸方便。螺钉固定的是在行李箱上打钻孔,然后用螺钉连接。这种方式存在漏雨的问题,而且装上了就不能轻易拆下,否则会留下难看的钻孔。

选择尾翼要因车而异。一般选用汽车生产厂商提供的与车型配套的选装件为宜。如两厢富康的立式半尾灯型和桑塔纳 2000 的全尾灯型尾翼,是由原厂提供的,效果最好。像桑塔纳、奥拓和夏利,没有原厂件,就只能用别的品牌的了。当然如果安装过关,挑选自己喜欢的尾翼类型装饰爱车也是个不错的选择。

2. 安装尾翼需要注意的问题

如果汽车出厂时没有安装尾翼,在加装时需注意如下事项。
（1）尾翼的颜色、形状等要与汽车相匹配。
（2）尾翼的高度要适当,大小要适中,不能伸出行李箱外,否则效果不佳。
（3）如果使用塑胶的尾翼,则应经常检查其变形情况。因为塑胶有热变形问题,故日久易改变形状。
（4）安装方法有粘贴式和螺钉固定式两种。前者不会破坏行李箱盖,从而不会漏水;后者固定比较牢靠,但因钻了孔,会破坏行李箱盖的外观,同时,安装不好也会产生漏水。

三、加装导流板和扰流板

为了减少轿车在高速行驶时所产生的升力,汽车设计师除了在轿车外形方面做了改进,将车身整体向前下方倾斜而在前轮上产生向下的压力,将车尾改为短平,减少从车顶向后部作用的负气压而防止后轮飘浮外,还在轿车前端的保险杠下方装上向下倾斜的连接板。连接板与车身前裙板连成一体,中间开有合适的进风口加大气流度,降低车底气压,这种连接板称为导流板,如图 8 - 10 所示。

在轿车行李箱盖上后端做成像鸭尾似的突出物,将从车顶冲下来的气流阻滞一下形成向下的作用力,这种突出物称为扰流板,如图 8 - 11 所示。

图 8 - 10　装有导流板的汽车

图 8 - 11　装有扰流板的汽车

扰流板和尾翼的区别是前者与车尾连为一体,或者干脆就是车身整体设计的一部分。车尾扰流板其实也可以用来制造下压力,但是常见的功能仍是减少浮升力和气流拉力。掀背车的尾部扰流板集结了大量的空气于扰流板的前方,目的是分隔车尾的气流,从而降低浮升力。后扰流板也可以令气流更顺畅地流经车尾,避免气流长时间地徘徊或紧贴在车尾上,如此一来便可以减少空气拉力,同时也可以降低导致浮升力的车底气压。

加装扰流板,对汽车的构造和扰流板本身的材质都有着非常高的要求。所以,追求个性的车主最好不要随意给车加装扰流板。不适当的加装,只能使汽车看起来特别扎眼而别无用处,此外还大大增加了汽车的风阻系数,提高了车辆的实际油耗,并且车速越高,油耗增加得越多。

在一些旅行轿车的平顶后部安装有小型扰流板,这些扰流板使平顶上的一部分气流被引导流过后车窗表面,这样既可使车辆后部的升力降低,也可利用气流将后车窗浮尘清除,避免灰尘附着影响车后视野。

按材质来说,目前市场上的扰流板主要有三种:第一种是原厂生产的玻璃钢材质的扰流板,相对比较贴合车身的线条;第二种是铝合金的扰流板,给人感觉比较夸张,但导流效果不错,而且价格适中,不过重量要比其他材质的扰流板稍重些;第三种是最好的扰流板材质——碳纤维的扰流板,是高刚性和高耐久性的完美结合,并广泛被 F1 赛车采用,F1 赛车上扰流板的空间位置有些是可以调校的,调校方式分为手动和自动两种,其中自动调校型多了液压立柱,可根据车速自动调整扰流板的角度。一般建议选择手动调校型的,液压自动调校型的不仅价格较贵,而且不如手动调校型操作方便。

四、天窗的改装

1. 改装天窗的优点

(1) 改善汽车车厢内通风换气的状况。天窗换气利用压力差原理,即汽车在行驶过程中气流在车窗顶部快速流动形成的压力要比车室内空气压力低,车内的空气在压力差的作用下自动排出车外,同时将新鲜空气从车的前部和其他部位吸入车内。可有效地使车内空气流通,保持车内空气的清新,避免车内产生异味,特别是车内有吸烟者时更为明显。

(2) 不影响车速在高速。公路上行驶时,打开天窗,享受自然,没有噪声干扰,车速不受影响。

(3) 减轻车内压抑感。天窗可使视野开阔,直接感受自然,沐浴阳光,驱除被封闭在车内的压抑感,也可降低车内温度。经测试,阳光暴晒下的车内温度可高达 60 ℃,这时打开天窗比开空调降低车内温度速度快 2~3 倍,并可节能耗 30% 左右。尽管同一款型的车有天窗与没有天窗的相差几千元,但越来越多的车主还是会选择给爱车安装天窗。

2. 改装天窗的风险

(1) 确认能否通过年审。

在给自己的爱车安装天窗后,为车内带来灿烂阳光和清新空气的同时,车主们也产生了很多的顾虑,后加天窗属于典型的改装,但究竟能否通过年审,可能很多车主都不确定。

北京市明文规定了 2007 年 5 月 1 日以后汽车私自"开天窗"通不过年检,主要是考虑到大部分给车辆改装天窗的厂家根本不具备改装车辆的资质,私自加装天窗会有很多安全隐患。因此,新法中只允许车主自行对机动车进行内部装饰,小型车加装前后防撞装置和为货运机动车加装防风罩、水箱、工具箱、备胎件及其他改装行为都是违法的。

全国其他地区的政策不太一样,如上海、成都、广州等地并未严格对加装天窗叫停,但车主事先要向当地交管部门提出改装申请。因此,在当前的政策下,加装天窗前,最好还是先"打探"清楚,看当地的有关政策和规定是否允许汽车加装天窗,是否有不能通过年检的风险,然后再做决定。

(2) 改装天窗与汽车安全性。

有观点认为,加装天窗会影响车顶的强度,车顶整体受力会变弱,对车辆的安全有潜在的影响。车辆在定型、出厂时都会经过试车和碰撞试验,且需经过国家质量技术监督部门检验合格,如果私改天窗,会改变车辆原车的整体结构和设计的安全技术参数。而出厂时带有天窗的机动车在设计时加装了横、纵梁龙骨,以保证车辆的安全技术性能,并且也是经过有关部门检验的产品。车身设计专家表示,车顶是一整体,横、纵顶梁与侧围成为一体,在车身受力时,力的传递通路已经设计好了,而天窗的切割面积相对较大,切割后势必会对车身的骨架造成破坏,对整体受力造成影响。在加装天窗时,车顶的刚度会大大降低,因力的传输通路改变,会发生很多不可预知的情况,毕竟整体被破坏,会影响到很多方面,而且很多是细微变化,不易察觉。另外,汽车的前后各有一个压溃区,车身整体是一刚性体,加了天窗后,如发生严重的碰撞事故,天窗是无法吸收碰撞能量的,主要是因为天窗固定在车顶,况且加强点又不多,发生碰撞后,天窗往往会脱落下来。

当然,上述说法也并不是绝对的,天窗的安全性能也与其本身的质量及安装质量有很大的关系。国外有些发达国家每审批认证一款天窗,都要经过多种不同的测试认证,并对经销商进行严格的培训,以确保产品安装后具备足够的安全性。而在我国,由于对加装天窗后的汽车还没有一个完善的安全检验标准(包括汽车内部安全、车顶碰撞试验、正面碰撞试验、侧面碰撞试验等),因此相关部门出于对汽车安全性的考虑,对汽车加装天窗予以叫停。

汽车天窗在我国还是个新生事物,国内还没有相关的管理标准。但随着汽车的普及率越来越高,个性化需求越来越多,市场需求量的逐步增大,相信我国在不久的将来会出台相关法规对这个市场进行规范化管理。

(3) 汽车加装天窗要防漏。

品质好的天窗与车顶间用特制的胶水和紧固件连接;外倾式天窗玻璃板和框架之间用密封圈防水;内藏式天窗四周设有排水管,会将进入天窗周围的水排走,不会让雨水渗入车内。合格的产品、专业化的安装、正确的使用、定期的保养维护,使得天窗一般都不会发生漏水的现象。

另外,有的汽车在设计之初,已将所有可能增加的配备做全盘的规划,其中包括属于天窗的排水系统。改装天窗时,只需以水管将其连接,即完成排水的动作,而无须做额外无中生有的变更。

不过安装天窗的施工水平对于将来是否漏水是很关键的,粗糙的施工工艺很可能造成日后漏水。

(4) 汽车加装天窗与防晒、防尘和防噪。

中、高档的汽车天窗一般都采用隔热玻璃,能够有效地阻挡紫外线和红外线进入。质量很好的天窗甚至能达到隔绝95%以上的红外线进入。另外,一般的天窗都附加遮阳板遮阳。天窗采取的是负压换气式原理,和排风扇往外抽吸换气的原理基本相同,与打开侧窗相比,车内进入的灰尘少得多。

质量好的天窗,天窗玻璃与天窗遮阳板皆处于关闭状态对,其隔音效果与车顶其他部位是一样的。而汽车在运动的时候,与车开侧窗相比,汽车天窗所产生的噪声也是微不足道的。

(5) 汽车加装的天窗与原车所带天窗的区别。

原装天窗是汽车在生产线上就安装的产品,出于成本考虑,其功能较单一,不能满足所有车主的实际需求。而车主在市场自选加装天窗,可选功能齐全、质量较好、满足相应车型需要的款式,但这样一来价格也要高一些。

3. 汽车天窗的分类

(1) 按驱动方式分类。

按驱动方式分,天窗有手动式和电动式两种。手动天窗结构比较简单,价格也较便宜,且便于安装。电动天窗主要由滑动机构、驱动机构、控制系统和开关等组成。此类天窗档次较高,价格较贵,安装时由于要走线,安装难度较大。

(2) 按面板材质分类。

按面板材质分,天窗有玻璃面板、金属面板和复合材料面板三种。

(3) 按开启方向分类。

按开启方向分,天窗有内藏式、外掀式和敞篷式等。

1) 内藏式天窗。其特点是在开启后可以保持不同的弧度,具有防夹和自动关闭功能,配有独立的内藏式太阳挡板,如图8-12所示。

2) 外掀式天窗。其特点是在开启后向车顶的外后方升起,分电动和手动两种形式,具有防夹和自动关闭功能,配有可折式的遮阳板,如图8-13所示。

图8-12 内藏式天窗

图8-13 外掀式天窗

3) 敞篷式天窗。其特点是开启后天窗完全打开。使用三层高品质的特殊材料组合而成,具有防紫外线和隔热的效果。此款天窗非常前卫,适合年轻人。相对于前两款天窗,敞篷式天窗的密闭防尘效果要略差一些,如图8-14所示。

4. 汽车天窗改装方法

(1) 汽车天窗的安装步骤。

选购了好的天窗,还必须进行高质量的安装。如安装质量较差,使用一段时间后,便会出现天窗开启不灵、车顶渗水等现象。

汽车天窗的安装通常按下述步骤进行。

1) 准备。准备好安装所需要的工具和配

图8-14 敞篷式天窗

件,将汽车清洗干净。

2) 检查。打开大灯、音响等电器设备进行检查,以确认汽车电路完好。

3) 拆下车内顶。在驾驶室内将汽车的棚顶拆卸下来。

4) 定位。准确测量天窗的安装位置,利用不干胶带将施工图纸精确固定在准备开天窗的位置。利用电钻在车顶钻孔定位(至少4个)。

5) 剪车顶(图8-15)。用电剪按照施工图纸标线(第一遍一般是沿着内框红线将天窗位置剪出来),如果安装较大的天窗,可能占据车顶安全防颤梁的位置,则应先将安全防颤梁锯掉。

6) 精剪。沿着施工图纸标线(外框精确控制线)精确地剪出天窗的安装位置。

7) 作防锈。将剪出的切口打磨圆滑并涂抹防锈剂做防锈处理。

8) 量裁内顶(图8-16)。根据天窗的安装位置,精确测量所需内顶的尺寸并将内顶裁剪下来。

图8-15 剪车顶

图8-16 量裁内顶

9) 安装天窗。将天窗准确安装到车顶,拧紧固定螺钉,固定好排水管和天窗驱动电动机等部件。

10) 布线。拆开仪表台,按照说明书的要求接好电线并隐蔽布置。

11) 装复内饰。将汽车内棚顶、仪表台等装回原来的位置,安装电动天窗控制盒。

(2) 汽车天窗改装注意事项。

1) 选择适合该车种的天窗进行改装(包括车顶弧度及尺寸大小)。

2) 上掀外滑式的天窗应保留较多的车顶横梁。

3) 内收隐藏式的天窗,其排水管必须自然顺畅地排水。

4) 施工时,需保持车内清洁,避免破坏原有的车上设备。

另外,车主尽量不要用加强梁进行补救,虽然加装了加强梁后能够减少一些车身的细微变形,但这些加强梁采用的是局部焊接,由于车顶相对较薄,焊点强度一般不会很大,所以对车顶的结构不会起到实质性的加固作用,在发生事故时这些横梁还可能成为一把把利器,会对驾乘人员的安全造成直接的威胁。

(3) 天窗的维护。

天窗作为一种结构、做工都非常精密的装置,离不开车主精心的维护。如果不注意正确使用和保养,尤其是在严冬季节,极有可能出现故障,给车主带来不便。车主需要详细阅读"说明书"内的使用说明及注意事项,并按时按说明书指引保养。应保存好说明书和质量保修卡,回厂保养天窗或保质期内的免费维修服务皆需出示保修卡。

下面几个问题,在养护过程中应该加以注意。

1) 汽车被冰雪覆盖,打开天窗之前一定要确保天窗彻底解冻。如强行打开天窗,易使天窗电动机及橡胶密封条损坏。

2) 在极为颠簸的道路上最好不要完全滑开天窗,否则可能因天窗和滑轨之间振动太大而引起相关部件变形,甚至使电动机损坏。有很多天窗发生的故障都是使用者的人为因素造成的,比如手动式天窗的锁扣或摇柄不慎拧反了方向,对天窗造成损害。

3) 冬季洗车后做好天窗防冻工作。洗车后应打开天窗,确保擦干天窗周围所有部位,以防产生冰冻现象。另外,因天窗密封条表面进行了喷漆或植绒处理,为避免冻住,喷漆处理胶条最好用软布擦干,再涂上些滑石粉。而植绒处理胶条(表面有黑绒)擦干即可,切勿沾上油污。

4) 北方风沙大的地区,电动天窗的滑轨、缝隙中一般会积上不少尘土,如不定期清理,则会磨损天窗各部件。应经常清理滑轨四周,避免沙粒沉积,清理后涂抹少许机油,不要涂黄油。

五、车身贴饰

1. 车身贴饰的种类

车身贴饰的种类繁多,分布在车身的每个角落,大体可分为车身美观贴饰和车身保护贴饰两大类。

此外,按照粘贴的位置不同,贴饰可以分为汽车腰线、车窗贴饰、发动机罩贴饰、车尾贴饰等;按照内容不同,贴饰可以分为警示文字、卡通人物、汽车厂牌、几何图形等;按产地的不同可分为进口贴饰和国产贴饰两大类。

(1) 车身美观贴饰。

车身美观贴饰是在车身外表贴上各种图案的装饰。这种装饰不仅能突出车身轮廓线,还能协调车身色彩,给人以丰富的联想和舒适的心理感受,使车身更加多彩艳丽。

国外的车身贴饰最早出现在赛车上,因为赛车运动需要赞助商的支持,所以车身上五颜六色的赞助商标识就成为一种"极速广告",其内容无外乎改装厂牌、配件商标、机油广告等。只要赛场上有的,车迷就会喜欢,所以车身贴饰很快就出现在其他车上,且由单纯的商标发展到贴花、彩条等多种图案,如图8-17所示。质量好的贴饰使用期限几乎可以达到与车身面漆同等寿命,一些国际贴饰品牌的质量担保都可以达到8~10年。

图8-17 车身贴饰

(2) 车身保护贴饰。

1) 车身局部保护贴饰。车身局部保护贴饰分布在车身容易受到磨损的部位,粘贴透明的保护膜。比如门把手对应的圆弧里,开关车门时最容易使手指受到划伤。车后门口的下部,乘员上下车时总是容易划伤该部位的车身涂层。

2）车身保护膜。汽车车身保护贴饰使用的保护膜具有充分贴合车身漆面及内饰各种基材表面的属性，即柔韧性、耐久性、抗化学腐蚀性等诸多优点。便于施工，可有效保证施工过程中面对曲折车身表面时进行准确、无缝隙、无气泡贴覆，充分保护车辆的原漆。

车身保护膜类型多种多样：有表面光亮的，也有表面带纹理的；有无色透明的，市场比较流行，被形象地比喻为"隐形车衣"；有带颜色但是无光泽的，粘贴后有亚光效果；有带颜色还有光泽的，达到原车新涂膜的效果；有炫彩效果的，粘贴到车轮轮圈或者仪表板等内饰件表面，彰显车辆的品位与个性，如图 8 - 18 所示。

图 8 - 18　仪表板贴饰

一般的原厂车漆颜色单调，可选颜色较少。而车身贴膜可以更换自己喜爱的颜色，创造个性化汽车，如图 8 - 19 所示。另外颜色可以任意搭配组合，甚至通过打印写真个性化图案，车身贴膜达到了随心所欲的程度。

（a）　　　　　　　　　　　　　　　（b）

图 8 - 19　改色贴膜的前后对比

（a）原厂涂膜；（b）粘贴车身保护膜后效果

2. 车身改色贴膜法规约束

车身改色贴膜后，需要到车管所进行变更行驶证，完成年检。有些地区在《机动车登记规定》中已明确规定："办理变更车身颜色、更换车身或车架的，车主不用事先向车辆管理所申请，可以在变更后直接办理登记。"不论是车身贴膜改色还是传统喷漆改色，都可以先变更颜色，后到车管所拍照变更行驶证，即可通过年检。另规定更改内容超过 30% 后需到车管所备案，更改内容在 30% 以下无须备案。

3. 车身贴饰的粘贴

（1）粘贴条件。

1)温度要求。粘贴彩条或贴膜最好在10℃~30℃的温度下进行。温度过高会导致贴膜抗拉伸性能降低,施工时容易变大;温度过低会影响贴膜的柔性,从而影响其附着效果。

2)车身清洁。使用水和中性清洗剂将车身表面彻底清洗干净。为了使贴饰能牢固地附着在车身上,车身表面必须没有灰尘、蜡质、油类和其他脏污。必要时,还应事先对粘贴部位进行抛光处理。

3)拆卸影响粘贴的车身附件。车门把手、边灯、牌照等车身附件会影响粘贴,应该在贴饰粘贴前将其取下,一定要保存好。

(2)车身保护膜的粘贴。

1)将中性清洗剂与清水按1:40体积比混合,该溶液使得贴膜更容易在永久黏附之前就可以正确地定位。将溶液倒入塑料桶或喷雾罐中。

2)按板件大小裁剪车身保护膜,测量时应适当加长一些(一般大5 cm左右即可),以防出错。

3)将背纸慢慢地撕去,小心不要弄脏带安装胶的附着表面。

4)用清洗剂溶液将贴膜的附着表面彻底弄湿,这将使它暂时失去附着力,并在车身粘贴位置上也喷涂一些。

5)将贴饰定位在车身上。定位好之后,将其与车身结合处的清洗剂溶液挤出来,使其牢牢地贴在车身表面上。

注意:为避免贴膜起皱,挤压时不要太快,不要过于用力,所用的压力只要能将水和空气挤出去即可。

6)对于产生褶皱的部位,可以用热风枪加热定型,与车身完美贴合。

7)用橡皮滚子或柔软的棉布压擦贴膜,使其粘贴更牢固。

8)贴膜末端可使用小刀切割,如图8-20所示。注意操作时动作要轻,切勿划破车身表面涂层和其他车身表面。

图8-20 按车身形状裁切

9)保护膜的边缘部位要长于车身板件边缘2~3 mm,并向内粘贴牢固。

10)粘贴时按车身板件分块操作,如图8-21所示,最后将整车有涂膜的表面全部粘贴上保护膜。

图 8-21 按车身板件分块操作

第二节 汽车内饰改装

一、汽车木质内饰的改装

1. 汽车木质内饰改装目的

木质或者仿木质材料是轿车内饰的主要材料之一，镶嵌在仪表板、中控板（副仪表板）、变速杆头、门扶手、方向盘等地方。高中档轿车在内饰上配置木质材料以显示豪华气势，中低档轿车在内饰上配置仿木质材料以提高档次。因此，目前流行木质或仿木质内饰，以体现轿车的装饰高档化。

轿车内饰木质材料一般是指胡桃木和花梨木，多用胡桃木，因为这些木材的优点是纹理优美、坚韧，不会变形。因此，一些高中档轿车用胡桃木做内饰材料，配上真皮面料座椅、丝绒内饰面料等，相辅相成，尽显一种优雅与华贵。

轿车内饰镶嵌木质或仿木质材料，可以使得车厢豪华化，而这种装饰成本并不高。轿车内饰是为美化和安全服务的，轿车内饰的造型、色彩搭配、材质感都应当给人以良好的感受，还要具有阻燃功能。同时，并不是所有的轿车内饰都适宜镶嵌木质或仿木质材料，要根据车型、档次及需求而定，否则就会弄巧成拙。

2. 汽车木质内饰改装原则

（1）协调。饰品颜色必须和汽车的颜色相协调，不可盲目追求高品位、高价位，以免弄巧成拙。比如，浅色车的内部应尽可能地避免配以深色的座套及红色的地毯等，否则容易给人一种不协调的感觉。

（2）实用。根据车内空间的大小，尽可能地选用一些能充分体现车主个性的小巧、美观、实用的饰物，如茶杯架、香水瓶、储物盒等。

（3）整洁。车内饰品应做到干净、卫生、摆放有序，给人一种整齐划一、自在清爽的感觉。

图 8-22 桃木方向盘及仪表台

(4) 安全。车内饰品绝不能妨碍驾驶员的安全行车或乘员的安全,如车内顶部吊物不宜过长、过大、过重;后挡风玻璃上的饰物不要影响倒车视线等。

(5) 舒适。车内饰品的色彩和质感要符合车主的审美观。车内空间不大,因而香水的味道不宜太浓,最好清新自然一些。

加装木质内饰不一定要全车改装,改装一部分,效果可能更好。因为木质内饰本来就是起点缀作用的,太多反而不好。一般改装以下几个部件:仪表台(包括仪表盘周边部分)、音响控制板、方向盘、换挡手柄、车门玻璃升降器开关、门把手等,如图 8-22 所示。

二、汽车内后视镜的改装

1. 汽车后视镜的种类

(1) 按安装位置分类。

汽车后视镜按其在车内的安装位置不同,有外后视镜、下后视镜和内后视镜三种。外后视镜反映汽车后侧方,下后视镜反映汽车前下方,内后视镜反映汽车后方及车内情况。用途不一样,镜面结构也会有所不同。

(2) 按镜面形状分类。

一般后视镜镜面主要有两种:一种是平面镜,顾名思义镜面是平的,这与一般家庭用镜一样,可得到与目视大小相同的映像,这种平面镜常用作内后视镜。另一种是凸面镜,镜面呈球面状,具有大小不同的曲率半径,它的映像比目视小,但视野范围大,类似于相机"广角镜"的作用,这种凸面镜常用作外后视镜和下后视镜。

(3) 按功能划分类。

1) 后视镜按功能可分为普通后视镜、防炫目后视镜、大视野后视镜、全景后视镜、智能后视镜等。

2) 普通后视镜(图 8-23)盲区大、视野小,在行驶中极易因观察不到而造成交通事故。

3) 防炫目后视镜(图 8-24)一般安装在车厢内,有菱形镜和电子式防炫后视镜两种。

图 8-23 普通后视镜

图 8-24 防炫目后视镜

4) 大视野后视镜最大限度地扩大了驾驶员的观察视野,无视觉死角,防眩光,防雨雾,抗

图 8-25 智能后视镜

疲劳,镜面超耐磨,永不褪色,增强对比,视觉更清晰,极大地降低了因观察不到而造成交通事故的概率。

5) 全景后视镜中间 2/3 的面积用平面镜,靠外 1/3 的面积用大弧度的凸面镜,这样驾驶员就能看到车后的一个全景,消除转弯时的盲点,视野扩大了 200%。现在已在世界不少地区使用。

智能后视镜(图 8-25)是将可视监控(倒车电子屏)技术与倒车雷达结合在一起使用的新型后视镜。

2. 汽车内后视镜选择

汽车后视镜是保证安全行车的主要安全设备,但目前各种轿车上安装的后视镜无论是平面镜还是球状凸面镜,都不同程度地存在盲区,而且视野宽度不足,驾驶员在转弯、变道、超车或被超车时,往往要身体前倾或左右扭转头才能发现障碍。因此,始终存在着影响行车安全的隐患。那么,如何选装汽车后视镜呢?

(1) 确定结构。第一代的车辆内后视镜产品是粘贴式球面镜、单曲率球面镜,不足之处是已过时,且缺点较多。第二代的车辆内后视镜产品是大视野内后视镜,部分车原车装配的即此种产品,但观察的景物变形、拉伸较大。

(2) 确定材质。普通玻璃镜材质后视镜有时会使驾驶员感到刺眼、烦躁,但优势是成本低,零售价格也低。目前还有一种比较流行的大视野蓝镜,具有防炫目、稳定情绪、清静等自然效果。

(3) 确定换装方法。以前一般采用粘贴法,不足是易脱落、镜面增厚、看着不舒服,但成本低、安装简单。目前很多采用的是镶入法,一般同原车内后视镜一样美观大方、不增厚、不脱落。

(1) 大包围即汽车车身外部扰流器,源自赛车运动。主要作用是减少汽车行驶时所产生的逆向气流,同时增加汽车的下压力,使汽车高速行驶时更加平稳。而引用到家用车上的大包围不再那么看重功能性,更强调的是外型的美观协调和个性化。

(2) 大包围具体加装的部件主要有前头唇、裙脚、后尾唇、高位扰流板和前脸等。前头唇和后尾唇应分别加装在前、后保险杠上,能起到阻挡气流、稳定车身的作用;裙脚是在车身左右两侧底部加装的导流板,可降低风阻系数;高位扰流板,也称尾翼,在汽车高速行驶时能增大车轮的附着力。

(3) 大包围的安装款式主要有加装款和保险杠款两类。

(4) 现在比较流行的大包围套件的主要材料有玻璃纤维材料、ABS 塑料、合成树脂材料和聚酯塑料四种。

(5) 轿车在其尾部行李箱盖外端安装的装置叫尾翼。其作用主要是减少车辆尾部的升力,如果车尾的升力比车头的升力大,就容易导致车辆过度转向、后轮抓地力减小以及高速稳定性变差。多见于运动型轿车和跑车上,而一些普通轿车上加装尾翼多半是出于美观的目的。

(6) 尾翼从构造上可分为无尾灯型、半尾灯型和全尾灯型三种。

(7) 尾翼按其与车身的连接方式可分为有螺钉固定和夹子固定两种。

(8) 轿车前端的保险杠下方装上向下倾斜的连接板。连接板与车身前裙板连成一体,中间开有合适的进风口加大气流度,降低车底气压,这种连接板称为导流板。

(9) 在轿车行李箱盖上后端做成像鸭尾似的突出物,将从车顶冲下来的气流阻滞一下形成向下的作用力,这种突出物称为扰流板。

(10) 天窗的改装要注意当地的年检法规。

(11) 汽车天窗按驱动方式分有手动式和电动式两种;按开启方向分有内藏式、外掀式和敞篷式等;按面板材质分有玻璃面板、金属面板和复合材料面板三种。

(12) 车身贴饰可分为车身美观贴饰和车身保护贴饰两大类。

(13) 车身改色贴膜时要注意相关法规。

(14) 高档轿车在内饰上配置木质材料以显示豪华气势,中低档轿车在内饰上配置仿木质材料以提高档次。

(15) 后视镜按功能可分为普通后视镜、防炫目后视镜、大视野后视镜、全景后视镜、智能后视镜等。

思考与练习

1. 为什么要加装车身包围件?车身包围件包括哪些?
2. 什么是加装款和保险杠款车身包围?
3. 在进行大包围组件的选择时,如何选择头唇和尾唇?
4. 加装汽车尾翼有哪些好处?
5. 汽车尾翼有哪些种类?
6. 加装汽车尾翼时应注意哪些事项?
7. 什么是导流板和扰流板?加装导流板和扰流板有什么好处?
8. 加装汽车天窗有哪些风险?
9. 汽车天窗有哪些种类?
10. 汽车天窗改装时应注意哪些事项?
11. 什么是车身保护性贴饰?它有哪几种?
12. 在进行车身改色贴膜时,首先要确定什么事项?
13. 汽车木质内饰改装应注意哪些原则?
14. 解释普通后视镜、防炫目后视镜、大视野后视镜、全景后视镜、智能后视镜的特点。
15. 如何选择后视镜?

第九章
专用汽车改装

1. 专用汽车设计的特点和要求。
2. 专用汽车底盘的选型。
3. 专用汽车的总体布置原则。
4. 整车总体参数的确定。
5. 专用汽车改装部件的布置。
6. 专用汽车底盘车架的改装。

第一节 专用车总体设计概述

一、专用汽车设计的特点和要求

专用汽车与普通汽车的区别主要是改装了具有专用功能的上装部分,能承担专门运输任务或专项作业任务,因此在设计上不仅要满足普通基本型汽车的性能要求,还要满足专用功能的要求,这就形成了其自身特点和特殊要求。这些特点和特殊要求概括如下。

(1) 专用汽车设计常选用定型的基本型汽车底盘进行改装设计。首先要了解商用车产品的生产情况、底盘规格、供货渠道、销售价格及相关资料等。然后根据所设计的专用汽车的特殊功能和性能指标要求,在功率匹配、动力输出、传动方式、外形尺寸、装载质量、成本等方面进行分析比较,优选出一种基本型汽车底盘作为专用汽车改装设计的底盘。

对于不能直接采用二类底盘或三类底盘进行改装的专用汽车,在设计专用底盘时也要尽量选用定型的汽车总成和部件进行设计,以缩短产品的开发周期,提高产品的可靠性。

(2) 专用汽车设计的主要工作是总体布置和专用工作装置的匹配。设计时既要保证专用功能满足其性能要求,又要不影响汽车底盘的基本性能。必要时,在保证安全的前提下,可适当降低汽车底盘的某些性能指标,以满足实现某些专用工作装置性能的要求。

(3) 专用汽车设计应考虑产品的系列化。由于专用汽车生产具有品种多、批量少的特点,故产品系列化可以根据不同用户的特殊需要很快地进行产品变形。专用汽车零部件的设计,应按"三件"的要求进行,最大限度地选用标准件,或选用已经定型产品的零部件,尽量减少自制件。对自制件的设计,应遵循单件或小批量的生产特点,要更多考虑通用设备加工的可能性。

(4) 优选工作装置核心部件。工作装置中某些核心部件和总成(如各种水泵、油泵、气泵、空压机及各种阀等）直接影响到专用汽车专项作业性能的好坏，因此这些核心部件要从专业生产厂家中优选，以满足性能和可靠性要求。

（5）在普通汽车底盘上改装的专用汽车，底盘受载情况可能与原设计不同，因此要对一些重要的总成结构件进行强度校核。

（6）专用汽车设计应满足有关机动车辆公路交通安全法规的要求。对于某些特殊车辆，如重型半挂车、油田修井车、机场宽体客车等，应作为特定作业环境的特种车辆来处理。

（7）专用汽车要具有良好的适应性。某些专用汽车可能会在恶劣的环境下工作，使用条件复杂。要了解和掌握国家及行业相应的规范和标准，使专用汽车具有良好的适应性，工作可靠，且要安装安全装置。

综上所述，专用汽车的设计既要满足汽车设计的一般要求，同时又要获得好的专用性能，满足专用功能的要求。这就要求设计中汽车和专用工作装置合理匹配，构成一个协调的整体，使汽车的基本性能和专用功能都得到充分发挥。

二、专用汽车底盘的选型

如上所述，汽车底盘的性能决定了专用汽车的基本性能，并对专用功能的发挥有较大的影响。改装专用的汽车底盘可分为四种结构形式：常用的两种是二类和三类汽车底盘，另外两种是专门为某一类专用汽车设计、制造的专用底盘和选用定型总成组合设计制造的专用底盘。专用汽车底盘选型的好坏对专用汽车性能影响很大。根据专用汽车的类型、用途、装载质量、使用条件、专用汽车的性能指标、专用设备或装置的外形尺寸、动力匹配等因素决定选择汽车底盘或设计专用底盘。

目前我国对于常规的厢式车、罐式车、自卸车等通常是采用二类汽车底盘改装设计，这是目前专用汽车设计中选用底盘型式最多的一种。所谓二类汽车底盘，是指在基本型整车的基础上去掉货厢；当改装设计的总布置时，在没有货厢的汽车底盘上，加装所需的工作装置或特种车身。采用二类汽车底盘进行改装设计工作的重点是整车总体布置和工作装置设计。设计时，如果严格控制了整车总质量、轴荷分配、质心高度位置等，则基本上能保持原车型的主要性能。但是，还要对改装后的整车重新做出性能分析和计算。

对客车、客货两用车、厢式货车等则通常采用三类汽车底盘改装设计。所谓三类汽车底盘，是指在基本型整车的基础上去掉货厢和驾驶室。近年来，我国乘用车发展很快，对乘用车使用性能的要求也在不断提高，再用原来的三类汽车底盘改装的客车已越来越不受欢迎。因此，各类专用客车底盘应运而生。这些专用客车底盘的基本特点是利用基本型总成，按客车性能要求进行整车布置，更新设计悬架系统。这种底盘不仅在质心位置、整车性能特别是平顺性方面有很大的变化，而且在传动系统和动力匹配、制动系统等总成方面也有较大的改装设计。

目前在用普通汽车底盘进行改装设计时，把更换了发动机的底盘（如将汽油发动机改换成柴油发动机）也当作三类底盘处理。无论选用二类或三类汽车底盘，很难完全满足某些专用汽车的性能要求。例如用普通汽车底盘改装厢式货车，存在质心过高、轴荷分配不合理的问题；改装消防车，首先是底盘车速达不到要求；改装客厢式专用车，存在平顺性差的问题。因此，若要使我国的专用汽车在质量、档次上有所提升，一定要开发出一些具有特点的专用汽车底盘。在专用汽车底盘或总成选型方面，一般应满足以下要求：

（1）适用性。对货运车用的总成要适应货运要求,保证货运安全无损;对乘用车用的总成要适于乘客的需要,达到乘坐安全舒适;对各种专用改装车的总成应适于专用汽车特殊功能的要求,并以此为主要目标进行改装选型设计,例如各种取力器的输出接口等。

（2）可靠性。所选用的各总成工作应可靠,出现故障的概率小,零部件要有足够的强度和寿命,同一车型各总成零部件的寿命应趋于均衡。

（3）先进性。所选用的底盘或总成,应使整车在动力性、经济性、制动性、操纵平顺性以及通过性等基本性能指标和功能方面达到同类车型的先进水平,而且在专用性能上要满足国家或行业标准的要求。

（4）方便性。所选用的各总成要便于安装、检查、保养和维修,并处理好结构紧凑与装配调试空间合理之间的矛盾。

在选用专用汽车底盘时,除了上述因素外,还有以下两个很重要的方面:一是汽车底盘价格,它在专用汽车购置成本中占很大的部分,一定要考虑到用户可以接受,这也涉及专用汽车产品能否很快地占有市场、企业能否增加效益等问题。二是汽车底盘供货要有可靠来源,要同生产汽车底盘的主机厂有明确的协议或合同,无论汽车底盘滞销或紧俏,一定要按时供货。

第二节 专用汽车的总体布置

一、总体布置的原则

专用汽车总体布置的任务是正确选取整车主要参数,合理布置工作装置和附件,达到设计任务书所提出的整车基本性能和专用性能的要求。在进行总体布置时应遵循以下原则:

（1）尽量避免变动汽车底盘各总成位置。总成部件位置的变动,不仅会增加成本,而且也会影响到整车性能。但有时为了满足专用工作装置的特殊性能要求,也需要做一些改动,如截短原汽车底盘的后悬,燃油箱和备胎架的位置做适当调整等。但改变的原则必须是不影响整车性能。

（2）尽量满足专用工作装置性能的要求,充分发挥专用功能。例如,气卸散装水泥罐式汽车的专用功能是利用压缩空气使水泥流态化后,通过管道将水泥输送到具有一定高度和水平距离的水泥库中。气卸水泥的主要性能指标是水泥剩余率或剩灰率。为了降低这一指标,可将罐体布置成与水平线成一定角度,如图9-1所示。但这样布置会使整车质心提高,减少了侧倾稳定角,因此也可以水平布置,如图9-2所示。所以在进行总布置时,要从多方面综合考虑。

（3）必须对装载质量、轴荷分配等参数进行估算和校核。为适应汽车底盘或总成件的承载能力和整车性能要求,在总布置初步完成后应对某些参数进行必要的估算和校核,其中最主要的是装载质量的确定和轴荷分配。因为这些参数对整车性能有很大影响,如果不满足要求,就应修改总体布置方案。

（4）应避免工作装置的布置对车架造成集中载荷。例如在图9-3所示混凝土搅拌运输车的布置方案中,图9-3(a)所示的布置形成了明显的集中载荷;而在图9-3(b)所示的布置中,由于采用了具有足够刚性的副车架,因此可以将这种集中载荷转化成均布载荷,有利于改善主车架纵梁的强度和寿命。

（5）应尽量减少专用汽车的整车整备质量,提高装载质量。由于专用汽车工作装置的增

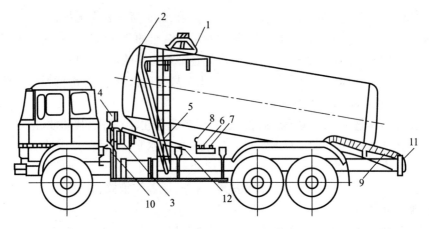

图 9-1 斜卧式粉罐汽车总体布置

1—装料口；2—排气阀；3—空气压缩机；4—滤气器；5—安全阀；6—进气阀；
7—二次喷嘴阀；8—压力表；9—卸料口；10—调速器操纵杆；11—卸料软管；12—进气管道

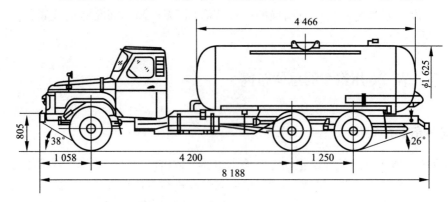

图 9-2 平卧式粉罐汽车总体布置

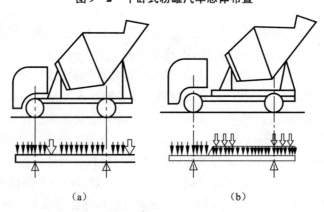

图 9-3 混凝土搅拌运输车的布置方案

加，使得其整备质量比同类底盘的普通货车大，故会影响装载质量。据统计，一般自卸车要增加耗材 5%～10%，一般罐式车要增加耗材 15%～25%。因此，减少整备质量，可以充分利用底盘的装载质量，增大质量利用系数，这是专用汽车改装设计过程中要追求的主要指标之一。

（6）应符合有关法规的要求。例如对整车的外廓尺寸、前后悬等尺寸以及轴荷限值在相关法规中都有明确的规定，设计时一定要符合标准的要求，不能超出。

二、整车总体参数的确定

整车总体参数包括尺寸参数和质量参数两大部分。

1. 尺寸参数

(1) 外廓尺寸。

外廓尺寸即指整车的长、宽、高,由所选的汽车底盘及工作装置确定,但最大尺寸要满足法规要求。例如在我国《道路车辆外廓尺寸、轴荷及质量限值》GB 1589—2004 中明确规定:普通车辆车高不超过 4 m,车宽(不包括后视镜)不超过 2.5 m,外开窗、后视镜等突出部分距车身不超过 250 mm;货车车长不超过 12 m,半挂汽车列车车长不超过 16.5 m,全挂汽车列车车长不超过 20 m。对于货厢整体密闭式厢式货车,车长限值增加 1 m,车宽最大限制为 2.55 m。对于专用作业车辆,车长限值不适用,对于不在公路上行驶的汽车,外廓尺寸不受上述规定的限制。但有的国家已放宽某些限制,如英国、德国已有 4.2 m 高的厢式车,如图 9-4 所示。

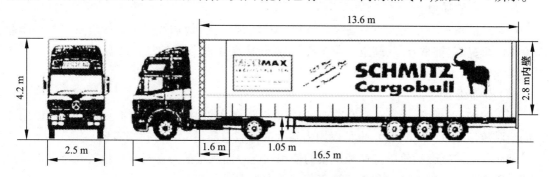

图 9-4 奔驰 1838/4×2 牵引车带厢式半挂车外廓尺寸

(2) 轴距。

轴距影响到专用汽车总长、最小转向直径、纵向通过半径或纵向通过角、装备质量和质量转移系数,也影响到轴距对轴荷分配、车辆的操纵稳定性和行驶平顺性。同普通货车相比,自卸汽车要求轴距变短,而轻泡货物运输车则要求轴距加长。

(3) 轮距。

轮距影响到车辆总宽、横向通过半径、转向时的通道宽度以及车轴的横向稳定性。受汽车总宽限制,轮距要与车宽相适应。对于汽车列车,要求挂车轮距和牵引车轮距一致。

(4) 前、后悬。

汽车的前、后悬直接限制汽车的接近角和离去角,影响通过性能。前悬应满足车辆接近角和轴荷分配的要求,与驾驶室、发动机、转向器、前保险杠等总成布置有关。后悬应满足车辆离去角和轴荷分配的要求,同时还要满足有关标准的规定,即对于客车和全封闭厢式车辆,后悬不得超出轴距的 0.65 倍;对于其他车辆,后悬不得超出轴距的 0.55 倍,绝对值不大于 3.5 m。

在实际改装过程中,后悬变动比较多。例如对于自卸车,一般要将普通汽车底盘的后悬变短;而对于有些罐式和厢式汽车,则要将后悬加长。

2. 质量参数

(1) 整车整备质量。

整车整备质量是指专用汽车带有全部工作装置及底盘所有的附属设备,加满燃料和水,但未载人和载货时的整车质量。整备质量是一个重要设计指标,对运输型专用汽车的动力性和经济性有很大影响。整备质量减小,可以增加装载量、节约燃料。据估计,载货汽车整备质量减少10%,可使经济性提高8.5%。由此可见,减少整车整备质量是汽车设计工作中必须遵守的一项重要原则。减少整车整备质量的措施包括:采用强度足够的轻质金属材料和非金属材料,合理优化车型结构等。

（2）装载质量。

汽车的装载质量是指在硬质良好路面上行驶时所允许的额定装载量。对装载质量的确定要考虑两个方面:一要考虑车辆的用途和使用条件,原则上对于货流大、运距长的运输,宜采用大吨位车辆,以便于提高生产率、降低运输成本;而对于货流多变、运距短的运输,则采用中、小吨位车辆比较经济。二是装载质量的确定要和行业产品规划的系列相符合,做到在装载吨位级别上分布合理,以利于专用车产品的系列化、通用化和标准化。对于同一底盘,在设计时应尽量提高装载质量。

（3）汽车总质量。

汽车总质量是指专用汽车装备完好齐全,满载（规定值）货物及乘员时的质量。对于作业型专用汽车,如起重举升车、高空作业车等,总质量主要由改装后的汽车底盘质量和专用工作装置质量确定,无须考虑装载质量。

（4）轴荷分配。

汽车的轴荷分配是指汽车在空载或满载状态下,各车轴对支承平面的垂直载荷,可以用载荷的绝对数值表示（单位:kg）,也可以用占空载或满载总质量的百分比来表示。

轴荷分配直接影响轮胎寿命和汽车的使用性能。而汽车的发动机布置位置和驱动形式对轴荷分配有显著影响。影响和决定轴荷分配的因素主要包括以下几个方面:

1) 设计轴荷必须符合国家标准规定的车辆最大允许轴荷限值;

2) 从轮胎磨损均匀和使用寿命相近考虑,每个车轮的载荷应相差不大;

3) 为了保证汽车有良好的动力性和通过性,驱动桥应有足够大的载荷,从动轴载荷可适当减小;

4) 为了保证汽车的操纵稳定性,要求改装后的专用汽车在各种工况下,应具有一定的不足转向。

图9-5所示为总质量为38 t厢式半挂汽车列车的轴荷分配结果。

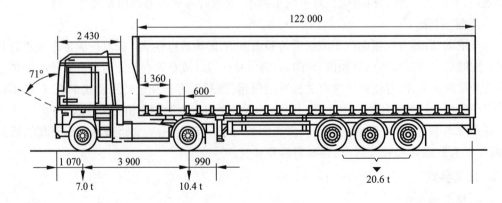

图9-5　总质量为38 t厢式半挂汽车列车的轴荷分配结果

三、改装部件的布置

进行改装时,一般主要涉及发动机的布置、传动轴的布置、制动系统的布置、电器装置的布置和其他附件的布置。在按照图纸进行底盘改装部件布置之前,要确定基准线,一般以底盘车架的上平面线作为高度基准,以前轮中心线作为纵向基准,以汽车中心线(纵向对称平面)作为横向基准。

1. 发动机的布置

以三类汽车底盘改装专用汽车时,有时需要更换发动机,这时要对发动机进行重新布置,布置原则如下。

(1) 应使整车质心横向尽量落在纵向的对称垂直平面内,即汽车中心线上。

(2) 在保证适当的离地间隙及转向拉杆等杆件间运动间隙的条件下,尽量降低发动机的位置高度,以便于传动系统的布置和降低整车的质心高度。

(3) 发动机曲轴中心线可以与车架上平面有一定的倾角,以减小万向节传动夹角。

(4) 要保证维修保养方便。

2. 传动轴的布置

对于需要变动轴距的车辆,要对传动轴做重新布置。布置时要注意以下两点。

(1) 满载静止时,两传动轴的夹角不大于3°~4°。传动轴夹角过大,会使传动效率下降,磨损加剧。

(2) 传动轴加长后,要重新计算传动轴的临界转速 n_{cr}(r/min)。临界转速是指当传动轴的工作转速接近于其弯曲固有振动频率时,即出现共振现象,引起振幅急剧增加而导致传动轴折断时的转速。可按式(9-1)计算:

$$n_{cr} = 1.2 \times 10^8 \frac{\sqrt{D^2 + d^2}}{L^2} (\text{r/min}) \qquad (9-1)$$

式中 L——两个万向节的中心距,mm;

  D,d——传动轴的外径和内径,mm。

传动轴设计的最高安全转速 n_{max} 为:

$$n_{max} \leqslant 0.7 n_{cr} \qquad (9-2)$$

当传动轴过长时,为提高传动轴的临界转速,可以将传动轴分成两根或三根,同时注意在中间传动轴上设置中间支承。

此外,当轴距改变后,专用汽车的转向性能也会受到影响,其理论转向梯形特性曲线(理论的内、外轮转角关系)与实际转向梯形特性曲线(实际的内、外轮转角关系)会产生较大偏差,因此,也应进行校核,必要时对转向梯形的结构参数做相应调整。

3. 制动系统的布置

制动系统直接影响专用汽车的安全性,因此在对汽车底盘的行车制动、驻车制动和辅助制动系统进行改装时,应注意以下事项。

(1) 管路的布置。在增加制动管路时,要采用与底盘相同的制动管或软管、管夹等连接件。制动管与其他运动件之间要留有足够大的自由运动空间,避免因为运动干涉引起制动管路摩擦损坏,影响制动能力,必要时应附加防护装置。

(2) 储气筒的布置。储气筒的布置要方便检查和排水。当专用工作装置或其操纵控制机构需要气源时,可以从底盘制动系统的储气筒或气路中直接取气,但要对耗气量进行计算。一般允许一次取 1~1.5 L 的压缩空气,如果附加耗气装置是在汽车非行驶状态下使用,则允许耗气量提高到 2 L。对于耗气量大、工作压力高的耗气装置,则需要附加辅助储气筒,其容量根据需要确定。辅助储气筒与底盘行车制动系统的储气筒相连接,通常用一个单向溢流阀与前桥制动回路连接,保证辅助储气筒失效产生压降时,可以使行车制动系统储气筒内的压力仍保持尽可能高的数值。

4. 电器装置的布置

(1) 附加耗电装置的电源。当专用工作装置的驱动系统或控制系统需要电源时,一是可直接接上底盘电路,但此时要校核底盘所装用的发电机、蓄电池的功率和容量是否足够,必要时应相应地增大功率和容量;二是附加专用蓄电池。例如当拦板起重运输车采用电动起重拦板时,需选用功率较大的发电机和容量较大的蓄电池,或者附加专用蓄电池。

(2) 电器装置负极布置。专用汽车所用电器均是负极搭铁。对于加油或运油的油罐车,必须采取措施对静电进行疏导。一般在加油或供油的专用工作装置如油罐、管路、附件等与车架及地面管道之间都要有导线或导体相连,并通过金属链条或专用导电橡胶板条接地。

(3) 导线的布置。延长或加装的导线,应尽量采用与底盘上导线型号、颜色相同的导线,并通过插接件或接线柱相连。当导线需要穿过车架纵横梁时,应有保护装置,以防止被刮破甚至刮断。导线的固定管夹的间距应为 200~800 mm。

5. 其他附件的布置

(1) 消声器。专用汽车消声器进行重新布置时要考虑其安全性。例如油罐车,禁止将消声器及排气口安放到车厢下部,必须将它们安放在前保险杠的下面,且排气口不得指向右侧。同时还要注意消声器对车辆接近角的影响。

(2) 燃油箱。在专用汽车改装中,燃油箱是汽车底盘改装中经常被移动位置或改装的部件之一,甚至有时还需要加装副油箱。改装过程中,需要加装副油箱时,应尽量使用车架上已有的安装孔位。布置时应使主、副油箱的底部处于同一水平面,并且安装位置应尽可能靠近主油箱,同时还要注意避免偏载。燃油箱和燃油管的布置应尽可能避开排气管,距排气管的距离应在 300 mm 以上。如果布置有困难,则必须在燃油箱和排气管之间加装隔热板。

(3) 备胎架。备胎架也是底盘中经常改装的部件,在布置时要注意以下事项:

1) 只设置单个备胎架时,将备胎架布置在车辆前进方向的右侧。

2) 汽车列车一般应设两个备胎架。

(4) 后保险杠。对某些专用车,如油罐车、液化气罐车等,必须设置后保险杠。设置时要满足以下要求。

1) 后保险杠以车辆中心的对称平面对称安装,其长度略小于车辆总宽,但不能小于罐体的外径,一般取后保险杠的长度(在车辆的宽度方向)$b(mm)$ 为:

$$b \geq (0.80 \sim 0.85)B \qquad (9-3)$$

式中 B——车辆总宽,mm。

2) 后保险杠伸出罐体后端的水平距离应不小于 100 mm。

3) 在车辆空载状态下,后保险杠下缘的离地高度应不大于 700 mm。

4）保险杠布置不能影响灯光及牌照显示,同时应尽量保证车辆最大离去角。

(5) 防护装置。专用汽车防护装置又称为护栏,有侧防护栏和后防护栏两种,是一种人身安全防护装置。其作用是有效保护无防御行人,避免其跌于车侧而被卷入车轮下面,以及防止小型车辆从后部嵌入大车的下方。我国分别从1989年开始制定汽车防护要求标准,1994年和2001年又进行了两次修订,《汽车和挂车侧面防护要求》GB 11567.1—2001 和《汽车和挂车后下部防护要求》GB 11567.2—2001 分别对侧面防护的技术要求及后下部防护装置的技术要求和试验方法进行了强制规定。

护栏一般都用圆形管材制作,防护装置的设计和安装尺寸要符合上述标准规定要求,同时在安装时,要注意排气管口不要对准侧护栏管口。

(6) 阀门箱及泵箱。在一些专用汽车上所用到的阀门箱及泵箱一般设置在车辆前、后轴之间,布置时,要考虑对车辆最小离地间隙及纵向通过角的影响。

第三节 专用汽车底盘车架的改装

主车架是汽车底盘上各总成及专用工作装置安装的基础,改装时受到的影响最大。

一、主车架的改装

1. 主车架的钻孔和焊接

主车架是受载荷很大的部件,除承受整车静载荷外,还要受到车辆行驶时的动载荷。为了保持主车架的强度和刚度,避免早期损坏,原则上不允许在主车架纵梁上钻孔和焊接,应尽量使用车架上原有的孔。若必须钻孔或焊接时,应注意以下事项。

(1) 尽量减小孔径,增加孔间距离,满足图9-6和表9-1的要求。

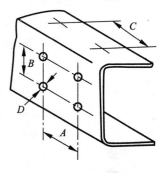

图 9-6 车架钻孔的孔径和孔间距

表 9-1 车架钻孔的尺寸要求　　　　　　　mm

尺　寸		车型		
		重型车	中型车	轻型车
孔距	A	>70	>60	>50
	B	>50	>40	>30
	C	>50	>40	>30
孔径	D	<15	<13	<11

(2) 在纵梁翼面高应力区外的其他部位钻孔,只能在中心处钻一个孔。

(3) 在纵梁的边、角区域亦禁止钻孔或焊接,如图9-7和图9-8所示的区域即不允许钻孔和焊接加工的部位。因为在这些部位进行钻孔或焊接,极易引起车架早期开裂。

(4) 严禁将车架纵梁或横梁的翼面加工成缺口形状。

(5) 车架钻孔和焊接应避开有关汽车改装手册中规定的禁钻区和禁焊区。

2. 主车架的加长设计

当专用汽车总布置需要时,对主车架要进行加长。例如,为了适应零担货物和轻泡货物运输的需要,常常将定型载货汽车的轴距加长,装用长车厢来提高运输效率。此时,需将车架在中部断开后再加长,也有将车架后悬部分加长的改装设计。

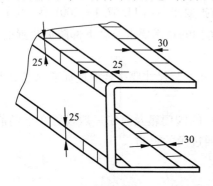

图 9-7 主车架纵梁禁止钻孔区

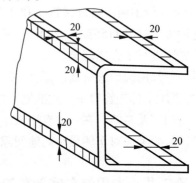

图 9-8 主车架纵梁禁止焊接区

车架加长部分应尽量采用与原车架纵梁相同的尺寸规格和相同的材料。车架加长部分与车架的连接一般采用焊接。首先在纵梁腹板处,按与纵梁轴线夹角45°或90°的方向把纵梁断开,然后把切开端面加工成坡口形状,焊缝形状可选择 X 形或 V 形,如图 9-9 所示。焊接方法可采用焊条电弧焊或气体保护焊。

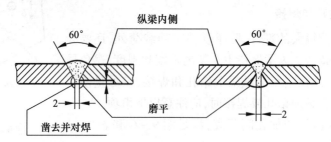

图 9-9 纵梁焊缝形状

3. 主车架加强板的设计

主车架改装时,为了减少车架的局部应力,或者为了使车架加长后仍能满足强度和刚度要求,可采用加强板进行加强。

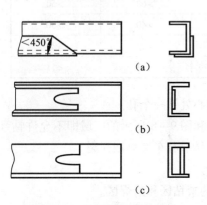

图 9-10 加强板的端头形状

(1)加强板的形状。加强板的材料应尽量与车架相同或相近。加强板的厚度应为车架纵梁厚度的40%以上,但不能超过其原板材的厚度,以免产生应力集中。加强板的截面形状推荐选用 L 形,其截面应放在车架纵梁受拉的一边。加强板的端头形状应逐渐过渡,可切成小于 45°的斜角,或在端头中部开光滑槽,如图 9-10 所示。

(2)加强板的布置。加强板布置合理,可以有效减少车架的应力。加强板的端头位置不应在车架刚度变化部位和集中载荷作用的地方,如图 9-11 所示,否则将产生较大的应力集中。

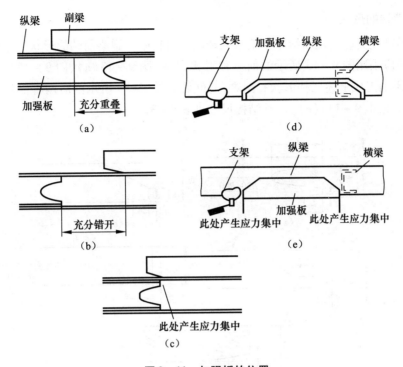

图 9-11 加强板的位置

(a),(b),(d) 加强板的合理位置;(c),(e) 加强板的不利位置

(3) 加强板的固定。加强板和主车架的固定最好采用铆接,铆钉直径不宜过大,铆钉孔距加强板边缘应大于 25 mm,铆钉间的距离应为 70~150 mm。当铆接有困难时,可在加强板纵梁腹板上钻塞焊孔。塞焊孔直径为 20~30 mm,塞焊孔距加强板边缘应大于 25 mm,塞焊孔间的距离为 100~170 mm。焊接应避开纵梁翼面边缘处等禁焊区域。

二、副车架的设计

1. 副梁的截面形状及尺寸

专用汽车的副车架多采用 Q345 板材压制的型钢经铆接或焊接而成。其截面形状一般与主车架的截面形状相同,多采用槽形结构,如图 9-12 所示。截面尺寸取决于专用汽车的种类及其载荷的大小。表 9-2 列出了斯泰尔 91 系列重型专用汽车副梁的截面尺寸。在载荷过于集中的地方,可用腹板将槽形截面封闭起来,以提高副梁的抗弯和抗扭能力。

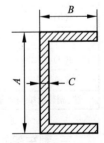

图 9-12 副梁截面形状

表 9-2 斯泰尔 91 系列重型专用汽车副梁的截面尺寸

起重力矩/(N·m)	高×宽×厚/(mm×mm×mm)
0.60×10^5	140×80×6
0.90×10^5	160×80×6
0.10×10^6	200×80×6
0.12×10^6	220×80×6
0.15×10^6	220×80×8

2. 副梁前端的形状

由于副梁刚度突然变化而给主车架带来新的应力集中。副梁前端的形状应采取逐渐过渡的方式。一般应采用图 9-13 所示的前三种形式之一[图 9-13(a)、图 9-13(b) 或图(9-13)(c)];如果加工成上述三种形状有困难,则可采用图 9-13 所示的后两种简易的形状之一[图 9-13(d) 或图(9-13)(e)]。其结构尺寸见表 9-3。

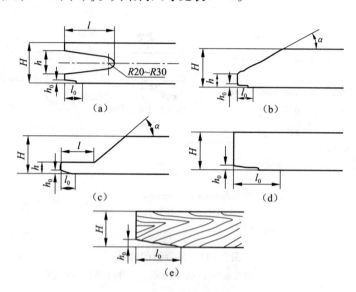

图 9-13 副梁前端的形状

表 9-3 副车架前端的结构尺寸

序号	类别	l	l_0	h	h_0/mm	α
(a)	U 形	$(1.0 \sim 1.2)H$	15~20mm	$(0.6 \sim 0.7)H$	1	—
(b)	角形	—	15~20mm	$(0.2 \sim 0.3)H$	1	$<30°$
(c)	L 形	$>H$	15~20mm	$(0.25 \sim 0.35)H$	1	$<45°$
(d)	钢质	—	200~250mm	—	5~7	—
(e)	硬木板	—	H	—	5~10	—

注:副梁前端与车架纵梁相接触的翼面上,由 l_0 和 h_0 所形成的局部斜面应打磨光滑。

三、副车架与主车架的连接

副车架与主车架之间垫有 8~30 mm 的缓冲垫。缓冲垫常选用木质、橡胶、聚合材料等。副车架与主车架连接常采用以下几种方式。

1. 止推连接板

图 9-14 所示为斯泰尔 91 系列重型专用汽车所用止推连接板的结构形状及其安装方式。连接板上端通过焊接与副车架固定,而下端则利用螺栓与车架纵梁腹板相连接。止推连接板的优点在于可以承受较大的水平载荷,防止副梁与车架纵梁产生相对水平移动。相邻两止推连接板之间的距离为 500~1 000 mm。

2. 连接支架

连接支架由相互独立的上、下托架组成,上、下托架均通过螺栓分别与副梁和车架纵梁的腹板相固定,然后再利用螺栓将上、下托架相连接,此时上、下托架之间留有间隙,如图 9 – 15 所示。连接支架所能承受的水平载荷较小,因此一般与止推连接板配合使用。如图 9 – 16 所示,在后悬架前支座以前采用连接支架,而在后悬架前支座以后采用止推连接板。

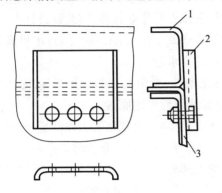

图 9 – 14 止推连接板的结构形状及其安装方式
1—副梁;2—止推连接板;3—车架纵梁

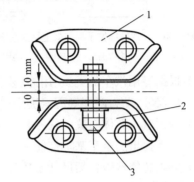

图 9 – 15 连接支架
1—螺栓;2—上、下托架;3—螺母

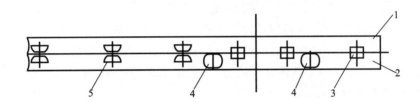

图 9 – 16 连接支架与止推连接板的配合使用
1—副梁;2—车架纵梁;3—止推连接板;4—悬架支座;5—连接支架

3. U 形螺栓

当选用其他连接装置困难时,可采用 U 形螺栓夹紧,但在车架受扭转载荷最大的范围内不允许采用 U 形螺栓。当采用 U 形螺栓固定时,为防止车架纵梁翼面变形,防止紧固松动,应在其内侧衬以垫木或型钢,但在靠近消声器时,必须使用钢内衬。图 9 – 17 所示为 U 形螺栓与 V 形钢内衬垫板。

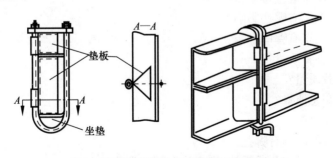

图 9 – 17 U 形螺栓与 V 形钢内衬垫板

当副车架上平面凸起受限时,可采用图 9 – 18 所示的 U 形螺栓连接。在副车架两侧焊有 U 形

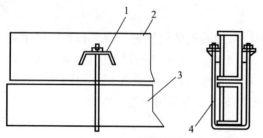

图 9-18 U 形螺栓位于副车架上平面之下
1—U 形凸板；2—副车架；3—主车架；4—U 形螺栓

凸板，通过 U 形螺栓将主、副车架紧固在一起。

（1）专用汽车与普通汽车的区别主要是改装了具有专用功能的上装部分，能承担专门运输任务或专项作业任务，因此在设计上，不仅要满足普通基本型汽车性能要求，还要满足专用功能的要求。

（2）根据专用汽车的类型、用途、装载质量、使用条件、专用汽车的性能指标、专用设备或装置的外形尺寸、动力匹配等因素决定选择汽车底盘或设计专用底盘。

（3）专用汽车总体布置的任务是正确选取整车主要参数，合理布置工作装置和附件，达到设计任务书所提出的整车基本性能和专用性能的要求。在进行总体布置时应遵循有关原则。

（4）整体总体参数包括尺寸参数和质量参数两大部分。尺寸参数包括外廓尺寸、轴距、轮距、前悬和后悬；质量参数包括整车整备质量、装载质量、汽车总质量和轴荷分配。

（5）进行改装时，一般主要涉及发动机的布置、传动轴的布置、制动系统的布置、电器装置的布置和其他附件的布置。在按图纸进行底盘改装部件布置之前，要确定基准线，一般以底盘车架的上平面线作为高度基准，以前轮中心线作为纵向基准，以汽车中心线（纵向对称平面）作为横向基准。

（6）专用汽车底盘车架的改装包括以下三点：一是主车架的改装，介绍主车架的钻孔和焊接、主车架的加长设计、主车架加强板的设计三部分内容；二是副车架的设计，介绍了副梁的截面形状及尺寸和副梁的前端形状两部分内容；三是副车架与主车架的连接，介绍了止推连接板、连接支架和 U 形螺栓连接三种方法。

思考与练习

1. 专用汽车在设计上有哪些特点和特殊要求？
2. 改装专用汽车的汽车底盘可分为哪些结构形式？
3. 什么叫二类底盘？
4. 什么叫三类底盘？
5. 在专用汽车底盘或总成选型方面，一般应满足哪些要求？
6. 专用汽车总体布置应遵循哪些原则？
7. 轴距对专用汽车有哪些影响？
8. 轮距对专用汽车有哪些影响？
9. 什么叫整车整备质量？
10. 什么叫装载质量？
11. 什么叫汽车总质量？
12. 什么叫轴荷分配？
13. 发动机布置的原则有哪些？
14. 若必须对主车架钻孔或焊接，则应注意哪些事项？
15. 什么叫专用汽车？

第十章

汽车改装验收

1. 汽车改装合同的形式、主要内容、承改方的主要权利和义务、委托方的权利和义务及合同参考文本。
2. 汽车改装检验评定相关文件。
3. 汽车改装外观质量评定、车身质量评定、发动机质量评定及汽车性能评定的评定方法、检查方法与手段、评定技术要求。

❀ 第一节 汽车改装合同

一、汽车改装合同的形式

为加强汽车维修行业管理,维护汽车维修经营活动的正常秩序,保障承修方与托修方当事人的合法权益,交通部和国家工商局根据《中华人民共和国经济合同法》的有关规定,1992年2月14日颁布了《汽车维修合同实施细则》。该规定于1992年3月1日实施,对汽车维修合同进行了详细的规定。

汽车维修合同是承揽人为定作人进行汽车维护、修理、定作人给付报酬的协议。在汽车维修合同中,承揽人叫承修方,定作人叫托修方。

汽车改装在我国出现的时间比较短,我国目前还没有关于汽车改装合同内容以及合同当事人权利与义务的要求。但有关专家提出了很多关于汽车改装合同的内容、形式可供参考。

由于我国目前从事汽车改装的企业大多数是汽车维修企业,因此为了方便理解,在下述的汽车改装合同中,仍将承揽人叫承修方,定作人叫托修方。

1. 承修方的限制

汽车是大型交通工具,它不仅关系着驾驶员的安全,而且还可能危及大众的人身、财产安全,为加强管理、确保安全,我国法律对汽车维修合同承修方的资格是有限制规定的,也就是说不是任何人都可以成为汽车维修合同的承修方。

在我国汽车维修的承修方必须是:在中华人民共和国境内已取得当地交通主管部门核准的技术合格证,并具有工商行政管理机关核发的营业执照的各类汽车修理专业户。

对汽车维修的托修方则没有限制,可以是汽车的所有者或者使用者。

据此,对汽车改装合同承修方的资格也应该有严格的限制规定,也就是说不是任何人都可以成为汽车改装合同的承修方。

汽车改装的托修方应是汽车的所有人或者受汽车所有人委托的汽车使用人。

2. 汽车改装合同的形式

汽车改装合同的形式有口头合同和书面合同两种。

汽车改装合同涉及的金额有大有小,对于数额较大的改装应订立书面的合同,其对明确双方当事人的权利义务有积极的意义。参照《汽车维修合同实施细则》的要求,当签订的汽车改装合同预算在1 000元以上时,最好签订书面的汽车改装合同。

应该强调的是,涉及汽车安全性能的改装,一定要签订书面的汽车改装合同,以明确双方当事人的责任。

对于应当签订书面合同而当事人不签合同的,交通主管部门可对改装企业予以警告和罚款,每次罚款额按实际发生或额定的改装费用总额的2%(至少20元)计。因没有书面汽车改装合同而引起的车辆改装质量或经济方面的纠纷,管理部门不予受理。

当然,当事人不一定非要订立书面改装合同。特别是对于数额较低可以即时清结的改装,或者虽不能即时清结但汽车也不需要在承修方处过夜的改装,或者只是装饰性的小改装,必须订立书面改装合同就显得过于烦琐了。

二、汽车改装合同的主要内容

1. 承修方、托修方的名称

任何合同都必须要有承修方和托修方的名称,这是合同双方当事人条款,是合同权利义务的承担者,当然汽车改装合同也不例外。

2. 送改车辆的车型号

承修方与托修方根据需要可签订单车或成批车辆的改装合同。合同必须写明以下内容,这些内容可以保证送改的汽车特定化,以区别于其他汽车。因为,多数的汽车都是批量生产的,在外观上没什么区别,所以订立汽车改装合同时要确保送改汽车不与其他汽车混淆,不能用其他汽车替代。

(1)车种。汽车的种类,如货车、客车、轿车、两用类、特种车辆等。在汽车改装合同中这是首先要明确的。

(2)车型。每个品牌的汽车都不是仅生产一种型号的汽车,型号不同的汽车其外观差异是比较大的。而且不同品牌的汽车即使车型相同,汽车的外形也不同,所以车型靠品牌、型号两方面确定。汽车改装合同要写明车辆的品牌以及型号,可以使得汽车的式样明确,如奔驰600、奥迪A6等。但同样的车种、车型的汽车还是有许多的,所以还需要从下面的项目将送改汽车进一步特定化。

(3)牌照号。牌照号是交通管理部门颁发的汽车牌照的号码。汽车的牌照号犹如人的身份证,每辆汽车都有自己的牌照号,不同的汽车其牌照号是不同的,所以在汽车改装合同中记载牌照号是必要内容。

(4)底盘(车架)号。底盘(车架)号是在车辆出厂时,生产者在汽车底盘上打印的钢戳号码。每一辆汽车都有生产者自己所编制的底盘(车架)号。

(5) 发动机型号(编号)。发动机的型号以及生产者在发动机机身打印的钢戳号码,号码也是每车各不相同。

(6) 汽车 VIN 识别代码。车辆识别代码 VIN 是汽车的身份证明。所谓 VIN,其实是英文 Vehicle Identification Number 的缩写,意为"车辆识别号码"。该号码的生成有着特定的规律,对应于每辆车,并能保证 30 年内在全世界范围内不重复出现。

3. 改装类别及项目

改装类别及项目是指汽车需要改装的种类、部位以及项目明细。

一般来说,当汽车需改装时,托修方与承修方都能对改装的类别及项目有所了解。

首先托修方自己知道改装内容、改装部位、改装目的以及改装后要达到的要求等;而承修方从托修方的叙述中也会了解上述内容。所以在汽车改装合同中,应当明确改装类型及项目、改装部位、改装目的以及改装后要达到的要求等,如天窗改装、尾翼改装、进排气系统改装等。在改装时需要更换、添加零件的,应详细写明。在改装过程中,未经托修方的同意,承修方不可擅自增加改装项目。

4. 车辆交接期限等事宜

在汽车改装合同中存在两个车辆交接期限:一为送车期限,即托修方将需改装的车辆送交承修方,以便承修方开始履行合同的时间;二为接车期限,即承修方将改装好的车辆交给托修方的时间。这两个期限都直接关系到合同能否履行、能否正确履行,所以都必须明确、详细规定。

对于送车、接车的方式和地点,一般由双方根据实际情况约定。通常情况下,是托修方将待改车辆驶至承修方的改装场所,也存在承修方将待改车辆接走的情况。接车时,通常为托修方到承修方的改装场所接车,并当场试车验收。

5. 预计改装费用

我国《合同法》第 252 条规定:"承揽合同的内容包括承揽的标的、数量、质量、报酬、承揽方式、材料的提供、履行期限、验收标准和方法等条款。"汽车改装"费用",不仅包括托修方向承修方支付的劳务费(也叫工时),还包括使用承修方的材料费。因为一般情况下,汽车改装合同的托修方使用的是承修方的材料,所以需要支付承修方的不仅有劳务费,还有材料的价款。在汽车改装费用中,托修方一般使用承修方的材料,包括改装的原材料、辅助材料,如零配件、清洗剂、润滑剂等,对此价款托修方都要支付。

6. 材料、配件的提供与质量

材料、配件关系到改装的质量,由于改装需要材料和配件,所以材料、配件的提供可以决定改装的质量。

目前我国汽车种类繁多,汽车零部件的供给也比较复杂,特别是改装配件大部分是进口的,而且有些零配件供给市场不明,进口零配件的质量、价格也参差不齐,改装合同有必要约定:哪一方提供材料、配件、材料名称、规格型号、牌号商标、质量、数量、价格及提供时间等。

使用承修方提供的材料、配件时,因装配使用有质量问题的配件、材料所引起的质量责任由承修方负责。需要特别强调的是,使用托修方提供的材料、配件的,一定要明确使用后责任的承担者,否则装配使用托修方自带材料、配件且改装合同中未明确责任的,根据交通部1998年6月12日颁布、1998年9月1日实施的《汽车维修质量纠纷调解办法》第15条的规定,所引起的质量责任还是由承修方负责。

7. 质量保证期

汽车改装的目的在于使得改装后的汽车美观、有个性,汽车的某些性能有所提高,而且要安全、正常使用一段时间。但是托修方在接车时,对汽车改装后的性能是否真的提高、是否能正常使用一定时间一般是不能确定的,必须经过使用才能确定。因而汽车改装合同须约定质量保证期,即应当约定改装后汽车的性能达到改装的目的,改装后的汽车在一定的时间内,改装的部位不发生故障。

质量保证期的约定通常有两种方法:一是约定该汽车正常行驶多少天内改装部位无故障或达到性能要求;二是约定汽车正常行驶多少公里内改装部位无故障或达到性能要求。在质量保证期内出现改装部位故障,承修方应负责维修。对没有达到改装目的和性能要求的,承修方应负责重新改装。

8. 验收标准及方式

由于汽车改装部位的差异、改装目的的不同,使得改装质量标准很难掌握。因此,在合同签订时,双方应就改装后所达到的质量要求约定一个共同认可的标准作为验收依据。同时,还应明确验收的方式。

9. 结算方式及期限

与其他合同相似,汽车改装合同的结算方式也有两种可供选择:一是现金结算;二是银行结算。

改装合同应当对结算期限明确、具体约定。在改装费用较高、双方约定分期付款时,应约定每一期付款的数额、时间及付款方式等。

10. 其他条款

(1) 违约责任。违约金、滞纳金金额可由双方商定。对违约金支付的时间如双方没有商定,根据交通部1998年6月12日颁布、1998年9月1日实施的《汽车维修质量纠纷调解办法》第14条规定,违约金、赔偿金应在明确责任后10日内偿付,否则按逾期付款处理。

(2) 纠纷解决方式。承、托修双方对履行合同中可能发生的纠纷,可以事先协商解决途径。如改装车辆在质量保证期内发生质量问题,当事人先到所在地交通主管部门提请调解处理。也可以约定合同纠纷解决途径为仲裁,或者向当地人民法院诉讼解决。

(3) 合同变更后的责任。承揽合同的定作人在合同签订后、履行完毕前是可以要求变更、解除合同的,但是定作人要赔偿承揽人的损失。

《汽车维修合同实施细则》第11条对汽车维修合同签订后的变更和解除的规定为:"汽车维修合同签订后,任何一方不得擅自变更或解除。当事人一方要求变更或解除维修合同时,应及时以书面形式通知对方。因变更或解除合同使一方遭受损失的,除依法可以免除责任的外,应由责任方负责赔偿。"从理论上来说,《合同法》实施后,一切与其有着相反内容的法规或者法规中的条款就失去了效力,但《汽车维修合同实施细则》并没有否认定作人变更、解除合同的权利,该条款可作为特殊要求看待。也就是说,汽车维修合同双方当事人都有要求变更、解除合同的权利;而且汽车维修合同的当事人一方要求变更或解除维修合同时,要用书面形式通知对方。因变更或解除合同使一方遭受损失的,除依法可以免除责任的外,应当由责任方负责赔偿。

汽车改装合同也应参照上述条款执行。

三、汽车改装合同承修方的主要权利和义务

1. 按照有关汽车修理技术标准(条件)改装车辆

汽车维修有着严格的技术标准(条件),承修方对此应当严格执行,因为这关系汽车维修后的质量,对汽车今后的安全行驶有着重要作用。

交通部于2005年6月3日经第11次部务会议通过,自2005年8月1日起施行的《机动车维修管理规定》第23条规定:"机动车维修经营者不得擅自改装机动车,不得承修已报废的机动车,不得利用配件拼装机动车。"

托修方要改变机动车车身颜色或更换发动机、车身和车架的,应当按照有关法律、法规的规定办理相关手续,机动车维修经营者在查看相关手续后方可承修。

第30条规定:"机动车维修经营者应当按照国家、行业或者地方的维修标准和规范进行维修。尚无标准或规范的,可参照机动车生产企业提供的维修手册、使用说明书和有关技术资料进行维修。"

由于我国目前还没有关于汽车改装的法律、法规,因此,汽车改装只能参照上述汽车维修的有关规定、条例执行。

2. 向托修方提供维修工时、材料明细表

汽车的改装是复杂的工作,某些改装可能需要大量的材料,所以改装工作结束时,承修方应当实事求是地向托修方提供改装工时、材料明细表。

3. 妥善保管车辆

汽车改装工作是在承修方的工作车间完成的,这样汽车就要脱离托修方而在承修方的占有之下,在改装期内承修方就有妥善保管汽车的义务,并且保管是无偿的。否则,因为承修方保管不善造成汽车毁损、灭失的,承修方有赔偿的责任。

这里强调承修方妥善保管汽车的责任是发生在合同履行期内,如果托修方不按合同约定期限接收汽车,承修方虽然也要妥善保管汽车,但是这时有权收取保管费。托修方逾期半年以上不接收的,承修方有权将车辆提交有关部门依法处理。

4. 在约定的时间内完成改装工作

汽车是交通工具,是具有实际使用功能的工具,所以按时完成改装对于托修方非常重要,承修方不得任意增加合同履行时间。当承修方由于不能按时完成改装工作而必须延期时,要及时通知托修方,经双方协商,托修方同意才能延期,否则承修方要承担违约责任。

5. 改装过程中不得偷换车辆其他零配件

在改装过程中,承修方对不需要更换的配件不得更换,否则会增加托修方的负担。如果承修方将汽车不需更换的原有配件更换为其他配件,即偷换。一般偷换上的配件肯定比托修方原来的配件质量差、价格低,不然承修方是不会去做的,然而这样的做法不但损害了托修方的

利益,而且还留下了事故的隐患,其一切后果由承修方负责。

6. 向托修方提供改装车辆的有关资料及使用注意事项

在汽车维修过程中,交通部、工商管理部门规定承修方要建立承修车辆维修技术档案。承修方交付维修后的汽车时,还要向托修方提供维修车辆的有关资料及使用注意事项,这对于检验承修方的工作,对以后汽车的维修及安全驾驶都有着重要意义。

汽车改装也应照此执行。

7. 保证改装质量,向托修方提供完工出厂合格证

承修方必须执行车辆出厂质量保证期制度。至于质量保证期,交通部颁布的《汽车维修质量管理办法》第13条规定:"各级汽车维修行业管理部门应根据本地区情况,制定汽车维修质量保证期制度的具体规定。"

在质量保证期内,因改装质量造成的车辆故障或损坏,承修方应负责及时返修,由于改装质量问题而造成的车辆异常损坏或车辆机件事故,由承修方负责。由于托修方违反使用规定或驾驶员违反操作规程造成的车辆故障或损坏,不属于改装质量问题,后果由托修方自负。

质量合格的标志是合格证,它对于解决日后可能出现的纠纷有重要作用。我国汽车维修完工出厂实行出厂合格证制度(汽车小修和部分专项修理除外),维修质量不合格的车辆不准出厂。承修方在车辆维修完工出厂时必须按完工出厂技术条件进行检测,并向托修方提供由出厂检验员签发的汽车维修完工出厂合格证。承修方使用的汽车维修完工出厂合格证由汽车维修行业管理部门统一印制和发放。

汽车改装行业主管部门也应该统一印制和发放汽车改装完工出厂合格证。

8. 保证改装后车辆的安全性

原厂车的整体结构是经过汽车安全性能检验的,是符合安全标准的。汽车改装不同于汽车修理,大多数汽车改装都对原厂车的结构做了改动,汽车又是重要的载人交通工具,因此,改装后汽车的安全性能是非常重要的。无论托修方提出什么要求,承修方都必须掌握一个标准底线,那就是对汽车安全性能产生不利影响的坚决不能改。如果承修方明知改装存在不安全因素,但在利益的驱动下为托修方改装了汽车,就算是在合同中托修方承诺出现安全事故由自己负责,承修方也坚决不能答应。因为这样改装后的车辆一旦出现安全事故,承修方是脱不了责任的。

四、汽车改装合同委托方的权利和义务

1. 按照约定送交汽车及有关资料

依据改装合同规定:托修方送交汽车时,按照约定的时间送交汽车就是托修方的最基本义务。只有汽车交付承修方,改装合同才能开始履行。托修方在按合同规定时间送车时,还要提供车辆的有关情况,包括送改车辆的基础技术资料、技术档案等,以方便承修方改装。

因托修方的原因没有按照约定的时间送交汽车的,承修方可以延期履行改装合同。

2. 按合同规定的时间、方式、数额交付改装费用

汽车改装合同是双务合同,承修方之所以接受改装汽车的任务,其目的在于得到改装费用,所以按照约定交付改装费用是托修方的主要义务。在这里,按照约定意味着:依照改装合

同约定的时间、方式和数额交付。

《汽车维修合同实施细则》第 13 条要求:"托修方不按合同规定交付维修费,从应付费次日起,每日按不超过维修费的 0.1% 向承修方交纳滞纳金。"

汽车改装合同也应按此条款执行。

3. 按合同规定的时间接收、验收改装车辆

在改装合同约定的接收时间,托修方应当接收汽车,并且要验收。托修方不能按期交付车辆的,应承担违约责任。

汽车改装合同都要约定一个改装期限,并给定托修方接收汽车的时间。如果过期托修方不接收已改装的汽车,由于汽车占地面积较大,价值也高,承修方有一定的管理费用,所以托修方没有在合同期限接收汽车的,应支付给承修方车辆的保管费,对于汽车的自然损伤托修方自己承担责任。如果托修方逾期超过半年以上拒不接收的,根据《汽车维修合同实施细则》第 15 条的规定,承修方有权将车辆提交有关部门依法处理。

五、汽车改装合同参考文本

《汽车改装合同》文本可参照国家工商管理局发布的 GF-92-0304《汽车维修合同》示范文本制定。

第二节 汽车改装检验评定相关文件

由于汽车改装目的的不同及改装部位的差异,使得改装质量验收标准很难掌握。目前,我国还没有出台一个权威性的汽车改装质量验收标准。因此,在当前的形势下,在合同签订时,改装双方应就改装后所达到的质量要求约定一个共同认可的标准,作为验收依据。同时,还应明确验收的方式。

为了方便汽车改装承、托修双方制定汽车改装质量验收标准,本书参照《汽车发动机大修竣工质量评定标准》和《汽车车身大修修理质量检查评定标准》等制定了汽车改装质量验收标准,仅供参考。

一、汽车改装进厂检验单

(1) 评定技术要求。

汽车改装进厂检验单应包括下列内容:进厂编号、牌照号、厂牌、车型、托修单位(人)、车辆状态、车身附件清点记录、车身检查记录、检验日期、检验员签字。单中字迹应清晰,项目应齐全、完整,填写真实、正确。

(2) 检查方法与手段。

查阅。

(3) 评定方法。

单据中各项有一处不符合要求,则计一次不合格。

二、汽车改装工艺过程检验单

(1) 评定技术要求。

汽车改装工艺过程检验单应包括下列内容：进厂编号、厂牌、车型、检验项目、检验结果记录、检验结论、改装方法、改装师签字、检验员签章及日期等。检验单中字迹应清晰，项目齐全、完整，填写真实、正确。

（2）检查方法与手段。

查阅。

（3）评定方法。

单据中各项有一处不符合要求，则计一次不合格。

三、汽车改装竣工检验单

（1）评定技术要求。

检验单中内容应包括：进厂编号、托修单位、承修单位、牌照号、厂牌、车型、底盘号、车辆识别代码（VIN）、车辆装备状况、车辆改装改造状况、检验记录、检验结论、检验员签章及日期等。

检验单中字迹应清晰，项目齐全、完整，填写真实、正确。检验项目、要求、方法、名词术语和计算单位应符合国家、行业有关标准及相关技术文件的有关规定。

（2）检查方法与手段。

查阅。

（3）评定方法。

单据中各项有一处不符合要求，则计一次不合格。

四、汽车改装合格证

目前，我国没有行业主管部门印制并发放的汽车改装合格证。因此，汽车改装承修单位可根据本单位实际情况，参照汽车维修合格证制定本单位的汽车改装合格证。

（1）评定技术要求。

汽车改装合格证内容应包括：进厂编号、牌照号、厂牌、车型、底盘号、车辆识别代码（VIN）、改装合同号、出厂日期、总检验员签章及日期、承修单位质量检验部门盖章、保证期规定。

合格证中字迹应清晰，项目齐全、完整，填写真实、正确。合同中名词术语应符合国家及行业有关标准中的规定。

（2）检查方法与手段。

查阅。

（3）评定方法。

单据中各项有一处不符合要求，则计一次不合格。

第三节　汽车改装质量评定

一、外观质量评定

1. 车身蒙皮及护板

（1）蒙皮。

1)评定技术要求。车身蒙皮应形状正确、平整,曲面圆顺,无松弛和裂损。

2)检查方法与手段。检视。

3)评定方法。有一处以上缺陷为不合格。

(2)铆、螺钉。

1)评定技术要求。车辆周身铆钉及螺钉应平贴、紧固。

2)检查方法与手段。检视。

3)评定方法。有5处以上缺陷为不合格。

(3)护板。

1)评定技术要求。车辆护板应平整,曲面圆顺,无凸凹变形和破损。

2)检查方法与手段。检视。

3)评定方法。有两处以上缺陷为不合格。

(4)护板压条。

1)评定技术要求。车辆蒙皮及护板压条应密合牢固,且应平直,不应有扭曲变形。

2)检查方法与手段。检视。

3)评定方法。有两处以上缺陷为不合格。

2. 面漆

(1)在漆表面。

1)评定技术要求。漆表面应无流痕、起泡、裂纹、皱皮、脱层、缺漆。

2)检查方法与手段。检视。

3)评定方法。有两处以上缺陷为不合格。

(2)面漆边界。

1)评定技术要求。面漆分色边界应分明、整齐。

2)检查方法与手段。检视。

3)评定方法。有两处以上缺陷为不合格。

(3)漆膜光泽。

1)评定技术要求。车身蒙皮漆膜光泽度,客车应不低于90%。

2)检查方法与手段。用漆膜光泽测量仪按 GB 1743—1979 中的规定。

3)评定方法。不符合规定为不合格。

(4)漆硬度。

1)评定技术要求。漆表面硬度应符合 JB/Z 111—1985 中的规定。

2)检查方法与手段。按 JB/Z111 规定检验。

3)评定方法。不符合规定为不合格。

3. 装饰件

(1)内外装饰件外观。

1)评定技术要求。内外装饰件外观应平顺贴合,无凹陷、凸起或弯曲,拐角圆顺,表面无划痕、锤击印。紧固件排列整齐、安装牢固。

2)检查方法与手段。检视。

3)评定方法。有两处以上缺陷为不合格。

(2) 外装饰带。

1) 评定技术要求。外装饰带分段接口处应平齐,接口间隙不大于 0.5 mm,并与窗下沿平行,其平行度误差在全长内不应大于 5 mm。

2) 检查方法与手段。用厚薄规测量接口间隙,钢直尺测量平行度。

3) 评定方法。有一处以上缺陷为不合格。

(3) 电镀装饰件。

1) 评定技术要求。电镀装饰件应光亮、无锈斑、脱层、划痕,铝质装饰件表面应抛光,并经气体或电化学处理。

2) 检查方法与手段。检视。

3) 评定方法。有两处以上缺陷为不合格。

二、车身质量评定

(1) 外形尺寸。

1) 评定技术要求。应符合原设计规定。

2) 检查方法与手段。测量外部尺寸时,可以用钢卷尺按 GB/T 12673—1990 中规定的外部宽度、高度、长度等测量项目进行,测量内部尺寸按 GB/T 12673—1990 中规定的测量项目进行。

3) 评定方法。不符合规定为不合格。

(2) 内、外部凸起物。

1) 评定技术要求。车身内外部不应有任何使人致伤的尖锐突出物。

2) 检查方法与手段。检视。

3) 评定方法。有一处以上缺陷为不合格。

(3) 车门。

1) 评定技术要求。车门应启闭轻便、锁止可靠;门缝均匀,密封条有效。

2) 检查方法与手段。检视。

3) 评定方法。不符合规定为不合格。

(4) 车窗(风窗、后窗)。

1) 外形。

a. 评定技术要求。侧窗、角窗及顶风窗无翘曲变形。

b. 检查方法与手段。检视。

c. 评定方法。有两处以上缺陷为不合格。

2) 开启。

a. 评定技术要求。可开窗,且启闭轻便、关闭严密、锁止可靠,电动升降机、摇窗机灵活有效。

b. 检查方法与手段。检视。

c. 评定方法。有两处以上缺陷为不合格。

3) 密封条。

a. 评定技术要求。密封条应齐全,无老化、破损,粘接牢固、有效。

b. 检查方法与手段。检视。

c. 评定方法。有两处以上缺陷为不合格。

(5) 玻璃。

1) 评定技术要求。门窗玻璃应采用安全玻璃,前挡风玻璃应采用夹层玻璃或部分区域钢化玻璃;其他门窗可采用钢化玻璃,并应齐全、完好、透明。前挡风玻璃应不炫目。

2) 检查方法与手段。检视。

3) 评定方法。有两处以上缺陷为不合格。

(6) 发动机罩。

1) 评定技术要求。应无裂损、凹凸变形,盖合严密、边缝均匀,附件齐全有效、开启灵活、锁止可靠。

2) 检查方法与手段。检视。

3) 评定方法。有两处以上缺陷为不合格。

(7) 行李箱盖。

1) 评定技术要求。无裂损、变形,开启灵活、盖合严密、边缝均匀、锁止可靠、支起牢固。

2) 检查方法与手段。检视。

3) 评定方法。有两处以上缺陷为不合格。

(8) 座椅。

1) 间距。

a. 评定技术要求。座椅间距应符合原厂设计规定或符合改装改造技术要求的规定。

b. 检查方法与手段。用钢直尺测量。

c. 评定方法。有两处以上缺陷为不合格。

2) 椅架。

a. 评定技术要求。座椅架应无裂损、变形、锈蚀,安装牢固。

b. 检查方法与手段。检视。

c. 评定方法。有两处以上缺陷为不合格。

3) 调节机构。

a. 评定技术要求。座椅调节机构灵活、有效,锁止可靠。

b. 检查方法与手段。检视。

c. 评定方法。有两处以上缺陷为不合格。

(9) 仪表盘。

1) 评定技术要求。无裂损、凹凸变形,安装可靠,仪表齐全、完好、准确。

2) 检查方法与手段。检视。

3) 评定方法。有一处以上缺陷为不合格。

(10) 后视镜。

1) 评定技术要求。成像清晰,调节灵活,支架无裂损及锈蚀,装置牢固。

2) 检查方法与手段。检视。

3) 评定方法。有一处以上缺陷为不合格。

(11) 刮水器。

1) 评定技术要求。工作可靠,有效刮面达到原设计要求。

2) 检查方法与手段。检视。

3）评定方法。不符合要求为不合格。

（12）防雨密封性（关键项）。

1）评定技术要求。防雨密封性限值应符合 GB 12481—1990 中的规定。

2）检查方法与手段。按 GB/T 12480—1990 中的规定测量。

3）评定方法。不符合要求为不合格。

（13）防尘密封性（关键项）。

1）评定技术要求。防尘密封性限值应符合 GB 12479—1990 中的规定。

2）检查方法与手段。按 GB/T 12478—1990 中的规定测量。

3）评定方法。不符合要求为不合格。

（14）车内噪声（关键项）。

1）评定技术要求。汽车最大允许噪声应符合 GB 1495—2002 的有关规定。

2）检查方法与手段。按 GB 1496—1979 的规定测量。

3）评定方法。不符合要求为不合格。

三、发动机质量评定

（1）装备与装配。

1）评定技术要求。发动机装备齐全、有效，装配应符合 GB 3799—2005 中的有关规定。

2）检查方法与手段。检视。

3）评定方法。有一处以上缺陷则为不合格。

（2）进气管真空度。

1）真空度数值。

a. 评定技术要求。汽油发动机怠速时，进气歧管真空度应为 57～70 kPa。增压发动机应符合增压要求。

b. 检查方法与手段。用转速表、真空计、气压计检查（大气压强以海平面为准）。

c. 评定方法。不符合规定为不合格。

2）真空度波动范围。

a. 评定技术要求。发动机怠速时，进气歧管真空度波动，6 缸汽油机不超过 3 kPa，4 缸汽油机不超过 5 kPa。

b. 检查方法与手段。用转速表、真空计检查（大气压强以海平面为准）。

c. 评定方法。不符合规定为不合格。

（3）气缸压力。

1）压力数值。

a. 评定技术要求。气缸压缩压力应符合原设计规定。

b. 检查方法与手段。用转速表、气缸压力表检查。

c. 评定方法。不符合规定为不合格。

2）各缸压力差。

a. 评定技术要求。每缸压力与各缸平均压力的差汽油机不超过 8%，柴油机不超过 10%。

b. 检查方法与手段。用转速表、气缸压力表检查或用发动机分析仪测量。

c. 评定方法。不符合规定为不合格。
(4) 发动机运转情况。
1) 怠速。
a. 评定技术要求。发动机怠速运转稳定,其转速符合原设计规定。转速波动不大于 50 r/min。
b. 检查方法与手段。用转速表进行运转试验或用发动机综合分析仪测量。
c. 评定方法。不符合规定为不合格。
2) 改变转速。
a. 评定技术要求。发动机改变转速时应过渡圆滑。
b. 检查方法与手段。用发动机转速表测量。
c. 评定方法。不符合要求为不合格。
3) 加速或减速。
a. 评定技术要求。发动机突然加速或减速时不得有突爆声,转速变化均匀,不得有断火、爆震现象。
b. 检查方法与手段。检视。
c. 评定方法。不符合要求为不合格。
(5) 异响。
1) 评定技术要求。发动机在正常工况下运转时,不得有异常响声。
2) 检查方法与手段。检视或用发动机异响分析仪检查。
3) 评定方法。不符合要求为不合格。
(6) 机油压力。
1) 评定技术要求。发动机机油压力应符合原设计规定。
2) 检查方法与手段。用机油表进行运转试验。
3) 评定方法。不符合规定为不合格。
(7) 水温、油温。
1) 评定技术要求。发动机水温、油温应符合原设计规定。
2) 检查方法与手段。用水温表、油温表进行试验。
3) 评定方法。不符合规定为不合格。
(8) 四漏情况(关键项)。
1) 评定技术要求。发动机应无漏水、漏油、漏气、漏电现象。
2) 检查方法与手段。检视。
3) 评定方法。不符合要求为不合格。
(9) 涂漆。
1) 评定技术要求。发动机应按规定涂漆,涂层均匀,不得有漏涂现象。
2) 检查方法与手段。检视。
3) 评定方法。有两处以上缺陷为不合格。

四、汽车性能评定

(1) 启动性能。
1) 冷车启动(关键项)。

a. 评定技术要求。在环境温度不低于 -5 ℃时,应启动顺利,允许连续启动不多于 3 次,每次启动时间不多于 5 s。

b. 检查方法与手段。检视。

c. 评定方法。启动超过 3 次或多于 5 s 均为不合格。

2）热车启动。

a. 评定技术要求。在发动机正常工作温度下 5 s 内能启动。

b. 检查方法与手段。检视。

c. 评定方法。不符合要求为不合格。

（2）动力性能。

1）评定技术要求。以动力提升为目的的改装,改装后的动力性能应提高明显并达到约定的指标。非动力提升改装,改装后发动机最大功率不得低于原设计的规定值。

2）检查方法与手段。最高车速、加速时间、最大爬坡度三项指标可任选其一测量,有条件的可用测功机（仪）按有关规定测量。

3）评定方法。不符合要求为不合格。

（3）燃料经济性。

1）燃料消耗率（关键项）。

a. 评定技术要求。发动机最低燃料消耗率不得高于原设计要求。

b. 检查方法与手段。用油耗计、测功机（仪）按有关规定测量。

c. 评定方法。不符合要求为不合格。

2）百公里油耗。

a. 评定技术要求。汽车百公里油耗不得高于原设计要求（提高发动机功率的改装除外）。

b. 检查方法与手段。实际驾车测量。

c. 评定方法。不符合要求为不合格。

（4）制动性。

1）评定技术要求。汽车制动性应符合 GB 12676—2008 的规定。防抱死制动系统的性能应符合 GB/T 13594—2003 的规定。

2）检查方法与手段。按 GB 12676—2008、GB/T 13594—2003 规定测量。

3）评定方法。不符合规定为不合格。

（5）环境保护性。

1）排放（关键项）。

a. 评定技术要求。汽油机排放应符合 GB 14761.51999 的规定；柴油机排放应符合 GB 14761.6—1999 的规定。

b. 检查方法与手段。按 GB/T 3845—1999、GB/T 3846—1999 规定测量。

c. 评定方法。不符合规定为不合格。

2）噪声（关键项）。

a. 评定技术要求。汽车加速行驶车外噪声须符合国家标准 GB 1495—2002,车内噪声应符合 GB 7258—2004 的规定。

b. 检查方法与手段。车外噪声按 GB 1496—2002 规定测量,车内噪声按 GB/T 18697—2002 规定测量。

c. 评定方法。不符合规定为不合格。

3）无线电干扰。

a. 评定技术要求。汽车无线电骚扰特性应符合 GB 14023—2006《车辆、船和由内燃机驱动的装置无线电骚扰特性限值和测量方法》的规定。

b. 检查方法与手段。按 GB 14023—2006 的规定测量。仪器类型测量仪器应符合 GB/T 6113.101—2008《无线电骚扰和抗扰度测量设备规范》的要求。

c. 评定方法。不符合规定为不合格。

（6）操纵稳定性。

1）评定技术要求。汽车操纵稳定性应符合 GB/T 6323—94 中的要求。

2）检查方法与手段。按 GB/T 6323—94 中的规定测量。

3）评定方法。不符合规定为不合格。

（7）平顺性。

1）评定技术要求。改装后汽车的平顺性应不低于原车设计标准。

2）检查方法与手段。按 GB/T 4970—2009 中的规定测量。

3）评定方法。不符合规定为不合格。

（8）通过性。

1）评定技术要求。改装后汽车的最小离地间隙、接近角、离去角应符合原设计要求。

2）检查方法与手段。实际测量。

3）评定方法。不符合要求为不合格。

（9）可靠性。

可靠性无法进行检验，只能通过保修期来保证。

（10）整备质量。

1）评定技术要求。改装后汽车整备质量及轴荷分配不得超过原设计的3%。

2）检查方法与手段。用汽车轴质量仪测量。

3）评定方法。不符合规定为不合格。

以上只是一部分内容，现实当中汽车改装的项目很多，不可能一一列举，而且上面所列的检验方法中，有些太专业化，有些只能在实验室进行，可操作性不强，在此提出来仅供参考。

在实际改装过程中，改装双方在制定改装合同时，应根据实际情况协商出一个双方都认可的、可操作的质量验收标准。

本章小结

（1）加强汽车维修行业管理，维护汽车维修经营活动的正常秩序，保障承、托修方当事人的合法权益，交通部和国家工商局根据《中华人民共和国经济合同法》的有关规定，于1992年2月14日颁布了《汽车维修合同实施细则》。该规定于1992年3月1日实施，对汽车维修合同进行了详细的规定。

（2）汽车改装合同的形式有口头合同和书面合同两种。

（3）汽车改装合同承改方主要有以下权利和义务：按照有关汽车修理技术标准（条件）改装车辆；向托修方提供维修工时、材料明细表；妥善保管车辆；在约定的时间内完成改装工作；

改装过程中不得偷换车辆其他零配件;向托修方提供改装车辆的有关资料及使用注意事项;保证改装质量,向托修方提供完工出厂合格证;保证改装后车辆的安全性。

(4) 汽车改装合同委托方有以下权利和义务:按照约定送交汽车及有关资料;按合同规定的时间、方式、数额交付改装费用;按合同规定的时间接收、验收改装车辆。

(5)《汽车改装合同》文本可参照国家工商管理局发布的 GF-92-0304《汽车维修合同》示范文本制定。

(6) 汽车改装检验评定相关文件包括:汽车改装进厂检验单、汽车改装工艺过程检验单、汽车改装合格证及汽车改装竣工检验单。

(7) 目前,我国没有行业主管部门印制并发放的汽车改装合格证。因此,汽车改装承修单位可根据本单位实际情况,参照汽车维修合格证制定本单位的汽车改装合格证。

(8) 汽车改装质量评定内容包括:外观质量评定、车身质量评定、发动机质量评定及汽车性能评定等。

1. 什么情况下可不需要签订改装合同?什么情况下必须签订改装合同?
2. 汽车改装合同承改方主要有哪些权利和义务?
3. 汽车改装合同委托方主要有哪些权利和义务?
4. 汽车改装合同一般包括哪些内容?
5. 汽车改装检验评定相关文件包括哪些?

参 考 文 献

[1] 付铁军. 汽车改装技术200问[M]. 北京：机械工业出版社，2013.
[2] 邵恩坡. 汽车改装一本通[M]. 北京：中国电力出版社，2009.
[3] 施劲. 汽车改装ABC[M]. 南京：江苏科学技术出版社，2009.
[4] 张恩元，梁超. 汽车改装培训教程[M]. 北京：化学工业出版社，2008.
[5] 姚时俊. 私家车改装发烧友[M]. 北京：人民交通出版社，2010.
[6] 王博. 图解汽车改装原理[M]. 北京：机械工业出版社，2011.
[7] 李平. 玩转汽车改装[M]. 北京：机械工业出版社，2011.
[8] 安永乐. 汽车改装技术与实例[M]. 北京：化学工业出版社，2010.
[9] 钱岳明. 汽车装潢与美容技术[M]. 北京：人民交通出版社，2008.
[10] 关志伟. 汽车装饰与美容[M]. 北京：人民交通出版社，2009.
[11] 沈沉. 汽车构造（底盘部分）[M]. 北京：人民邮电出版社，2009.
[12] 卞学良. 专用汽车结构设计[M]. 北京：机械工业出版社，2002.